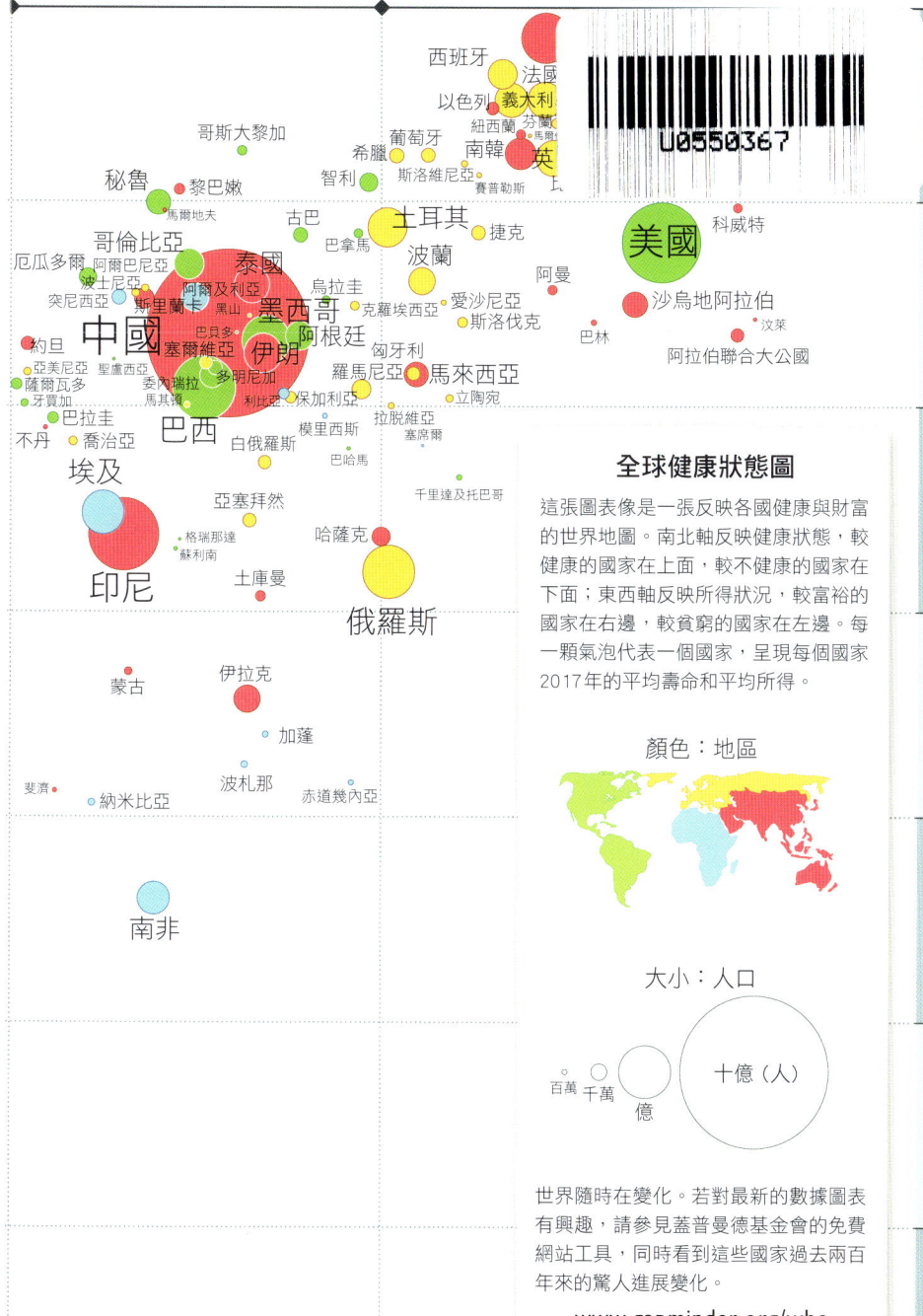

【暢銷500萬冊全彩紀念版】

FACT FUL NESS

真確

扭轉十大直覺偏誤，
發現事情比你想的美好

漢斯・羅斯林 Hans Rosling
奧拉・羅斯林 Ola Rosling
安娜・羅朗德 Anna Rosling Rönnlund ——著

Ten Reasons We're Wrong About the World—
and Why Things Are Better Than You Think

林力敏——譯

獻給那位勇敢的赤腳婦女，
雖然我不知道她的名字，
但她據理挺身為我說話，
否則我也許就被氣沖沖持大砍刀的男子砍成肉泥了。

Contents

作者的話　009

前言　**讓我的數據改變你的心智**　011

Chapter 1　**二分化直覺偏誤**　029
一切的開端
認為「世界分成兩塊」的大誤解
這類印象哪裡不對？
逮住誤解的怪獸
天啊，多數人去哪了！
新的分類方式：四個所得等級
二分化直覺
如何扭轉二分化直覺偏誤？

Chapter 2　**負面型直覺偏誤**　061
脫離水溝
認為「世界正變得更糟」的大誤解
數據如同一種療癒
我彷彿生於埃及
關於進步的震撼教育
負面型直覺
如何扭轉負面型直覺偏誤？
我想感謝這個社會

Chapter 3　直線型直覺偏誤　　091

我看過的最嚇人圖表
認為「地球人口只會持續增加」的大誤解
直線型直覺
人口曲線的形狀
如何扭轉直線型直覺偏誤？
你看到了一條線的多少部分？

Chapter 4　恐懼型直覺偏誤　　119

滿地的鮮血
注意力的過濾器
恐懼型直覺
天災：在這種時候，你想的是什麼？
看不見的 4,000 萬個航班
戰亂與衝突
汙染
恐攻
害怕對的事物

Chapter 5　失真型直覺偏誤　　145

不在我眼前的死者
失真型直覺
如何扭轉失真型直覺偏誤？
80/20 法則

善用除法
比對與除法

Chapter 6 概括型直覺偏誤　　167

獻上晚餐
概括型直覺
撞上現實
尋找更好的分類
質疑你的分類

Chapter 7 宿命型直覺偏誤　　191

地獄的雪球
宿命型直覺
石頭怎麼動？
如何扭轉宿命型直覺偏誤？
沒有願景的人

Chapter 8 單一觀點直覺偏誤　　211

我們能相信誰？
單一觀點直覺
專家與社運人士
槌子與釘子
狂熱的意識形態擁護者

Chapter 9　怪罪型直覺偏誤　231

去揍奶奶吧
怪罪型直覺
怪罪遊戲
更可能的英雄
忍住尋找代罪羔羊

Chapter 10　急迫型直覺偏誤　251

路障與心障
急迫型直覺
學著控制急迫型直覺偏誤
我們「應該」擔心的五個全球危機

Chapter 11　求真練習的實際運用　273

求真習慣是怎麼救了我一命？
求真習慣的實際運用
最後的話

後記　288

致謝　291

附錄　297

參考資料　314

作者
的話

／

　　這本書是以我自己的語氣來寫，好像我是獨自寫作，講著我的許多人生故事。可是別誤會了。就像我過去 10 年在全球進行的 TED 演講與其他演說，這本書是出自三個人的齊心協力，不只是我一個人的功勞。

　　我通常是站在台前的那個人，上台演講，接受掌聲。不過你在演講上聽到的一切，在這本書讀到的一切，全是 18 年來我跟兒子奧拉（Ola Rosling）和媳婦安娜（Anna Rosling Rönnlund）密切合作的成果。

　　2005 年我們成立蓋普曼德基金會（Gapminder Foundation），以立基事實為出發，以對抗無知為己任。我懷抱熱忱與好奇，擁有以醫師、學者與講師等身分接觸全球公衛議題的長年經驗。奧拉和安娜負責資料分析、創意圖表、包裝呈現與簡報設計。對無知進行全面分析其實是他們的點子，還為此設計許多精采亮眼的動態泡泡圖。安娜想出「美元街網站」（Dollar Street），以照片代替數據，呈現世界的面貌。我對世人的無知愈來愈火大，但奧拉與安娜依然心平氣和，冷靜分析，發掘事實背後的可貴啟示。我們一起腦力激盪，想出這本書裡一個個實用的思考工具。

這本書不是一人之言,而是由我們三個人齊心協力,根據各自的觀點與知識,不斷討論,截長補短,針鋒相對,最後才終於呈現在世人面前。這有別一般做法,有時令人生氣,卻也別有奇效,激盪出對世界別出心裁的呈現方式與解讀角度。如果憑我單打獨鬥,絕對不會有這種成果。

前言

讓我的數據改變你的心智

　　我愛馬戲團。我愛看雜耍表演者拋擲電鋸,也愛看特技員在鋼索上連翻十圈,這類場面簡直不可思議,讓人驚呼連連、嘆為觀止。

　　我兒時的夢想是進馬戲團,但爸媽希望我實現他們未竟的夢,那就是接受良好教育,所以到頭來我進了醫學院。

　　在醫學院期間的某個下午,原本只是平凡無奇的一堂課,教授介紹到喉嚨的功能時說:「如果有東西卡到,那就把下顎骨往上抬,可以保持喉部暢通。」他秀出一張吞劍表演的X光片給大家看。

　　這時我靈光一閃。我的夢想還沒結束!幾週前,在研究嘔反應的時候,全班就屬我有辦法把手指往喉嚨伸到最裡面又不致作嘔。當時我不以為意:這不是多大不了的技能。可是現在我明白其中的價值,兒時夢想瞬間浮

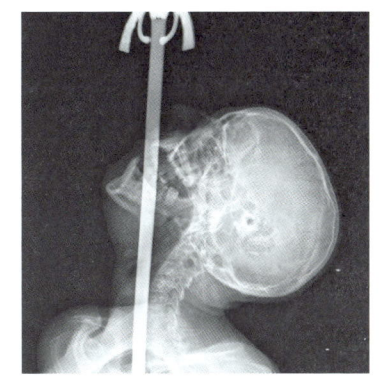

上心頭，決定成為吞劍高手。

一開始並不順利。我沒有劍，只好用釣竿充數，站在浴室鏡子前面試了一遍又一遍，卻只塞進2、3公分就卡住了。最後，我第二度放棄夢想。

3年後，我進病房實習。最早碰到的那批病人當中，有一個久咳不癒的老人。我向來習慣問病人是以什麼維生，因為也許會跟病情有關。結果這個老人是表演吞劍的。你可以想見我是多麼驚訝，當年那張X光片裡的吞劍人竟然遠在天邊，近在眼前！我跟他提及我試著吞釣竿的事，他說：「醫生小弟啊，你難道不知道喉嚨是扁的嗎？你只能把扁的東西塞進去，所以我們才會是拿劍來吞啊。」

當晚下班後，我找出一根直直扁扁的湯杓，立刻著手嘗試，轉眼間就把整根塞進喉嚨裡，不禁興高采烈。但吞湯杓可不是我的夢想。隔天我在地方上的報紙刊登廣告，很快得到我要的：一把1809年的瑞典刺刀。我成功把刺刀塞進喉嚨，深感自豪，還很得意於找到一個讓武器重獲新生的好方法。

吞劍向來告訴我們，**凡事都有可能，真該發揮想像**。我在談全球發展的演講上，有時會表演這項古老的印度特技，站到桌上，扯掉體面的襯衫，露出裡面的黑色背心，背心上畫有金色閃電，接著我叫大家安靜，現場響起咚咚鼓聲，我緩緩把刺刀塞進喉嚨，隨即敞開雙臂，接受全場的熱烈歡呼。

考考你自己

　　這本書是在談世界，並談如何了解世界。那麼為什麼我要先提馬戲團的事呢？為什麼要在演講的最後表演吞劍呢？我馬上會解釋給你聽，但首先我想請你考考自己對世界的了解程度。現在請找出紙筆，回答下列 13 個「真確問題」：

1. 現今全世界的低所得國家裡，多少女孩會讀完小學？
   - □（A）20％
   - □（B）40％
   - □（C）60％

2. 世界上的多數人是生活在哪裡？
   - □（A）低所得國家
   - □（B）中所得國家
   - □（C）高所得國家

3. 在過去 20 年，全球赤貧人口占總人口的比例是⋯⋯
   - □（A）幾乎翻倍
   - □（B）大致不變
   - □（C）幾乎減半

4. 現今全球的平均壽命是多少？
  □（A）50 歲
  □（B）60 歲
  □（C）70 歲

5. 現今全球有 20 億個兒童，年齡介於 0 到 15 歲之間。根據聯合國的估算，到了 2100 年全球會有多少個兒童？
  □（A）40 億
  □（B）30 億
  □（C）20 億

6. 根據聯合國的估算，到了 2100 年全球會再增加 40 億人，而主要原因是什麼？
  □（A）兒童人口增加（不到 15 歲）
  □（B）成年人口增加（15 歲到 74 歲）
  □（C）老年人口增加（75 歲以上）

7. 過去 100 年間，全球死於天災的人數是如何變化？
  □（A）幾乎翻倍
  □（B）大致不變
  □（C）幾乎減半

8. 現今全球約有 70 億人,下列哪張圖正確呈現人口分布的狀況?(每個人像代表 10 億人)

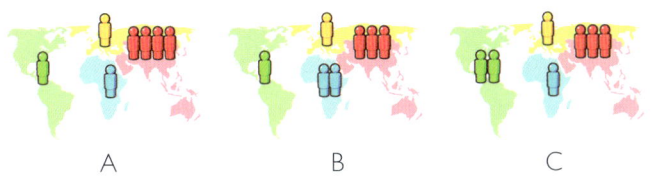

　　　A　　　　　　　B　　　　　　　C

9. 現今全球多少 1 歲兒童有接種疫苗?
　☐ (A) 20%
　☐ (B) 50%
　☐ (C) 80%

10. 全球 30 歲的男性平均接受過 10 年的學校教育,而同齡的女性平均接受過幾年的學校教育?
　☐ (A) 9 年
　☐ (B) 6 年
　☐ (C) 3 年

11. 1996 年,老虎、熊貓和黑犀牛都列為瀕危動物。現在這 3 種動物裡,有幾種面臨更迫切的危機?
　☐ (A) 2 種
　☐ (B) 1 種
　☐ (C) 0 種

12. 全球多少人口享有電力？
- (A) 20%
- (B) 50%
- (C) 80%

13. 全球氣象專家認為接下來一百年裡平均氣溫會⋯⋯
- (A) 更暖
- (B) 一樣
- (C) 更冷

正確答案如下：
1.C 2.B 3.C 4.C 5.C 6.B 7.C 8.A 9.C 10.A
11.C 12.C 13.A

每答對 1 題得 1 分，請把總分寫到紙上。

註：這 13 個「真確問題」來自於我們在 2017 年推出的「留意認知落差測驗」。同一年，蓋普曼德基金會和民調公司合作，請 14 個國家的 12,000 名民眾在線上接受測驗，包括澳洲、比利時、加拿大、芬蘭、法國、德國、匈牙利、日本、挪威、南韓、西班牙、瑞典、英國和美國。

若對民調方法與正解的佐證數據有興趣，請見本書後面的附錄說明。

科學家、黑猩猩和你

你答得如何？答錯很多題？很多題是用猜的嗎？如果是這樣，我來說兩件能安慰你的事。

首先，等你讀完這本書會答得好很多。這不代表我會要求你乖乖坐正，硬背一大堆數據資料（我是全球公衛教授，但還沒發神經）。你能答得更好的原因在於，我會提出一套簡單的思考工具。有了這些，你不必死背硬記一堆數據，就能更了解世界的樣貌，具備正確的宏觀認知。

第二，如果你答得不好，你並不孤單。

過去數十年來，我向全球各地成千上萬人提出數百個這類問題，關於貧富、人口增長、出生率、死亡率、教育、公衛、性別、暴力、能源與環境——這些都反映全球基本的面貌與趨勢。問題簡單明白，沒有暗藏陷阱，而且我很小心選擇可靠的數據，避免模糊的空間。然而，多數人答得慘不忍睹。

比方說，真確問題 3 是有關赤貧人口的趨勢。過去 20 年間，全球的赤貧人口比例減少了一半。這真是一大變革，我認為是我今生見到最重要的改變，而且這也是有關這世界生活樣貌非常基本的事實，不過一般人對此一無所知——平均只有 7% 的人答對。（少於十分之一！）

真確問題3的作答結果：正確答對的比例。
題目：在過去20年，全球赤貧人口占總人口的比例是……？（正解：幾乎減半。）

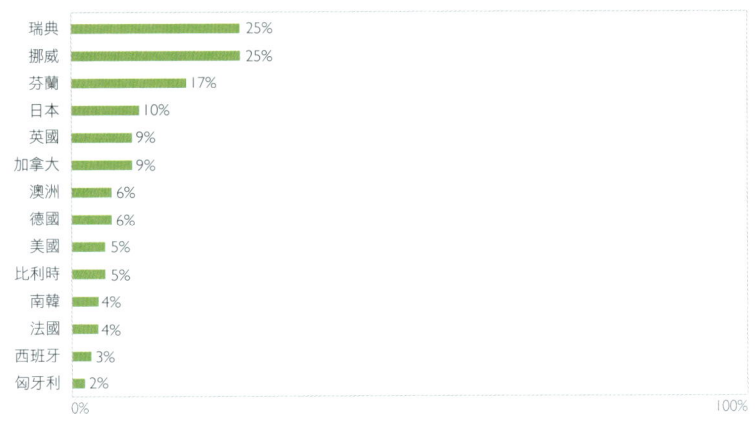

沒錯，我在瑞典媒體上常談到全球貧窮人口占比的下降，但正確答對的比例依舊偏低。

美國的民主黨和共和黨常宣稱對方並不清楚事實。如果他們別互相指責，測一下自己對事實的認知，或許能謙虛一點。我們在美國出這一題時，只有5％的受測者答對。剩下95％的受測者無論投票傾向如何，要不就認為赤貧比例在過去20年保持不變，不然就是認為赤貧比例攀升1倍──這認知跟事實正好相反。

現在再舉另一個例子：有關疫苗接種的第9題。如今全球幾乎所有兒童都會接種疫苗，這很了不起，代表現在幾乎所有人都有基本的現代醫療照護。然而，多數人對這一無所知，平均只有13％的人答對。

真確問題9的作答結果：正確答對的比例。

題目：現今全球多少1歲兒童有接種疫苗？（正解：80％。）

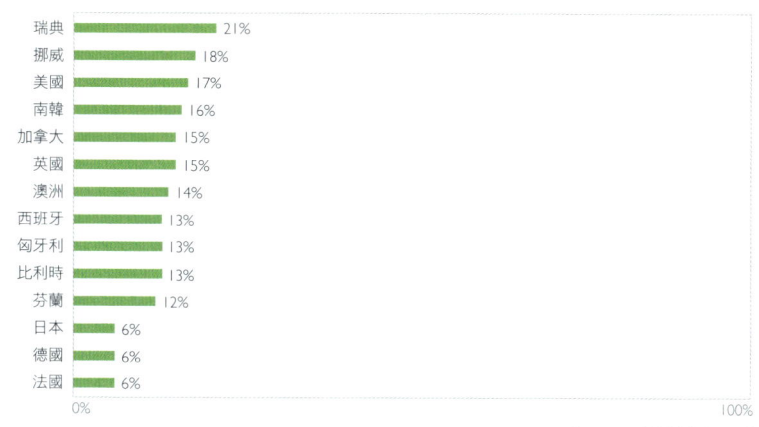

86％的人答對有關氣候變遷的最後一題。在所有我們進行線上測驗的富裕國家，多數人知道氣候專家認為地球正在變暖。幾十年間，科學研究的結果不只留在實驗室裡，還為大眾所知。這是大幅提升大眾認知的成功例子。

不過扣除氣候變遷這題，其餘12題都反映大眾的無知（我不是指愚昧或故意，純粹只是缺乏正確認知）。2017年，我們請14個國家將近12,000人作答，他們在前12題平均只答對2題，沒人統統答對，僅1個人（在瑞典）只錯1題，15％的人得到0分。

也許你會認為教育程度高的人答得較好，或是對這類議題有興趣的人答得較好？我確實想過，但不是這樣子。我的受測對象遍及世界各地，包括各行各業：醫學生、老師、大學教授、傑出科學家、投資銀行家、跨國企業主管、媒體記者、社運人士，甚

至政府資深高層人士。他們受過良好教育，對世局抱持好奇，但竟然「大多」答得錯誤連連，好幾組專業人士甚至答得比一般大眾更差。有些最慘的填答表現出自一組諾貝爾獎得主與醫學研究員。這測驗無關智力，但人人似乎對世界抱持奇糟無比的認知。不只奇糟無比，簡直大錯特錯，比隨便亂猜還糟。我找腦袋空白的人作答，成績還會比較好。

想像我決定帶著一大堆標示 A、B 和 C 的香蕉，去動物園找黑猩猩作答，把香蕉丟到獸籠裡，然後站在外頭大聲念出每個問題，記下牠們每次的「答案」，也就是所選香蕉上的字母。

如果我這麼做（我不會的啦，純屬想像），隨機亂選的黑猩猩們會一而再占上風，打敗那些受過良好教育卻認知錯誤的專業人士。在亂選之下，黑猩猩們每 1 題（3 個選項）的答對率會是 33%，前 12 題會答對 4 題。回想一下，人類受測者在前 12 題平均只答對 2 題。

此外，黑猩猩的答錯是在兩個錯誤選項之間錯得很平均，不像人類的答錯會偏同一個選項，並不是平均、隨機分布的。每一組受測者眼中的世界都比實際上更恐怖、更暴力、更無望──簡言之，更誇大。

為什麼我們沒能贏過黑猩猩？

1990 年代中期，我第一次發現大家的無知，感到有點慶幸。當時我剛開始在瑞典斯德哥爾摩的卡羅林斯卡學院（Karolinska

Institutet）教一門全球公衛課程，心裡有點緊張，畢竟這些學生絕頂聰明，搞不好早已知道所有我要教的內容了。當我發現學生對世界的認知還不如黑猩猩，可真是鬆了一口氣。

然而，當我考了更多人，發現更多的無知，不只在學生之間，更是在各個地方，不禁相當洩氣且憂心。當你打開車子的導航系統，系統資料是否正確十分重要。如果導航給的指示似乎跟你所在的城市不符，你不會相信，免得到頭來跑錯地方。因此，如果政治人物與政府高層對世界抱持錯誤認知，豈有辦法妥善解決問題？如果公司主管完全搞錯狀況，如何替公司做出合理決定？一般人又如何知道自己平時該關切哪些議題？

我決定不只要找人受測與點出無知，還要找出其中原因。為什麼世人普遍對世界如此無知？我們有時都會搞錯，包括我也不例外（我樂於承認這一點），但為什麼多數人錯得這麼離譜？為什麼這麼多人答得比黑猩猩還糟？**比隨機亂猜還糟！**

某個在大學裡工作到很晚的夜晚，我豁然開朗，明白問題不會只在於大眾缺乏知識，否則大家會隨機給出錯的答案（跟黑猩猩一樣），而不是給出連隨機亂答都不如的答案，連黑猩猩都不如的答案，而且還傾向選到同一個錯誤的答案。我們會答得如此荒腔走板，只可能是出於自己誤以為正確的錯誤「知識」。

沒錯，就是這樣！問題其實在於翻新認知（至少我多年來如此認為）：無論是我的全球公衛課程學生，還是所有多年來參與測驗的受測者，其實都具備知識，卻是過時的知識，往往過時數十年的知識。大家對世界的認知來自老師，而老師的知識是建立

於他們在學校讀書那時候。

因此，為了對抗無知（至少當時我如此認為），我需要翻新大家的知識，而方法是開發更與時俱進的好教材。在某次晚餐上，我把這想法告訴了奧拉和安娜，他們加入我的行列，設計各種動態圖表。我帶著這些出色的教學工具周遊世界，在加州蒙特瑞、柏林和坎城發表 TED 演講，在可口可樂和宜家家居等跨國企業向高層演講，在跨國銀行和對沖基金公司演講，在美國國務院演講，興致勃勃地向大家展現世界的變化，樂得告訴大家說他們像穿著國王的新衣，對世界一無所知。我們想讓人人獲得更新的世界觀。

然而，我們逐漸發現問題不只如此。無知不只出自認知有待更新而已，光靠動態圖表與教學工具無法解決問題。原因在於，我得難過地承認，就連很喜歡我的演講的人也沒有好好聽進去。他們也許暫時眼睛一亮，但是在演講過後，仍然抱持先前錯誤的認知，沒有記取新知。甚至演講才剛結束，我就聽到有人講著有關貧窮或人口的錯誤認知──我才剛證明為誤的認知。我幾乎想放棄。

為什麼對世界的誇大認知如此久久不散？媒體是罪魁禍首嗎？我當然想過，但這不是答案。沒錯，媒體是幫凶，這我之後會討論，但我們不能說媒體就是禍首，朝他們喊：「噓，閉嘴。」

2015 年 1 月，我在瑞士小鎮達沃斯參加世界經濟論壇，總算對問題有了進一步的認識。那時我和比爾・蓋茲和梅琳達即將進行社會經濟與永續發展的主題演講，上千人排隊等待入座，包

括全球最舉足輕重的政治人物、企業家、學者、記者、產業人士，以及聯合國高階官員等等。我踏上講台，環顧全場，看到多位國家元首、一位聯合國前祕書長、跨國企業總裁，以及電視上常出現的知名記者。

我準備問觀眾三個分別有關貧窮、人口成長與疫苗接種率的問題，感到非常緊張。如果大家**確實**知道答案，那就沒戲唱了，畢竟我所有的投影片都在說他們實在弄錯了，該當怎麼答才對。

然而，我根本不該擔心。這些接下來數日會向彼此說明這世界的各國人士，確實比大眾更了解貧窮議題，有高達61%的人答對了，但另外兩個有關未來人口成長與基本疫苗接種的問題不然，他們終究答得比黑猩猩還差。明明他們能取得各種最新資料，還有顧問與助理時常幫忙更新資訊，不可能資訊過時，但連他們都對世界抱持錯誤的基本認知。

在那場世界經濟論壇之後，事情逐漸清晰。

誇大直覺與偏誤認知

所以現在有了這本書。書中提出我在多年試圖傳遞正確認知並眼看世人誤解眼前事實之後，所得到的結論──為什麼普羅大眾和菁英人士大多對世界抱持錯誤認識，得分還不如黑猩猩（而且我也會教你該怎麼辦）。簡言之：

想一想這個世界，種種戰爭、暴亂、天災、人禍和貪腐。世界很糟，而且似乎每況愈下，對吧？富者愈富，貧者愈貧，而且

窮人愈來愈多：除非我們採取破釜沉舟的行動，否則地球的資源很快會用罄。至少這是多數西方人在媒體上看見的世界，在腦海中浮現的世界，我稱之為**「過度誇大的世界觀」**：看似沉重，實屬誤導。

事實上，世上多數人都是處於中等所得的區間，或許不算我們眼中的中產階級，但也不是一貧如洗，他們的女兒會上學，孩子會接種疫苗，家中有兩個孩子，想趁放假出國走走，但可不是當難民走避他鄉。一步又一步，一年再一年，世界正愈變愈好。不是每年都在方方面面愈變愈好，但大致是一年好過一年。雖然世界面臨不少重大難題，但是目前都有長足進展。這才是合乎事實的世界觀。

由於過度誇大的世界觀，人們對我的提問給出種種誇大的負面答案。一般人在思考、猜測或學習有關世界的事時，時常直覺去參照自己的世界觀，所以如果你的世界觀不對就會大幅猜錯。但我原本想得不對，這些世界觀不只源於過時的認知，連能取得最新資訊的人都錯看世界。我認為原因並非媒體誤導、刻意宣傳、錯誤消息或假新聞。

過去數十年間，我演講，我考觀眾，我眼看大家對明明擺在眼前的事實提出錯誤解讀，現在我終於明白錯誤的世界觀為什麼這麼根深柢固，原因出在我們大腦運作的方式。

視覺錯覺與世界觀錯覺

請看下面這兩條水平線,哪一條線比較長?

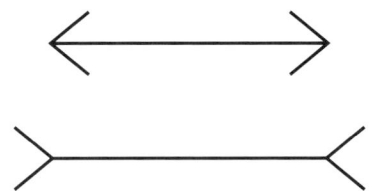

Source: Müller-Lyer illusion

你或許看過這張圖。下面那條線看起來比上面那條線來得長。你知道不是這麼一回事,但即使早就知道,即使親自拿尺量過並確認兩條線一樣長,你依然一而再看見兩條不等長的線。

我有眼鏡修正自己視力上的問題,但在看錯覺圖形的時候,依然會有錯覺,跟別人並無二致。這是因為錯覺不是發生在我們的眼睛,而是在我們的大腦。這是一種系統性的錯誤解讀,跟個人的視力問題無關。當你知道人人都有錯覺,你就不必難為情,反而能好奇探討:這種錯覺從何而來?

同理,當你看到大家的作答結果,可別難為情,而是不妨思考:這種「世界觀錯覺」從何而來?為什麼許多人的大腦會系統性的誤解世界?

人腦經過數百萬年的演化，出現各種根深柢固的直覺，有助我們的祖先憑寥寥幾人之力來狩獵與採集維生。人腦常迅速跳到結論，沒有思考太多，這在過去有助我們避開猝然襲來的危險。我們喜歡八卦閒扯，喜歡誇大的故事，這些在過去是有用資訊與新知的唯一來源。我們渴望糖分與脂質，這些在過去食物短缺的時代是維繫生命的熱量來源。我們的許多直覺在幾千年前很管用，但如今我們身在一個截然不同的世界。

由於我們對糖分與脂質的渴望，肥胖是現今全球面臨的重大健康問題，我們得叫子女與自己別吃太多糖果與洋芋片。同理，由於我們的大腦傾向迅速下結論，渴求誇大的故事，結果出現種種偏誤，形成過度誇大的世界觀。

別誤解我的意思。我們仍然需要這種直覺來了解世界與過日子。如果我們每次都要細究所有接收到的資訊，理性分析每個決定，日子實在無法過下去。我們不該完全不吃糖分與脂質，不該叫醫生幫忙開刀割除腦中產生情緒的區域。不過我們確實需要學著別被誇大資訊牽著鼻子走，否則無從看見世界真正的面貌，完全誤入歧途。

實事求是的世界觀

我窮盡畢生之力抵抗全球毀滅性的無知，而這本書是我的最後一役，是我設法影響世界的最後努力：改變世人的思維方式，安撫無謂的恐懼，讓大家把精力重新放在有益之舉上。先前我以

龐大數據與吸睛軟體為武器,採取活潑的演講風格,甚至搬出瑞典刺刀,只是這樣還不夠,不過我希望再加上這本書就夠了。

對於這本書呈現的數據,你會彷彿從未看過:這些數據如同一種療癒。這種理解會帶來內心的平靜。原因是世局並不如表面誇大的那樣糟糕。

「求真習慣」如同健康飲食與規律運動,可以成為日常生活的一部分,也該當這樣。你開始練習之後,有辦法扭轉原本誇大的世界觀,換成基於事實的認知,不必硬記各種數據也能正確理解世界,得以做出更好的決定,留意真正的危險,察覺真正的機會,不必為錯誤認知緊張兮兮。

我會說明怎麼辨認過度誇大,提出幾個思考工具,讓你能克制誇大直覺。這樣一來,你能擺脫錯誤認知,建立基於事實的世界觀,每次都贏過黑猩猩。

說回馬戲團

我有時在演講最後表演吞劍是為了明確傳達一件事,那就是有些事表面乍看不可能,其實卻有可能。在做這種馬戲團表演之前,我會先測驗觀眾對世界的了解程度,指出這世界跟他們的認知截然不同,許多他們認為不可能的改變其實**已經發生**。在演講過程,我努力讓他們對可能的改變抱持好奇,而這類改變迥異於他們原本的認知,迥異於新聞每天傳播的訊息。

我吞劍是為了讓他們明白:原本的直覺錯得離譜。我希望他

們明白,無論是吞劍表演,還是我所提的全球數據,儘管再牴觸他們的既有認知,儘管再顯得絕無可能,但統統確實為真。

我希望,當他們發覺自己對世界的認知錯了,心裡不是難為情,而是感到一種孩童般的激動、振奮與好奇。當年我看馬戲團表演時就有這種感動,如今每當發現自己認知錯誤時也油然生起這種好奇:「天啊,竟然有這種事?」

這本書在談世界,在談世界真正的樣子。此外,這本書也是在談你,在談你(及幾乎所有我遇過的男女老少)為什麼沒看見世界真正的樣子。這本書在談你可以怎麼做,進而在從馬戲團帳篷走回世界時,感到積極正面,懷抱更少擔憂,看見更多希望。

因此,如果你想有正確認知,不想繼續活在自己構築的泡沫裡;如果你願意改變自己的世界觀;如果你想以批判思維取代直覺偏誤;如果你感到謙虛與好奇,準備好迎向當頭棒喝──那麼請好好讀下去吧。

CHAPTER 1
二分化直覺偏誤

只憑一張紙，在教室裡逮住怪獸

一切的開端

1995 年 10 月，某個晚上的課堂之後，我展開一輩子跟錯誤世界觀的對抗，但當時我對此始料未及。

「沙烏地阿拉伯的兒童死亡率是多少？」先前我已經把聯合國兒童基金會年度報告的表格一和五印出來發給學生。內容乏味無聊，但我興致勃勃。

學生齊聲高喊：「35。」

「沒錯，就是 35。這代表每 1,000 個兒童當中有 35 個會在 5 歲生日前夭折。那馬來西亞呢？」

「14。」學生齊聲說

我聽到回答之際，匆匆以綠筆把數字寫在投影片上。

「14，低於沙烏地阿拉伯！」我說。

我有讀寫障礙，把馬來西亞寫成「馬來亞西」。學生哄堂大笑。

「巴西呢？」

「55。」

「坦尚尼亞？」

「171。」

我放下筆說：「大家知道我為什麼很關注兒童死亡率嗎？原因不僅在於我很關心兒童，還在於這能反映整體社會的體質狀況，像是巨大的溫度計一樣。兒童很脆弱，很多東西都可能害他們夭折。在馬來西亞，每 1,000 個兒童當中只有 14 個夭折，這

代表另外 986 個可以活下去,他們的父母與社會妥善保護他們免於各種致命危害,像是:細菌、飢餓和暴亂等等。這個數字『14』告訴我們,在馬來西亞,多數家庭有足夠的食物,汙水不會汙染到飲水,基礎醫療照護充分,媽媽們能識字。這數字不僅呈現兒童的健康狀況,還呈現社會的整體水準。」

「有意思的不是數字,而是數字背後的人們生活。」我繼續說:「看一看這些數字是多麼不同:14、35、55,還有171。這些國家的生活一定大不相同。」

我拿起筆。「現在告訴我沙烏地阿拉伯在 25 年前是什麼樣子?在 1960 年,多少兒童會早夭呢?數據在第二列。」

「2……242。」

數字很高,大家愈講愈小聲:242。

「沒有錯。沙烏地阿拉伯有很大的進步,對吧?在短短 33 年之間,兒童的死亡率從 242 大幅下降至 35。這比瑞典快得多,我們花了 77 年才達到同樣的進展。」

「馬來西亞呢?現在是 14,那 1960 年呢?」

「93。」回答的聲音很小,大家開始把表格翻來看去,非常困惑。一年前,我向學生舉出相同例子,只是沒有數據表格佐證,儘管我說全球取得長足進展,他們仍不肯相信。現在白紙黑字清清楚楚,今年的學生變成在表格看上看下,想知道我是否刻意挑特定國家唬弄他們。這些數據讓他們難以置信,跟既有的印象大相逕庭。

「現在你們知道了,」我說:「你們找不到任何國家的兒童

死亡率是上升的,原因是這世界整體上變得愈來愈好。現在下課休息一下。」

認為「世界分成兩塊」的大誤解

這章在談 10 個誇大直覺裡的第一個:二分化直覺。我們都不禁傾向於把各種事物分成截然不同的兩類,之間橫著一條鴻溝──一種大大的不公。由於這種直覺,我們眼中的世界分成兩類國家,或是分成兩類人:富人與窮人。

要察覺偏誤並不容易。1995 年 10 月的那個晚上,我第一次清楚看見這頭名為誤解的怪獸。事情發生在下一節課,我大感激動,從此不曾停下對抗大誤解的腳步。

我用「大誤解」這個講法的原因在於,這些誤解大幅誤導人們對世界的理解,這第一種誤解尤甚。對世界的不當二分(貧與富)徹底扭曲了我們的世界觀。

課堂再次展開,我說明兒童死亡率在熱帶雨林的部落社會裡最高,還有在全球各地偏鄉的傳統農耕群體裡最高:「就是你們從電視上那些遙遠紀錄片裡看到的人。為人父母的努力想保住孩子,但依然有將近一半的孩子夭折。幸好現在愈來愈少人處在這種處境。」

第一排有個學生舉手,歪著頭說:「他們永遠沒辦法過我們這樣的生活。」全教室其他學生點頭同意。

他大概認為我會很訝異,但我一點也不。這跟我先前多次聽到的「二分」論述如出一轍。我沒有訝異,而是興奮,這正是我期待的。我們的對話大致如下:

我:抱歉,你所謂的「他們」是指?
他:我是指其他國家的人民。
我:瑞典以外的所有國家?
他:不是。我指的是⋯⋯非西方國家。他們沒辦法過我們這種生活,行不通的。
我:這樣啊!(彷彿現在我才懂了。)你是說像日本?
他:日本不算,他們在過西式的生活。
我:那馬來西亞呢?他們總不是過「西式的生活」吧?
他:對,馬來西亞不是過西式生活。我是指所有沒有過西式生活的國家。他們也沒有必要。你懂我的意思。
我:不,我不懂你的意思,請解釋一下。你在談「西方」跟「其他」,對吧?
他:沒錯。
我:那墨西哥⋯⋯算西方嗎?

他就只是看著我。
我無意找他的碴,但就是追問下去,等著看對話如何發展。墨西哥算是「西方」,能過我們這種生活?還是墨西哥算「其他」,無法過我們這種生活?我說:「我不明白。你一開始提到

『他們與我們』,然後改成『西方與其他』。我很想弄懂你的意思。我聽過這類標籤很多次,但老實說,我從來沒弄懂過。」

第三排一個年輕女生替他解圍,接下我的提問,但回答得完全出乎我的意料。她指著面前那一大張紙說:「也許我們可以這樣定義:**『我們這些西方人』**生的小孩很少,而且小孩很少夭折。**『他們那些其他人』**生的小孩很多,而且小孩很容易早死。」她靠提出一套區分世界的定義,設法解決腦中觀念與面前資料之間的落差,真是非常有創意。我一聽很高興,原因是她完全弄錯了──她很快就會知道她錯了──而且她的錯很具體,我可以明確指出來。

「很好,很好,很好。」我抓起筆躍躍欲試:「我們來看一看有沒有辦法依據各國生下的小孩數目,還有夭折的小孩數目,把各國分成兩類。」

學生的表情從懷疑轉為好奇,想知道我為什麼這麼開心。

她的定義很清楚,所以我很喜歡。我們能依數據加以檢視。如果你想向別人指出他們的偏誤,拿數據檢驗十分管用,所以我就這麼辦。

我這輩子接下來都是這樣做。當時我用來印出表格的那一大台灰色影印機,堪稱跟我聯手對抗偏誤的第一個夥伴。到了1998年,我有了下一個新夥伴,那就是彩色印表機,從此我能印彩色的泡泡圖給學生。接下來,我有了真人夥伴,也有了突飛猛進的成果。安娜與奧拉看了那些泡泡圖,聽了我想揪出誤解的想法,**躍躍欲試**加入我的行列,無意間找出憑動態泡泡圖呈現數百個數

據趨勢的創新方式。從此我們能選擇動態泡泡圖這項利器，破除「世界分成兩塊」這個誤解。

這類印象哪裡不對？

我的學生在談「他們」和「我們」，其他人在談「開發中國家」與「已開發國家」，你自己大概也會用這些標籤，但不對在哪裡？記者、老師、政治人物、社運人士和研究人員統統把這些字眼掛在嘴邊啊。

人在提到「開發中」與「已開發」時，大概是在想著「窮國」與「富國」。我還常聽到的分法包括「西方／其他」、「北邊／南邊」和「低所得／高所得」等等。重點不是所用的特定字詞，而是所反映對世界的印象，還有背後的事實基礎。那麼他們用這種簡單的二分法時，腦中有什麼印象？這種印象是否符合現實呢？

現在我們來看一下數據。【圖 1-1】的泡泡圖呈現各國的生育率與兒童存活率。

圖上的每個泡泡代表一個國家，泡泡大小反映人口多寡，最大的泡泡是印度與中國。左側的國家生育率比較高，右側的國家生育率比較低；愈上方的國家兒童存活率愈高（死亡率愈低），愈下方的國家兒童存活率越低（死亡率愈高）。這張圖就是那位第三排學生對「我們與他們」或「西方與其他」的定義，在這裡我則姑且用「已開發與開發中」國家來稱呼。

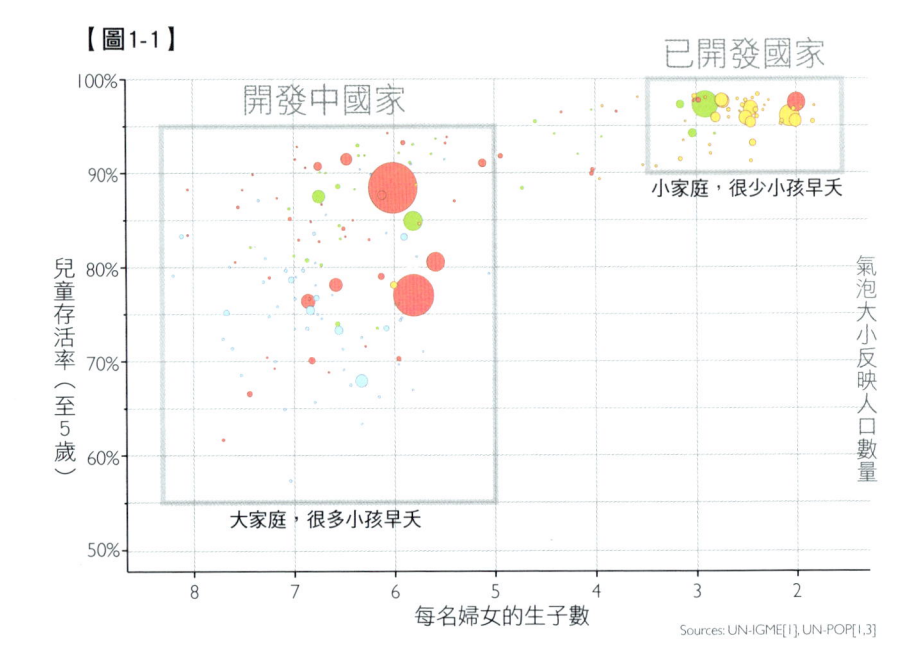

【圖1-1】

縱軸：兒童存活率（至5歲）
橫軸：每名婦女的生子數
氣泡大小反映人口數量

開發中國家：大家庭，很多小孩早夭
已開發國家：小家庭，很少小孩早夭

Sources: UN-IGME[1], UN-POP[1,3]

全球各國明顯分為兩組：開發中與已開發。兩組之間有一道清楚的鴻溝，落在其中的只有15個小國（包括古巴、愛爾蘭和新加坡），僅占全球人口的2%。「開發中」那一組有125個泡泡，包括中國與印度，各國的婦女平均至少生下5個孩子，早夭堪稱常見：不到95%的孩子能活下來，等於超過5%的孩子活不過5歲生日。「已開發」那一組有44個泡泡，包括美國與多數歐洲國家，各國的婦女平均只生不到3.5個小孩，兒童存活率高於90%，甚至95%。

世界分為兩組國家，中間有一條鴻溝，完全符合第三排那個學生所說。很好，真是一目了然的世界！所以哪裡有錯？為什麼不能把國家區分為「已開發」和「開發中」？為什麼我要刁難那個區分「我們和他們」的學生？

問題出在這張泡泡圖是反映 1965 年的世界！那個我還只是小夥子的世界！問題出在這裡。你會拿 1965 年的地圖趴趴走嗎？你希望醫生是對你採用 1965 年的最新療法嗎？【圖 1-2】才呈現出現今的世界。

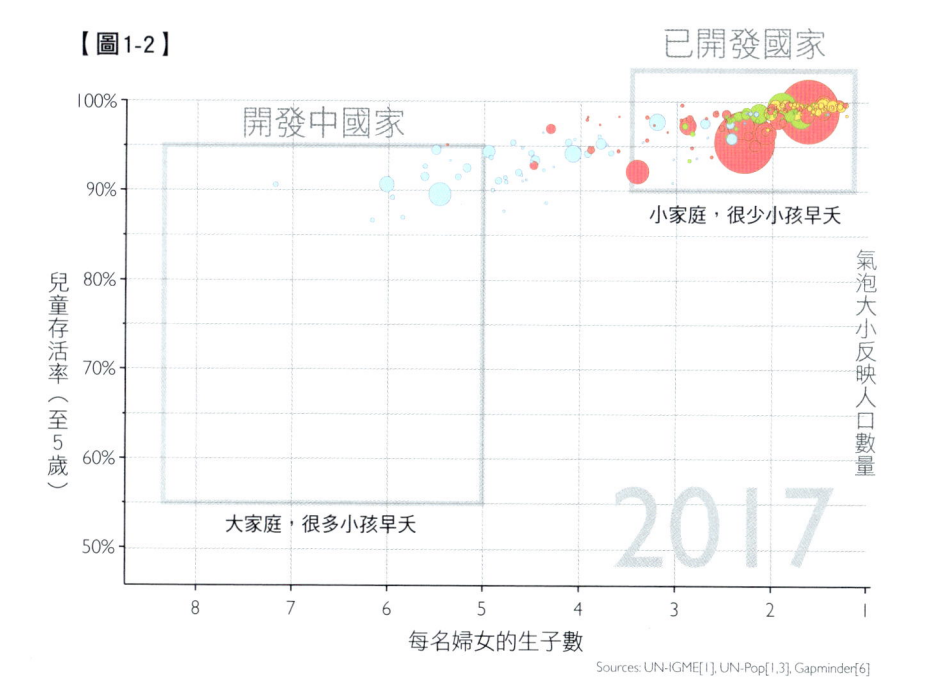

【圖1-2】

X軸：每名婦女的生子數
Y軸：兒童存活率（至5歲）

已開發國家：小家庭，很少小孩早夭
開發中國家：大家庭，很多小孩早夭

氣泡大小反映人口數量

2017

Sources: UN-IGME[1], UN-Pop[1,3], Gapminder[6]

世界改頭換面了。現在大多是小家庭，兒童死亡率在大多數國家都很低，包括最大的中印兩國。請看圖的左下角，幾乎一片空蕩。右上那個代表低生育率與低兒童死亡率的方框則是眾之所趨，多數國家已經落在那裡，全球85%的人口落在那個向來稱作「已開發世界」的方框，剩下15%的人則大多處於兩個方框之間，僅13個國家（占6%人口）仍位在「開發中」的方框。不過雖然世界變了，對世界的認知卻沒變，至少「西方人」腦中的認知沒變。我們多數人對世界其餘地方的認知徹底過時了。

這種大幅改變不局限於家庭大小與兒童死亡率，而是在幾乎各個方面。無論從所得、觀光、民主、教育機會、醫療照護或電力供應等方面衡量，結果並無二致：世界以前分成兩塊，但已不復如此。如今多數人處於中間。無論西方與非西方、已開發與開發中或富人與窮人之間，都不再存在一條鴻溝。我們不該再用這類斷然的二分法。

我的學生很關心世界，想讓世界變得更好。我很訝異他們對許多基本事實如此無知，竟然認為該區分為「他們」和「我們」兩大類，還說「他們」無法過「我們」這種生活。他們年紀輕輕，怎麼卻懷著三十幾歲的人的觀念？

20年前的那個晚上，我在雨中騎車回家，手指僵麻，心中燒著一把熊熊烈火。我的想法奏效了。藉由在教室呈現數據，我向學生證明世界並未分成兩塊，終於逮住了他們的誤解。現在我興沖沖要往前奮戰，還得把數據呈現得更清楚，方能說服更多人，打破他們的錯覺，點出事實不是他們所感覺的那個樣子。

20年後的現在，我坐在哥本哈根一間不賴的電視台攝影棚裡。「二分化」的世界觀老了20歲，也過時了20年。節目正在直播，主播偏著頭對我說：「我們現在仍看到巨大的落差，一邊是小小的富裕世界，以西方舊世界為主，另一邊則是其餘那一大部分的世界。」

　　「可是你完全搞錯了唷。」我回答。

　　我再次解釋，「貧窮的開發中國家」不再是清楚明確的分類，鴻溝已然不再，如今多數人（75%）身在中等所得國家，不窮，不富，而是處在中間的某處，開始能過還像樣的生活。一端仍有絕大多數人處於艱苦赤貧中的窮國，另一端則是富裕世界（北美、歐洲，以及日本、南韓和新加坡等少數其他國家），但大多數人已經處在中間。

　　「你的依據是什麼？」主播以明顯的挑釁語氣問。他成功了，我忍不住發火，語氣與用詞透出怒意：「我是用世界銀行和聯合國的官方數據。這當中沒有爭議，無從置疑。我是對的，你是錯的。」

逮住誤解的怪獸

　　我已經對抗這個把世界分為兩塊的誤解長達20年，遇到時不再訝異。我的學生不是特例，丹麥主播不是特例，我遇到的多數人都跟他們一樣。如果你懷疑我的宣稱不對，覺得沒有那麼多人抱持誤解，那也很好，你聽到任何這種宣稱時都該要求對方提

出證據。現在我就提出證據給你看看,包含兩個用來抓住誤解的陷阱。

首先,我們提出類似前言裡的這個問題,了解受測者對低所得國家人民的生活有何想像。

真確問題 1:
現今全世界的低所得國家裡,多少女孩會讀完小學?
☐ (A) 20%
☐ (B) 40%
☐ (C) 60%

平均只有 7% 的人選到正確答案:C,在低所得國家裡 60% 的女孩會讀完小學(還記得動物園裡 33% 的黑猩猩能答對這題吧)。多數受測者的「猜想」是僅 20%,但放眼全球,女孩就學率如此之低的國家堪稱鳳毛麟角,只有 2% 的女孩生在這種特例國家,例如:阿富汗和南蘇丹。

這類問題等於是問,在低所得國家裡,多少比例的人民得以向現代生活邁出基本的第一步。我們會問的類似問題包括平均壽命、營養不良、飲水品質和疫苗接種率等,卻得到類似結果。在低所得國家裡,平均壽命是 62 歲,多數兒童會接種疫苗,多數女孩會讀完小學,但只有很少數受測者選出正確答案,答對率遠遜於黑猩猩,多數受測者甚至選了最錯的選項——只有極少數面臨嚴重災禍的地方才符合的選項。

真確問題1的作答結果：正確答對的比例。
題目：現今全世界的低所得國家裡，多少女孩會讀完小學？（正解：60%。）

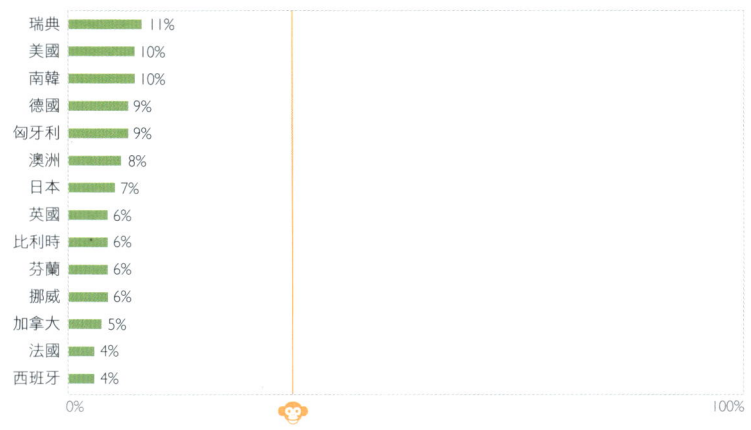

國家	比例
瑞典	11%
美國	10%
南韓	10%
德國	9%
匈牙利	9%
澳洲	8%
日本	7%
英國	6%
比利時	6%
芬蘭	6%
挪威	6%
加拿大	5%
法國	4%
西班牙	4%

Sources: Ipsos-MORI[1] & Novus[1]

現在我們來收緊陷阱，揪出誤解的怪獸。我們已經知道，一般人把低所得國家人民的生活想得比實際上糟糕得多，但他們認為全球有多少人過著那種糟糕生活呢？我們問瑞典與美國的受測者：**全球有多少比例的人生活在低所得國家？**

他們多半認為比例在50％以上，所有答案平均起來是59％。

但實際數字是9％。全球僅9％的人生活在低所得國家。而且別忘了，我們才剛弄清這些國家不如一般想像的那麼慘，雖然在許多方面確實很糟，但頂多就像阿富汗、索馬利亞或中非共和國那樣，不會再更糟了。

總而言之：低所得國家遠比多數人想像的更進步，而且占全

球總人口的比例很小。如果認為全球分成涇渭分明的兩塊,多數人生活在水深火熱當中,那可真是搞錯了,純屬誤解,純屬幻想。

天啊,多數人去哪了!

如果多數人不是生活在低所得國家,那是生活在哪裡?鐵定不是在高所得國家吧?

你喜歡怎樣的洗澡水?超冰還是滾燙?選項當然不會這麼少,洗澡水可以是極凍、燒燙或微溫等等,只要在範圍裡,各式各樣都行。

真確問題 2:
世界上的多數人是生活在哪裡?
☐ (A)低所得國家
☐ (B)中所得國家
☐ (C)高所得國家

多數人不是生活在低所得國家或高所得國家,而是中所得國家。這一類不在二分法的世界觀裡,卻確實存在。全球 75% 的人生活在中所得國家,就在想像中的那條鴻溝裡。所以這樣說好了,那條鴻溝並不存在。

中所得國家加上高所得國家共占全球人口的 91%,多數人已經整合進全球市場,生活正大幅改善,過得還算不錯。對人道

主義者，這認知值得高興；對跨國企業，這認知至關重要。世上有50億個潛在消費者，正在中所得國家裡提升生活品質，想買洗髮精、腳踏車、衛生棉和智慧型手機。如果你以為他們「很窮」，可就錯失良機了。

真確問題2的作答結果：正確答對的比例。
題目：世界上的多數人是生活在哪裡？（正解：中所得國家。）

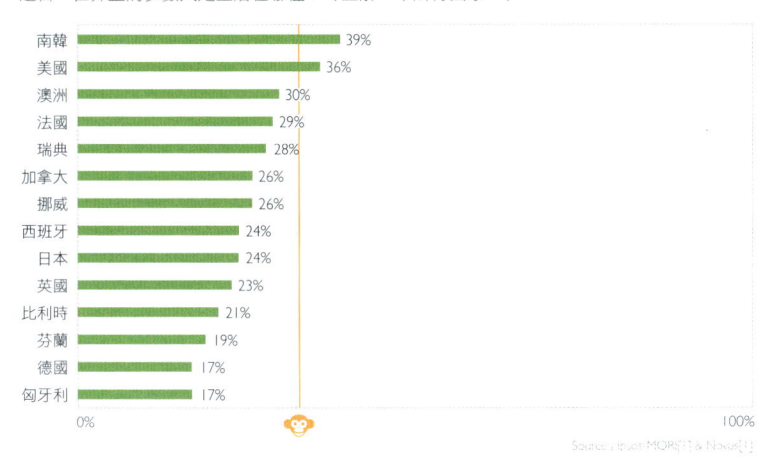

國家	比例
南韓	39%
美國	36%
澳洲	30%
法國	29%
瑞典	28%
加拿大	26%
挪威	26%
西班牙	24%
日本	24%
英國	23%
比利時	21%
芬蘭	19%
德國	17%
匈牙利	17%

Source: Ipsos-MORI[1] & Novus[2]

新的分類方式：四個所得等級

我在演講或課堂上常常猛批「開發中國家」這個名詞。

接著觀眾會問我：「所以我們該怎麼稱呼他們？」不過小心聽好了，這仍包含一個誤解：我們與他們。「我們」該怎麼稱呼「他們」？

我們該做的是別再把國家分成兩類。現在這已經不具意義，無法幫助我們妥善了解世界，無法幫助企業發現生意機會，無法幫助慈善機構把善款送到最窮苦的人手上。

不過我們還是需要靠某種分類來理解世界，不能光是撕掉舊標籤，卻沒有任何新分類。我們到底該怎麼做？

舊標籤如此風行的一個原因在於簡明清楚。可惜卻是錯的！為了取代舊標籤，我提出一個同樣簡單卻更切合現實的分類方式，依照所得高低，不再把國家分成兩類，而是分成四個級別，如【圖 1-3】所示。

【圖1-3】四個所得等級

2017年的全球所得分布。

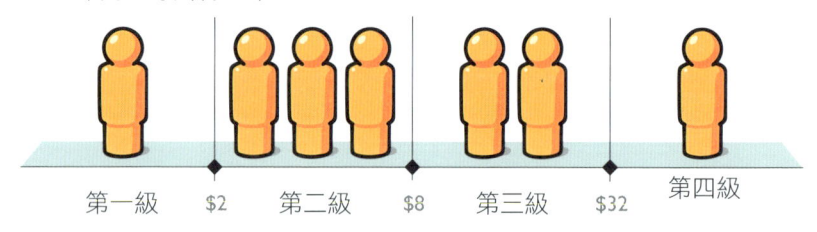

第一級　　$2　　第二級　　$8　　第三級　　$32　　第四級

人均日所得，以購買力平價顯示（美元）

Source: Gapminder[3]

這張圖的每一個人像代表 10 億人，呈現全球在四個所得等級的分布狀況，以每人平均一天的美元收入計算。如你所見，多數人位於中間那兩個等級，基本的需求能得到滿足。

你正感到振奮嗎？你該振奮的。原因在於這本書要給你一套基於事實的新架構，而這四個所得等級是最重要的一根支柱，屬

於我先前答應會提出的思考工具之一。綜觀全書，你會看到這四個等級是如何有助輕鬆了解各種事情，例如：恐攻與性教育。因此，在這裡我想試著呈現各個等級的生活面貌。

現在把這四個所得等級想像成電玩裡的等級。人人都想從第一級升到第二級，再繼續往上升級。只不過這個遊戲很怪，第一級的難度竟然最高。現在我們開始進入遊戲吧。

水源

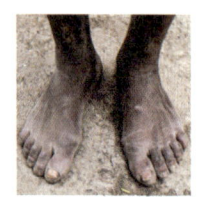

交通工具

煮飯器具

食物

第一級　　$2

Source: Dollar Street

第一級。你從第一級開始,每天能賺 1 美元。你的 5 個孩子必須拿著家裡唯一的塑膠桶,赤腳走去離家一個小時的髒土坑取水,來來回回走上好幾個小時,在回家的路上還要撿木柴。你煮著灰糊糊的粥,餐復一餐,日復一日,同樣這種粥要吃一輩子──貧瘠的土地歉收時還沒得吃,得餓著肚子上床睡覺。某天你的小女兒狂咳不止,屋內爐火的煙更讓病情加劇,但你付不出抗生素的錢,一個月後她死了。這是所謂赤貧。不過你努力不懈。如果作物有幸豐收,你也許有多餘的穀子能賣,一天掙超過 2 美元,升到下一個等級。祝你好運!(現今約 10 億人過著這種生活。)

水源

交通工具

煮飯器具

食物

$2　第二級　$8
Source: Dollar Street

第二級。你成功了。你把收入提升 4 倍，現在每天能賺 4 美元，等於每天多了 3 美元。你要怎麼用這些錢呢？現在你可以買不是自己種的食物，還能買雞來下蛋。你存了點錢，替小孩買涼鞋，還買下腳踏車和幾個塑膠桶，只要花半小時取水就行。你買了桶裝瓦斯，小孩就不必撿木柴，可以去上學。有電的時候，他們在燈泡下寫作業，但電力供應不夠穩定，所以不能買冷凍櫃。你存錢買床墊，不必再睡在泥地上。日子好過多了，但仍充滿變數。萬一生病，你得賣掉多數東西籌錢買藥，可能再次落回第一級。每天多 3 美元很不錯，但如果生活要大幅提升，收入得再增加 4 倍才行。如果你能在地方上的衣服工廠覓得一職，你會是家裡第一個領薪水的人。（現今約 30 億人過著這種生活。）

第三級。哇，你成功啦！你做很多份工作，每天忙碌 16 小時，一週 7 天不休息，讓收入再增加 4 倍，達到每天 16 美元。你存下好一筆錢，替家裡裝了水龍頭，再也不必外出取水。由於供電穩定，小孩能好好寫作業，你也能買冰箱，用來保存食物，每天可以吃不同菜色。你存錢買下摩托車，可以到鎮上工廠做一份更好的工作，可惜某天半路出了車禍，只好把辛苦存下的小孩教育費拿來買藥，幸好你康復了，而且錢存得夠，並未落回前一個等級。2 個小孩開始上中學，只要讀到畢業就可以做你不能做的好工作，賺更優渥的薪水。為了慶祝，你們全家第一次出門旅行，在海邊開心玩了一下午。（現今約 20 億人過著這種生活。）

水源

交通工具

煮飯器具

食物

$8　第三級　$32

Source: Dollar Street

第四級。你每天能賺超過 32 美元，消費能力不賴，要是每天多賺 3 美元並不會給生活帶來多少差異，所以不覺得 3 美元是一筆大錢，儘管 3 美元能改變赤貧家庭的一生。你接受過 12 年的教育，會搭飛機到外地度假，每個月出去吃一頓大餐，也買得起車子。家裡當然有熱水設備。

不過你早就知道這個等級的生活。既然你正在讀這本書，我想你一定是位於第四級。我不必描述這種生活給你聽。對你來說，難的是如何體會另外三個等級之間的巨大差異。第四級的人得費番功夫才不致誤解世上另外 60 億人的生活。（現今約 10 億人過著這種生活。）

水源

交通工具

煮飯器具

食物

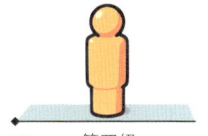

$32　第四級

Source: Dollar Street

剛才我描述了升級過程，彷彿一個人在一層一層往上爬，但這種例子其實很少，一個家庭通常得花數個世代才能從第一級升到第四級。不過我希望現在你清楚了解不同所得等級的生活樣貌，明白個人與國家都可能往上升級，更重要的是知道國家不是只分成兩類。

人類歷史早期，人人身在第一級。超過 10 萬年間沒人成功往上爬，多數小孩無法長大成人。僅僅 200 年前，全球 85% 的人仍處於第一級，過著赤貧的生活。

如今多數人處於中間，介在第二和第三級，跟 1950 年西歐與北美的生活水準相當，而世界這樣子許多年了。

二分化直覺

二分化直覺很頑強。我第一次到世界銀行演講是在 1999 年，向他們說明原本「開發中」與「已開發」的標籤已經不合現實，而且最後還表演了吞劍，但遲至 17 年之後，前前後後我又再去演講了 14 次，世界銀行才終於公開宣布廢除「開發中」與「已開發」這兩個詞，改為把世界分為四個所得等級。聯合國和多數國際組織仍未做出這項改變。

究竟為什麼把國家分為貧富兩類的誤解如此難以改變？

我認為原因出在人類非常傾向於二分法的思考，愛把事物分成迥異的兩類，中間存在一條鴻溝。我們熱愛二分：好與壞；英雄對惡棍；我的國家與其他國家。把世界分為兩類很簡單直觀，

還暗示著衝突，容易流於誇大，而我們始終在無意間這麼做。

記者深諳這件事，把相異的人事物寫成對立，偏好報導赤貧與富豪，不愛報導許多人胼手胝足慢慢改善生活。記者的工作是說故事，紀錄片與電影的導演也是，紀錄片喜歡描寫無名小卒怎樣對抗邪惡的大企業，賣座大片通常在拍正義與邪惡的對立。

由於二分化直覺，我們往往在統合中想像對立，在融匯中想像歧異，在一致中想像衝突。這種直覺處處可見，徹底扭曲認知，所以第一個就被我提出來。今晚如果你觀看新聞或點進遊說團體的網站，大概會看到他們講著兩個群體之間的對立，也許用到「鴻溝愈來愈大」等用語。

如何扭轉二分化直覺偏誤？

三種常見情況可能表示別人對你（或你對自己）誇大事物之間的落差，觸發了你的二分化直覺。這些情況分別是比較平均值、比較極值，以及自己的上層目光。

比較平均值

請別認為我在針對平均值。我喜歡平均值。平均值能迅速傳達意思，通常提供有用情報，對現代社會不可或缺，對這本書也必不可少，在本書許多段落可見其蹤影。不過任何對資訊的簡化都可能造成誤導，平均值也不例外，問題在於只提出一個數字，卻並未反映整個範圍（整組不同數字）。

我們比較兩個平均值時唯恐只關注其中的差距，忽略背後重疊的部分。換言之，我們看見實不存在的鴻溝。

舉個例子，請看【圖 1-4】和【圖 1-5】兩個（無相關）的圖表。

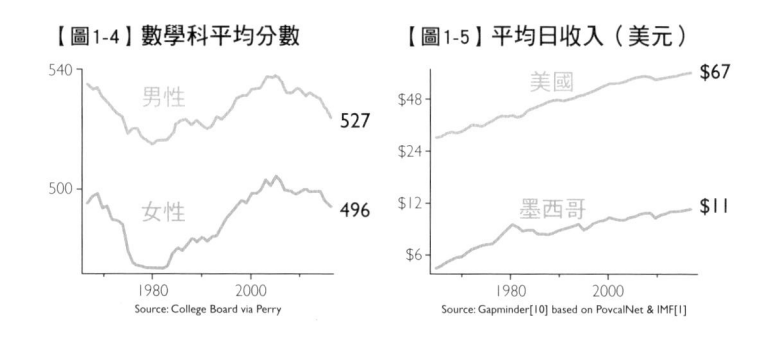

【圖1-4】數學科平均分數

男性 527
女性 496

Source: College Board via Perry

【圖1-5】平均日收入（美元）

美國 $67
墨西哥 $11

Source: Gapminder[10] based on PovcalNet & IMF[1]

【圖 1-4】呈現 1965 年起每年美國男女考生在 SAT 測驗數學科的平均分數差距，【圖 1-5】反映美國人與墨西哥人的平均收入差距。兩張圖的兩條線之間有著巨大鴻溝：男性對上女性，美國對上墨西哥。這些圖似乎在說男性比女性對數學更在行，美國人的收入比墨西哥人高得多。某方面來說，這確實沒錯，數據就是這樣顯示。但某方面到底是指哪個方面？到哪個程度？所有男性都勝過女性？所有美國公民都比墨西哥公民有錢？

首先，如果把 Y 軸的分數範圍調整一下，【圖 1-6】與【圖 1-7】帶來的印象就會大不相同，「鴻溝」幾乎不見了。

【圖1-6】數學科平均分數

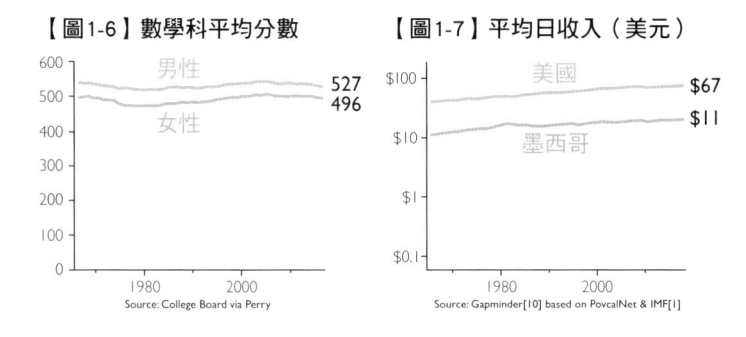

【圖1-7】平均日收入（美元）

現在我們以第三種方式檢視同一份數據，對數字背後代表的意義做更深入的了解：不要看每年的平均值，而是看特定年份裡所有數學分數或收入的分布狀況。

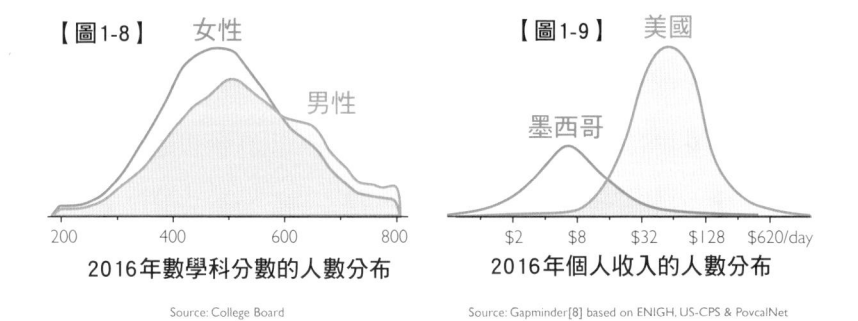

【圖1-8】 2016年數學科分數的人數分布

【圖1-9】 2016年個人收入的人數分布

我們跳脫平均值，看見所有人的分布狀況。請看！【圖1-8】中，男性與女性的數學分數大多重疊，多數女性都有另一個男性跟她考出相同分數。至於【圖1-9】中，美國人與墨西哥人的收入同樣有所重疊，雖然只有一小部分而已。從這兩張圖我們可以看到，無論是男性或女性，還是美國人與墨西哥人，彼此之間不

是涇渭分明,而是有所重疊,鴻溝並不存在。

當然,鴻溝的說法有時可以反映現實。在種族隔離時代的南非,黑人與白人的所得差異甚大,確有一條鴻溝,幾無重疊部分。鴻溝的說法所言甚是。

然而,種族隔離政策極其少見,鴻溝說法甚至更常是誇大與誤導。兩個群體之間即使從平均值來看似有鴻溝,但多數情況下並沒有明顯差異。如果我們能稍微探討得更深入一點,不要只看平均數,而是檢視分布狀況,不把群體綁在一起,而是檢視所有個體,那麼我們幾乎都能獲得更準確的認知,發覺乍看迥異的群體其實重疊處很多。

比較極值

我們天生會受極端特例所吸引,要回想起來也比較容易。比方說,如果我們想到全球貧富差距的議題,也許會想起南蘇丹的饑荒報導,對比於我們自己舒舒服服的生活。如果我們得想出不同的政府體制,也許會很快想到正反面的極端例子,一邊是貪腐壓迫的獨裁統治,一邊是瑞典這樣的國家,具備良好的社福系統與文官體系,致力於保障公民的權益。

這類極端例子很吸睛,很有力,很迷人,而且很能有效觸發二分化直覺,卻很少有助理解。世上總有巨富與乞丐,總有惡劣暴政與出色政府,但極端特例能告訴我們的並不多。多數通常位於中間,屬於完全不同的故事。

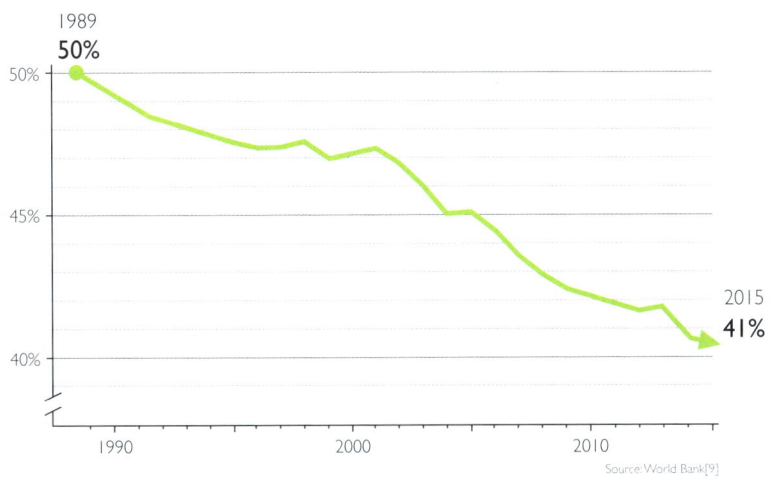

【圖1-10】巴西前10%有錢者占全國總收入的比例

1989
50%

2015
41%

Source: World Bank[9]

舉巴西這個世上極度貧富不均的國家為例。在巴西，前10％有錢的人收入占全國的41％，見【圖1-10】。很嚇人吧？聽起來太高了。我們腦中馬上浮現一群富裕階級竊占其他國民的資源。媒體也替這個印象推波助瀾，火上加油，拍攝超級有錢人的遊艇、駿馬與豪宅，而通常這些有錢人不僅屬於前10％，更屬於金字塔頂端的前0.1％。

沒錯，這數字確實高得嚇人，但同時也是多年來的新低。

統計數據常因政治目的用得聳動，但重點是我們也要從中看出事實。如果我們替巴西人依四個所得等級畫分，將發現多數巴西人已經脫離極端赤貧，躋身第三級，買得起機車和眼鏡，替教育費與洗衣機存錢。即使在這個世上數一數二貧富不均的國家，鴻溝仍不存在，多數人位於中間，見【圖1-11】。

【圖1-11】
2016年巴西各所得等級的人數分布

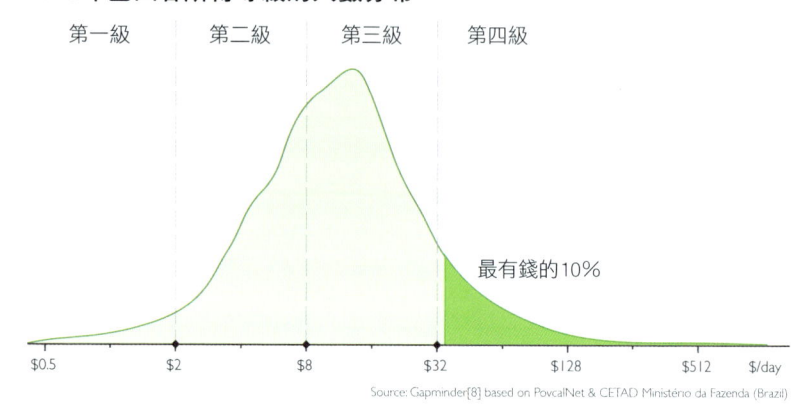

第一級　　第二級　　第三級　　第四級

最有錢的10%

$0.5　　$2　　$8　　$32　　$128　　$512　　$/day

Source: Gapminder[8] based on PovcalNet & CETAD Ministério da Fazenda (Brazil)

自己的上層目光

　　如同先前說的，如果你正在讀這本書，你大概處於第四級。就算你是生活在中所得國家，亦即多數國民處於第二或第三級的國家（如墨西哥），你自己大概是處於第四級，跟在舊金山、斯德哥爾摩、里約、開普敦或北京同等級的人過著類似生活。你們國家裡的貧窮不同於「極端赤貧」，只是「相對貧窮」。舉美國為例，一個人就算處於第三級，仍可能歸類為窮人。

　　因此，你大概不是很清楚第一、第二和第三級的人是面臨什麼掙扎，媒體上的報導也毫無幫助。（註：當然，如果你雖然處於第四級，卻有親戚處於第二或第三級，那麼你大概知道他們是過怎樣的生活，本章這部分可以跳過。）

　　在建構基於事實的世界觀之際，你遇到最大的難關是要意

識到：**你的多數第一手經驗來自第四級**，至於你的第二手經驗則經過大眾媒體的篩選，只是媒體喜歡不具代表性、誇張聳動的大事，不愛平凡日常的小事。

當你是過第四級的生活，任何第三、第二或第一級的人也許顯然同樣窮，「窮」這個字失去具體意義。連第四級的人都可能顯得窮：也許牆壁的油漆剝落，也許開的是二手車。只要曾從高樓頂上往下望過，就知道從樓頂很難區分下面樓房的高矮，一棟棟都同樣矮小。同理，處於第四級的人自然會把世界分為兩類：富裕（像你這樣位於樓頂）與貧窮（位於底下跟你有別）。如果低著頭說「啊！他們都是窮人」也很理所當然。如果不懂得區分汽車、騎機車、騎單車、穿涼鞋與打赤腳的人，同樣理所當然。

我跟處於各個等級的人談過，所以能明白告訴你，對身處於第一、第二和第三級的人來說，各級的差異相當大。第一級的人活在赤貧當中，清楚知道如果他們每天賺的錢能從 1 美元提高到 4 美元，生活會有天壤之別，遑論提高到 16 美元。打赤腳到處走的人知道腳踏車能省下多少時間和精力，既能快些騎到鎮上的市場，還能換來更好的健康與收入。

這四個等級意在取代過去誇大的「二分」世界觀，而且對你在本書將學到的認知框架最為重要。現在你學到了。並不難吧？整本書從頭到尾會以這四個等級解釋各種事情，包括電梯、溺死、性事、煮飯與犀牛，有助你把世界看得更清楚，有助你更常正確判斷事情。

你需要靠什麼來揪出並取代誤解？答案是數據。你得秀出數

據,看見背後的事實。所以說,謝啦,聯合國兒童基金會的圖表;謝啦,泡泡圖;謝啦,網際網路。不過你還需要其他利器,那就是用一套同樣簡單卻更符合事實的概念取代誤解。這四個所得等級正能做到這件事。

求真習慣

為了扭轉二分化直覺偏誤，你要尋找多數是落在哪裡。懂得察覺我們遇到了一個將事情區分成兩類的說法，中間隔著一條鴻溝。但真實世界往往不是斷然二分，多數人通常是落在中間，鴻溝並不存在。

- **留意對平均值的比較**：如果你能檢視分布狀況，大概會發現個體間有重疊處，鴻溝並不存在。
- **留意對極值的比較**：無論任何國家或群體，總有上層與下層，有時涉及高度不公，但即使如此，多數通常仍是落在中間──原本你以為鴻溝所在的地方。
- **留意自己的上層目光**：切記，從上層俯瞰的目光不準，底下其他東西看起來都一樣矮，但其實不然。

CHAPTER 2

負面型直覺偏誤

為什麼我彷彿在埃及出生？
保溫箱裡的嬰兒又能教我們什麼世界的事實？

你最同意哪句陳述？
- ☐（A）世界正變得更好。
- ☐（B）世界正變得更糟。
- ☐（C）世界既沒變好，也沒變糟。

脫離水溝

我記得自己忽然頭下腳上，眼前一暗，尿味撲鼻，一時無法呼吸，嘴裡與鼻裡塞滿泥巴，雖然掙扎著想爬起來，卻反而陷得更深，雙手死命伸長想在草桿間找到可以拉的東西。接著，突然有人拉著我的腳踝把我救了出來。祖母讓我坐進廚房地上的大水槽裡，輕輕替我洗身子，肥皂香飄散，那些熱水原本是要用來洗盤子。

這是我最早的記憶。當時我 4 歲，掉進祖母家前面的水溝，溝裡爛泥處處，前一晚的雨水混合鎮上的汙水，幾乎快滿出溝外。溝裡有某個東西引起我的注意，我靠近溝邊，卻一頭栽跌進去。爸媽沒在一旁看好我，因為媽媽患結核病住院，爸爸一天得工作 10 個小時。

平日我跟祖父祖母一起住。週六爸爸讓我坐在腳踏車的架子上，騎去醫院，路上兜著大圈子，繞著八字型取樂。我看見媽媽站在三樓陽台上咳嗽，爸爸解釋說如果我們過去會被傳染。我對她揮手，她也對我揮手，但她的聲音太虛弱，讓風給吹散了。在我的記憶中，她總是盡量擠出笑容。

認為「世界正變得更糟」的大誤解

本章在談負面型直覺：我們傾向於留意壞的而非好的事情。這種直覺造成第二種大誤解。

「事情正變得更糟」是我最常聽到有關世界的認知。世上也確實有許多糟糕的事情。

二戰之後，死於戰爭的人數日趨下降，但由於敘利亞戰爭的緣故，人數正重新增加。恐怖主義再度日益抬頭（第4章會回頭談這個）。

過度捕撈與海洋汙染著實令人擔憂，愈來愈多海域汙染嚴重，愈來愈多生物瀕臨絕種。

冰川正在融化，在接下來100年裡海平面會持續上升約90公分。禍首無疑是人類排放進大氣的溫室氣體。即使我們不再排放，現存的溫室氣體得要很長時間才會消散。

2008年，出乎監管單位的意料，美國房市驟然崩潰，原因出在抽象的投資標的明明絕少人了解，許多人卻誤以為很安全。這個系統仍像當時那樣錯綜複雜，類似危機可能捲土重來，也許就在明天爆發。

為了和平、金融穩定與保護自然資源，我們亟需一件事，那就是國際合作，並以對世界面貌的可靠認知為基礎。然而，現今我們對世界缺乏真確認識，這是最令人擔憂的問題。

我長年聽到許多負面講法。也許你會心想：「漢斯，你一定老是碰到陰沉鬼吧。」我們來看看這講法對不對。

30 個國家與領土的受測者被問到本章開始的那個問題：你認爲世界正在變好、變壞或持平？回答結果如下。

世界正有何發展？回答「變糟」的百分比。

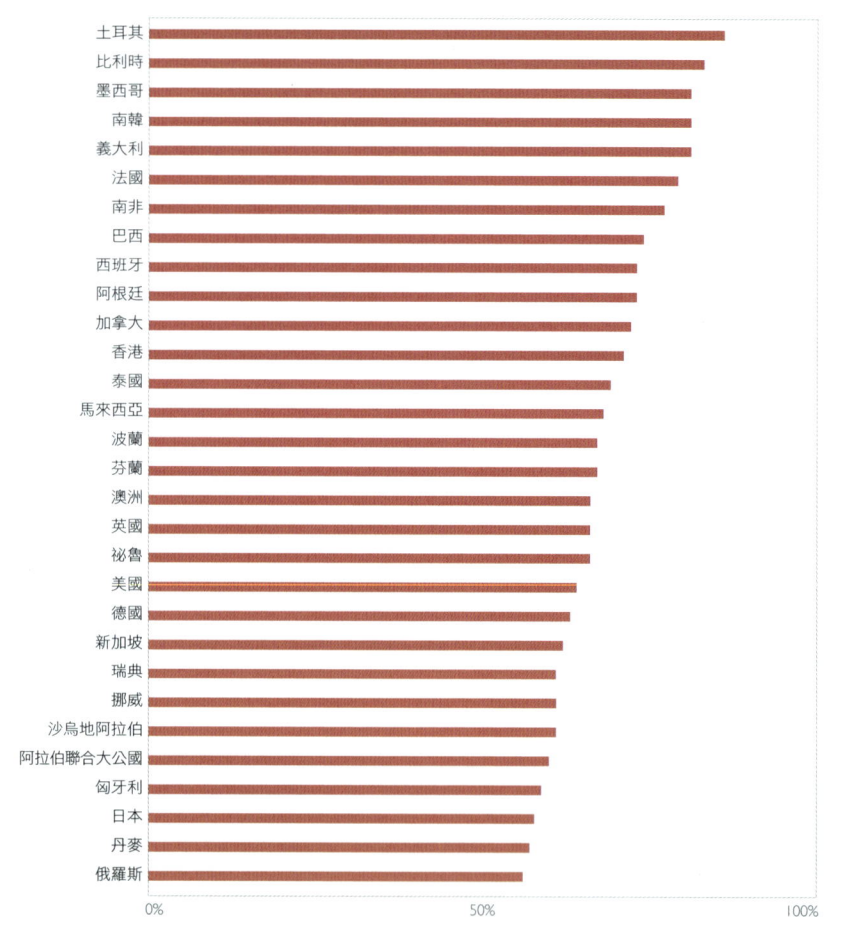

國家/領土	
土耳其	
比利時	
墨西哥	
南韓	
義大利	
法國	
南非	
巴西	
西班牙	
阿根廷	
加拿大	
香港	
泰國	
馬來西亞	
波蘭	
芬蘭	
澳洲	
英國	
祕魯	
美國	
德國	
新加坡	
瑞典	
挪威	
沙烏地阿拉伯	
阿拉伯聯合大公國	
匈牙利	
日本	
丹麥	
俄羅斯	

Source: Yougov[1]

我從不百分之百相信數據,你也不該相信,畢竟總有些不確定的地方。以這調查結果來說,數字應大致沒錯,但你不該根據這樣小的差異就驟下結論。(對了,這是個解讀數據的好原則:當數據之間的差異小於10%左右,務必小心,別驟下判斷。)儘管如此,背後訊息大體上還是很清楚:多數人認為世界正變得更糟。無怪乎我們都憂心忡忡。

數據如同一種療癒

我們很容易留意到世上種種糟糕壞事,卻不容易留意到好事:千千萬萬個進步從來未獲報導。別誤會,我不是指那些雞毛蒜皮、用來平衡負面消息的正面新聞。我是在談那些徹底改變世界的重大進展,只是因為進展得太緩慢,太零散,個別來看顯得太微小,所以無法登上新聞。我是在談人類默默取得宛若奇蹟的重大進展。

這些進展罕有人知,所以我獲邀到世界各地的會議或企業大談特談。觀眾有時說我的演講「激勵人心」,許多人還說我的演講能撫慰人心。這從來不是我的目的,卻也滿合理的。我提出的大多是聯合國官方數據,但只要大家對世界的認知遠比實際上更糟糕,單是數據就能帶來正向積極。知道世界遠比想像中來得好是一種安慰,是一種激勵。這些數據如同嶄新的快樂藥丸,在網路上完全免費任你拿來用!

赤貧

我們先來檢視赤貧人口的變化趨勢。

真確問題 3：
在過去 20 年，全球赤貧人口占總人口的比例是⋯⋯
☐ （A）幾乎翻倍
☐ （B）大致不變
☐ （C）幾乎減半

正確答案是 C：在過去 20 年，全球赤貧人口占總人口的比例幾乎減半。但根據我們線上問卷的填答結果，僅不到 10％ 的受測者知道這件事。

還記得第 1 章的四個所得等級嗎？1800 年那時候，大約 85％ 的人處於第一級，也就是赤貧。放眼全球，糧食就是不足，許多人一年裡好多個夜晚得餓著肚子上床睡覺。在英國及其殖民地，兒童必須工作來換取食物，英國的兒童平均從 10 歲開始工作。全瑞典有五分之一的人口因饑荒而逃到美國，連我的許多親戚都去了，後來僅其中的 20％ 的人重回瑞典。當糧食歉收，親友與鄰人接連餓死，你會怎麼做？如果可以，你會逃至他鄉。

第一級是所有人類的起點，在 1966 年之前是多數人向來所過的生活。在那之前，赤貧是常態而非特例。

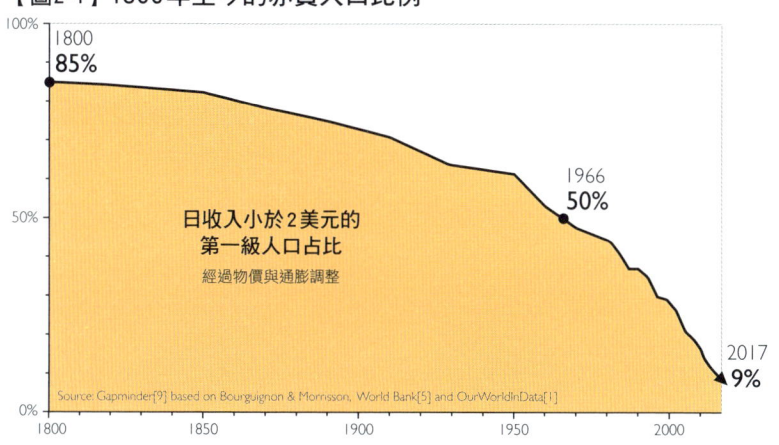

【圖2-1】1800年至今的赤貧人口比例

1800 85%

日收入小於2美元的
第一級人口占比
經過物價與通膨調整

1966 50%

2017 9%

Source: Gapminder[9] based on Bourguignon & Morrisson, World Bank[5] and OurWorldInData[1]

　　如【圖 2-1】所示，赤貧人口比例自 1800 年至今逐步下降。而且最後這 20 年的下降速度之快，堪稱前所未見。

　　1997 年，印度和中國的 42% 人口過著赤貧生活。到了 2017 年，印度的赤貧人口比例降至 12%；赤貧人口比短短 20 年前減少 2 億 7,000 萬人。在中國，赤貧人口比例驟降至驚人的 0.7%，等於 5 億人脫離了赤貧生活。在同樣這段期間，拉丁美洲的赤貧比例從 14% 降至 4%；等於 3,500 萬人脫貧。雖然對赤貧人口從來只能做概略估算，但改變如此明顯，可見這背後肯定發生一些重大事情。

　　20 年前你是幾歲？現在暫時閉上眼睛，回想當年的你。「你的世界」改變多少？一點點？很多？唔，「這個世界」是改變了這麼多：僅 20 年前，全球 29% 的人處於赤貧，現在降為 9%。

如今幾乎人人脫離地獄，人類苦難的源頭正逐步根除。我們該來場慶祝！該開一場盛大派對！這裡的「我們」是指全人類！

然而，我們卻憂心忡忡。在這所得第四級的社會，我們打開電視看到的是水深火熱，世人過著赤貧生活，一切彷彿毫無好轉。但實際上，數十億人已經脫離不幸，成為全球市場上的消費者與生產者，從第一級往上爬到第二和第三級，只是第四級的人們對此一無所知。

平均壽命

真確問題 4：
現今全球的平均壽命是多少？
- ☐ （A）50 歲
- ☐ （B）60 歲
- ☐ （C）70 歲

我們幾乎不可能找到一個數字呈現導致死亡和苦難的原因，但平均壽命算是最貼近這個目標的數據了。所有兒童的死亡、每一次天災或人禍造成的早逝、每位婦女分娩過程的死亡，還有老年人比預期壽命多活的歲數，統統反映在平均壽命。

回首 1800 年，瑞典遭遇饑荒，英國的兒童在礦坑工作，世界各地的平均壽命約為 30 歲。放眼人類歷史，平均壽命差不多就這麼高。新生兒呱呱墜地，大概半數無法長大成人，另外半數大多死於 50 歲到 70 歲之間，所以平均壽命落在 30 歲左右。這

不是意謂多數人活到 30 歲上下,只是平均值,而我們看到平均值時要記得考量分布狀況。

如今全球的平均壽命是 70 歲。事實上比這更好:是 72 歲。但我們受測者的回答情況如下。

真確問題4的作答結果:正確答對的比例。
題目:現今全球的平均壽命是多少?(正解:70歲。)〔包含問卷填答與演講調查。〕

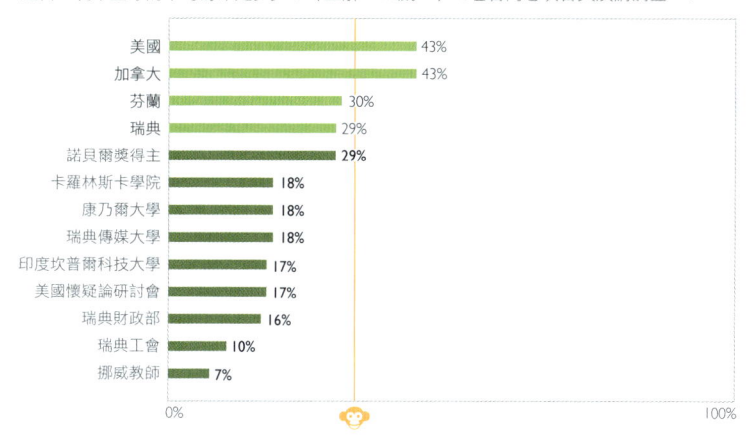

國家/群體	比例
美國	43%
加拿大	43%
芬蘭	30%
瑞典	29%
諾貝爾獎得主	29%
卡羅林斯卡學院	18%
康乃爾大學	18%
瑞典傳媒大學	18%
印度坎普爾科技大學	17%
美國懷疑論研討會	17%
瑞典財政部	16%
瑞典工會	10%
挪威教師	7%

Sources: Ipsos-MORI[1], Novus[1] & Gapminder[27]

在有些問題上,學歷愈高的答得愈差,這題就是一例。多數國家的受測大眾都答得比黑猩猩好(所有國家的答題狀況參見書末附錄)。教育程度良好的受測者卻大多認為答案是 60 歲。如果我們是在 1973 年提出這個問題,60 歲會是正確答案(那年在衣索比亞有 20 萬人餓死),但我們是這幾年提出這個問題,中間經過 40 年的進步,現在世人的平均壽命提高了 10 歲。我們人類始終努力讓家人能活下去,現在終於成功了。

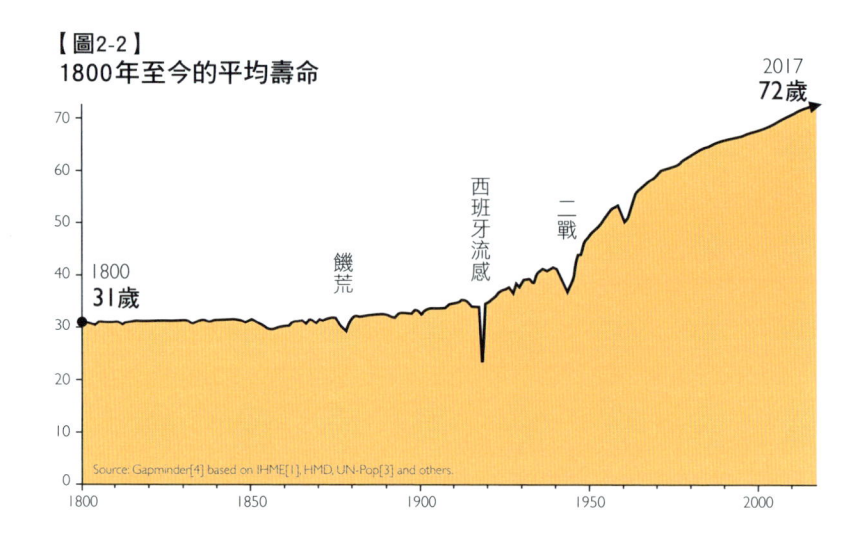

【圖2-2】
1800年至今的平均壽命

1800　31歲
饑荒
西班牙流感
二戰
2017　72歲

Source: Gapminder[4] based on IHME[1], HMD, UN-Pop[3] and others.

我拿出【圖 2-2】這張驚人的圖表時，觀眾常問：「最近那次下跌是為什麼？」他們指著 1960 年。如果你不知道答案，沒關係，我就是靠這個好機會來反駁「世界在變糟」這個誤解。

全球平均壽命在 1960 年驟降的原因在於，那年有 1,500 萬到 4,000 萬個中國人（確切數字沒人知道）餓死，死於一場大概是有史以來最大的人為饑荒。

那時氣候不佳，政府又對耕作提出糟糕建議，結果收成不如預期。各地方政府不想呈報歉收的慘況，於是徵收所有糧食，送到中央政府。地方上半點食物不留。1 年後，視察員愕然發布人吃人的目擊報告，路上遍是屍骨，但中國政府否認中央計畫有所失敗，把這場災禍隱瞞了 36 年，直到 1996 年外界才出現相關的英文報導。（想像看看，現在任何政府有可能向全球隱瞞 1,500

萬人的慘死嗎？）

即使當年中國政府把慘劇公諸於世，但現今在全球分派糧食至所需地區的聯合國世界糧食計畫署也幫不上忙——這個組織成立於 1961 年。

一旦把當今之世置於歷史脈絡，實在很難再誤以為世界正在變糟。我們不該忽視現今的旱災與饑荒，但當回顧完過去的悲劇，就會明白現在世界變得公開透明許多，也更有辦法在某個地方陷入困境時伸出援手。

我彷彿生於埃及

我的家鄉瑞典如今處於第四級，是全球最富強健康的國家之一，但從前不總是如此。（當我說某個國家處於第四級，意思是一般民眾處於第四級，而不是每個國民都處於第四級。切記，平均會掩蓋分布狀況。）

現在我要向你秀出我最愛的一張圖表，見【圖 2-3】，在這本書封面的扉頁也有完整版。我把這稱為「全球健康狀態圖」，像是一張反映各國健康與財富的世界地圖。如同先前的泡泡圖，每一顆泡泡代表一個國家，泡泡大小反映人口多寡。跟先前一樣，較貧窮的國家在左邊，較富裕的國家在右邊；較健康的國家在上面，較不健康的國家在下面。

如你所見，圖表無法分成兩組。世界沒有切分為二。各級都有國家，一路從左下不健康的窮國，到右上健康的富國，也就是

瑞典所在的位置。多數國家則位於中間。

接著的第二部分就很讓人吃驚了。

那條白色小泡泡的軌跡反映瑞典從 1800 年至今的健康與財富水準變化。還真是進步極大啊！另外，我也把瑞典在歷史上幾個重要的年份標出來，跟在 2017 年水準相當的國家互相對應。

1948 年是很重要的一年。二戰結束，瑞典在冬奧傲視獎牌榜，我出生了。在這張圖上，1948 年我出生時的瑞典，位於現在埃及的位置。換言之，就在第三級的正中間。1950 年代瑞典的生活類似於現在埃及的生活，類似於現在其他第三級國家的生活，四處還有露天的水溝，偶爾有小孩在家附近的水溝溺死。在第三級的國家，父母得拚命工作，難以照顧小孩，政府尚未立法以水溝蓋遮蔽水溝。

在我這輩子，瑞典持續進步。從 1950 年代到 1960 年代，瑞典如同從今天的埃及朝馬來西亞邁進。到了 1975 年，也就是安娜和奧拉出生的那年，瑞典跟現在的馬來西亞一樣步入第四級。

我們再往前回溯。我媽生於 1921 年，當時的瑞典如同現在的尚比亞，落在第二級。

我的祖母是家族中唯一出身賴索托的人。她生於 1891 年，當時的瑞典如同 2017 年的賴索托，而賴索托是現今平均壽命最短的國家，介於第一級和第二級之間，幾乎落在赤貧。

【圖2-3】
1800年至今瑞典的健康與財富水準變化

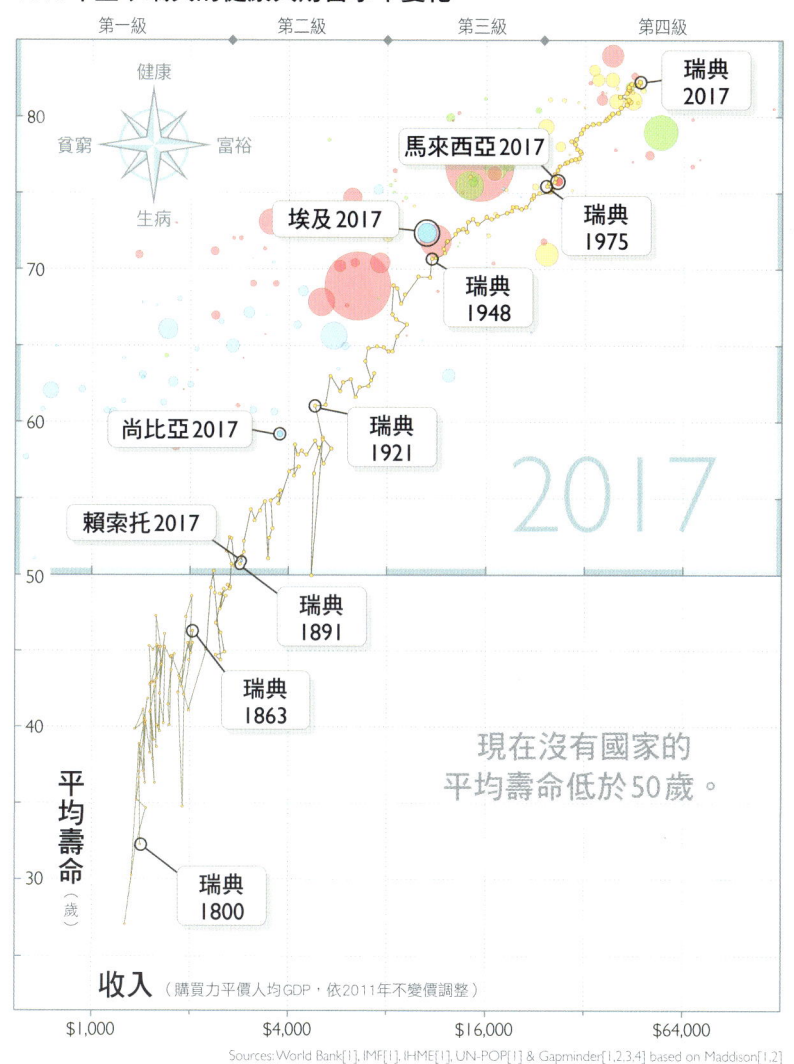

第一級　　　第二級　　　第三級　　　第四級

健康
貧窮　　富裕
生病

瑞典 2017
馬來西亞 2017
埃及 2017
瑞典 1975
瑞典 1948
尚比亞 2017
瑞典 1921
賴索托 2017
瑞典 1891
瑞典 1863
瑞典 1800

2017

現在沒有國家的
平均壽命低於50歲。

平均壽命（歲）

收入（購買力平價人均GDP，依2011年不變價調整）

$1,000　　$4,000　　$16,000　　$64,000

Sources: World Bank[1], IMF[1], IHME[1], UN-POP[1] & Gapminder[1,2,3,4] based on Maddison[1,2]

我的祖母成年後，用手替一家九口洗衣服，洗了一輩子，但她也逐漸見證奇蹟般的發展，瑞典與她都提升到了第三級。到了人生末尾，她家裡有冷水的水龍頭，地下室有了坑廁，比兒時沒水的家裡好上太多。我的祖父祖母與外公外婆都會拼字與算數，但程度沒好到能享受閱讀之樂，無法念童書給我聽，也無法下筆寫信，在學校讀書的時間都不超過 4 年。瑞典在我祖父母那一代的識字率跟現今的印度相當，同樣處於第二級。

　　我的曾祖母生於 1863 年，當時瑞典的所得水準相當於現在的阿富汗，同樣在第一級，多數人過著赤貧的日子。曾祖母沒忘記跟祖母說，冬天的泥地板是多麼冰寒。不過跟 1863 年的瑞典相比，現在阿富汗和其他第一級國家的人活得比較長，原因是現代化已經影響到大多數人，大幅改善了生活，他們能用塑膠袋裝食物帶著走，有塑膠桶可以裝水，有肥皂可以殺死細菌，小孩大多接受了疫苗接種，平均壽命比 1800 年的瑞典人多 30 歲。那時的瑞典處於第一級，可見連第一級的生活都提升了。

　　你自己的國家也取得了巨大進步。雖然我不知道你住哪，但這句話說得信心滿滿，原因是過去 200 年間全球所有國家的平均壽命都提高了。事實上，幾乎不管從哪個角度衡量，絕大多數國家都進步了。（註：你可以上網免費利用我們做泡泡圖的軟體工具，查詢你自己或任何國家的進步狀況，網址是：www.gapminder.org/tools。）

關於進步的震撼教育

你還覺得世界正變得更糟嗎?那來接受一場震撼教育吧。我準備了 32 項進步數據要給你看。

在每個方面,我都能像剛才對赤貧與平均壽命那樣做出類似的說明。而在許多方面,我都能告訴你受測者腦中的認知比實際情況來得糟(如果我無法,那是因為我們還沒問受測者有關該方面的問題)。

然而,我不能把所有說明納入本書,所以接下來只有圖表可看。我們先看 16 件日漸罕見甚至根除的壞事,再看 16 件日漸增加的好事。

【圖2-4】16件減少的壞事

合法奴役
強制性勞役合法甚或由政府帶頭的國家數（共195國）

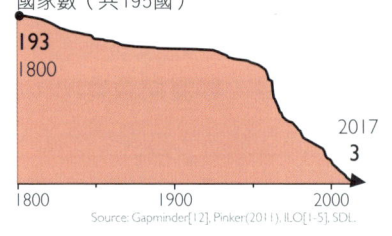

193
1800

2017
3

Source: Gapminder[12], Pinker(2011), ILO[1-5], SDL.

漏油
油輪漏出的油量（千噸）

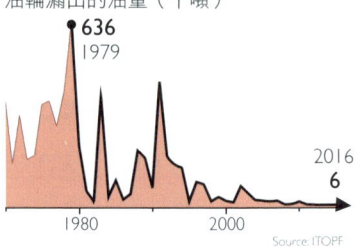

636
1979

2016
6

Source: ITOPF

昂貴的太陽能板
每塊太陽能板的均價

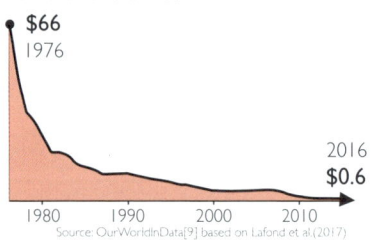

$66
1976

2016
$0.6

Source: OurWorldInData[9] based on Lafond et al.(2017)

HIV感染率
每百萬人裡新增的HIV帶原者數

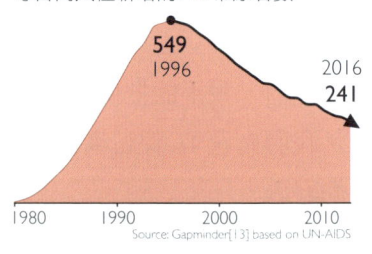

549
1996

2016
241

Source: Gapminder[13] based on UN-AIDS

兒童死亡率
兒童在5歲前死亡的比例

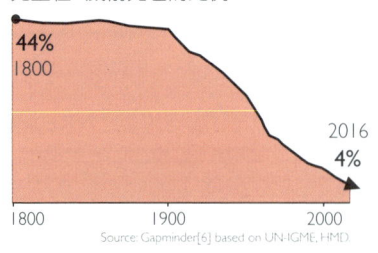

44%
1800

2016
4%

Source: Gapminder[6] based on UN-IGME, HMD

戰爭死亡人數
每10萬人裡死於戰爭的人數

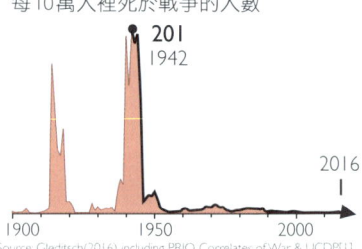

201
1942

2016
1

Source: Gleditsch(2016) including PRIO, Correlates of War & UCDP[1]

死刑
執行死刑的國家數（共195國）

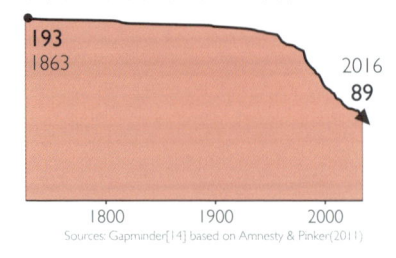

193
1863

2016
89

Sources: Gapminder[14] based on Amnesty & Pinker(2011)

含鉛汽油
許可含鉛汽油的國家數（共195國）

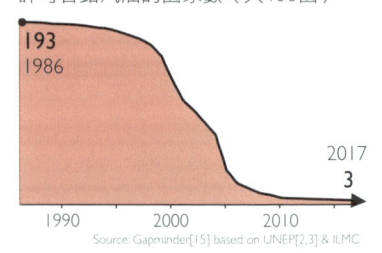

193
1986

2017
3

Source: Gapminder[15] based on UNEP[2,3] & ILMC

CHAPTER 2　負面型直覺偏誤　／　077

空難死亡人數
每10億乘客哩程的死亡人數（5年平均）

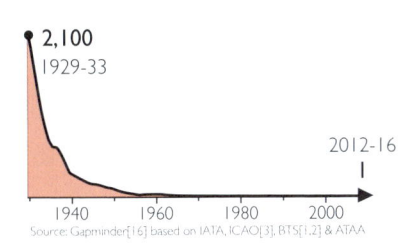

2,100
1929-33

2012-16
1

Source: Gapminder[16] based on IATA, ICAO[3], BTS[1,2] & ATAA

童工
在惡劣環境全職工作的
5至14歲童工占比

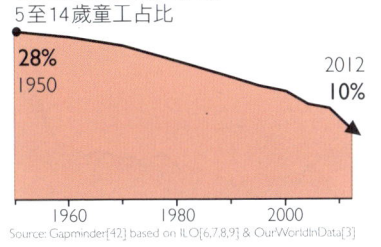

28%
1950

2012
10%

Source: Gapminder[42] based on ILO[6,7,8,9] & OurWorldInData[3]

災害死亡人數
1,000人／年（10年平均）

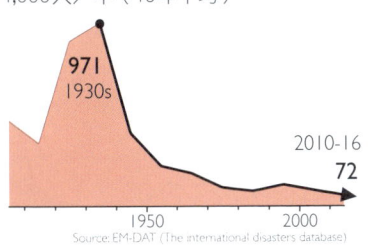

971
1930s

2010-16
72

Source: EM-DAT (The international disasters database)

核武
1,000枚核彈頭

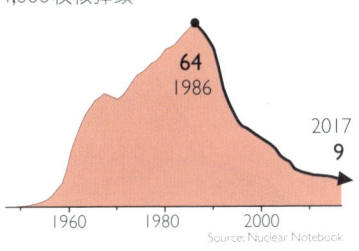

64
1986

2017
9

Source: Nuclear Notebook

天花
境內有天花病例的國家數（共195國）

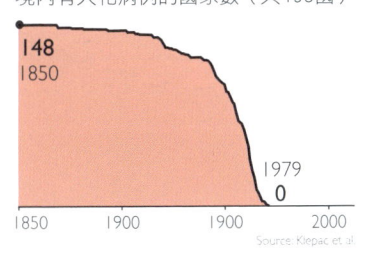

148
1850

1979
0

Source: Klepac et al.

菸害
每人呼出的二氧化硫 SO_2（公斤）

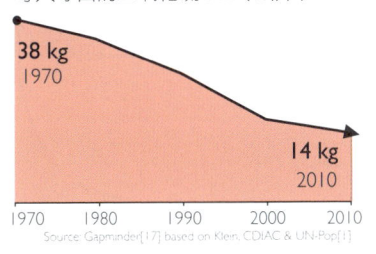

38 kg
1970

14 kg
2010

Source: Gapminder[17] based on Klein, CDIAC & UN-Pop[1]

臭氧層破壞
臭氧層破壞物質的用量（1,000噸）

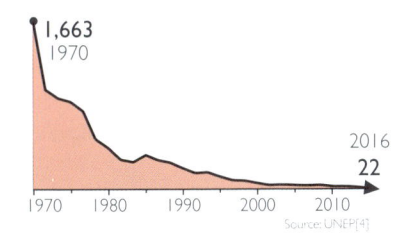

1,663
1970

2016
22

Source: UNEP[4]

飢餓
營養不良的人口比例

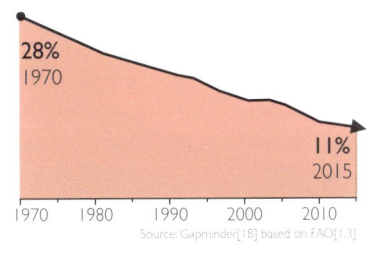

28%
1970

11%
2015

Source: Gapminder[18] based on FAO[1,3]

【圖2-5】16件增加的好事

電影新片
每年上映的新電影數

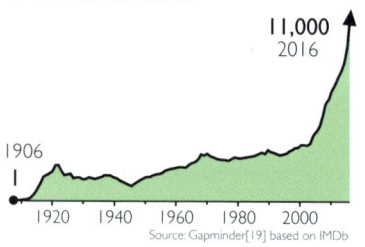

11,000
2016

1906

1920　1940　1960　1980　2000

Source: Gapminder[19] based on IMDb

土地保護
列為國家公園或保育區的土地面積占比

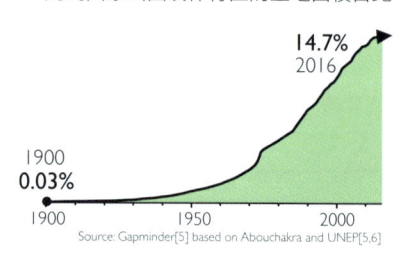

14.7%
2016

1900
0.03%

1900　　　1950　　　2000

Source: Gapminder[5] based on Abouchakra and UNEP[5,6]

女性投票權
女性可以投票的國家數（共195國）

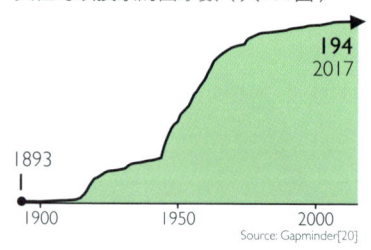

194
2017

1893

1900　　　1950　　　2000

Source: Gapminder[20]

音樂新作
每年推出的新唱片數

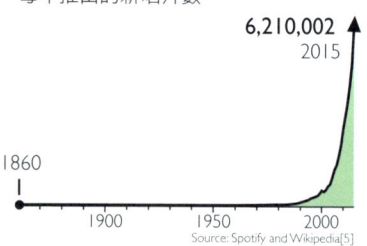

6,210,002
2015

1860

1900　　　1950　　　2000

Source: Spotify and Wikipedia[5]

科學
每年發表的學術論文數

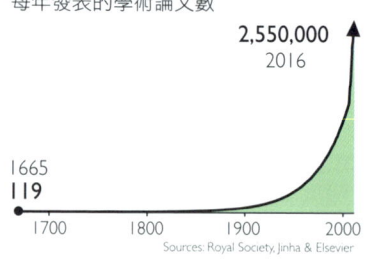

2,550,000
2016

1665
119

1700　　1800　　1900　　2000

Sources: Royal Society, Jinha & Elsevier

豐收
穀物收成量（每公頃千公斤）

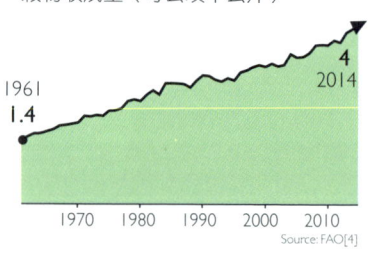

4
2014

1961
1.4

1970　1980　1990　2000　2010

Source: FAO[4]

識字率
15歲以上具讀寫能力的比例

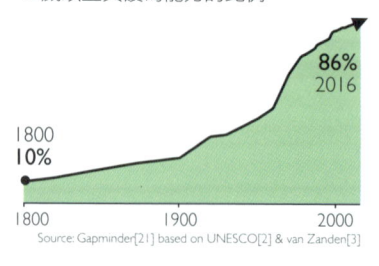

86%
2016

1800
10%

1800　　　1900　　　2000

Source: Gapminder[21] based on UNESCO[2] & van Zanden[3]

奧運
參加夏季奧運的國家及其他隊伍數

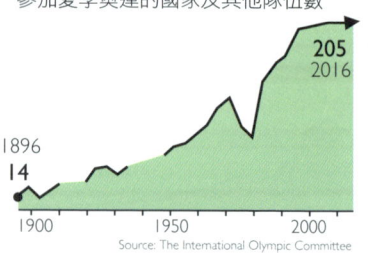

205
2016

1896
14

1900　　　1950　　　2000

Source: The International Olympic Committee

兒童癌症存活率
20歲以前確診癌症且經最佳治療的5年存活率

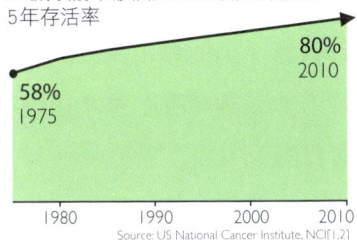

58% 1975 → 80% 2010

Source: US National Cancer Institute, NCI[1,2]

女孩就學率
小學學齡女孩的註冊率

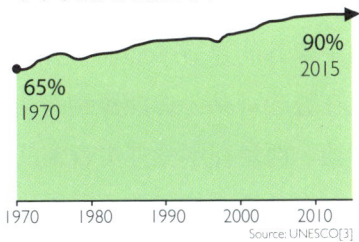

65% 1970 → 90% 2015

Source: UNESCO[3]

監管物種
列入監管保護的瀕危物種數

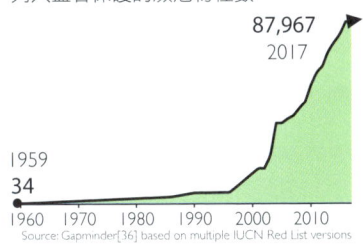

1959 34 → 87,967 2017

Source: Gapminder[36] based on multiple IUCN Red List versions

供電覆蓋
用電戶的人口比例

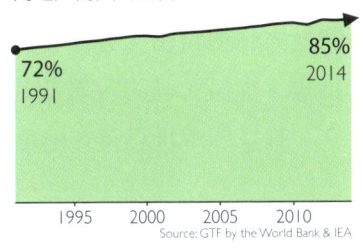

72% 1991 → 85% 2014

Source: GTF by the World Bank & IEA

手機
擁有手機的人數占比

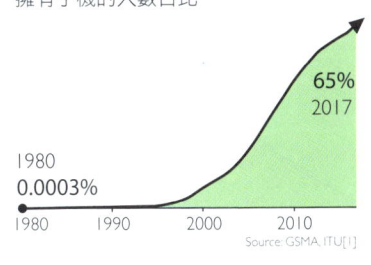

1980 0.0003% → 65% 2017

Source: GSMA, ITU[1]

水
取得供水的人口比例

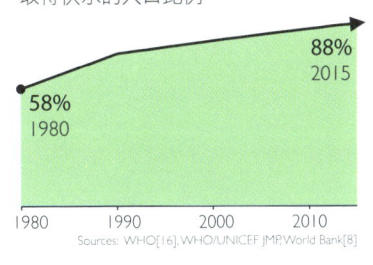

58% 1980 → 88% 2015

Sources: WHO[16], WHO/UNICEF JMP, World Bank[8]

網路
網路用戶的人數占比

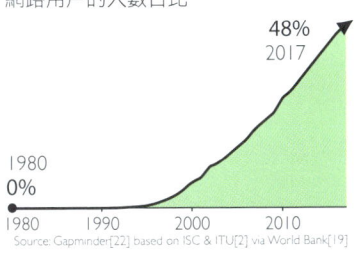

1980 0% → 48% 2017

Source: Gapminder[22] based on ISC & ITU[2] via World Bank[19]

疫苗接種
1歲兒童至少接種過一種疫苗的比例

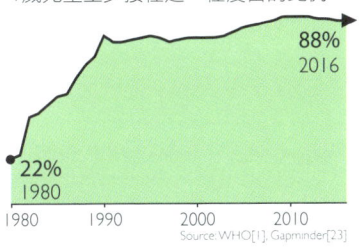

22% 1980 → 88% 2016

Source: WHO[1], Gapminder[23]

你很難憑往窗外一望，看見全球的這些改變。改變是發生在地平線外的遠方。然而，如果你小心留意，仍能發現蛛絲馬跡。現在豎起耳朵，你能聽到有小孩在彈吉他或鋼琴嗎？那小孩沒有溺死，而是在享受彈奏音樂的喜悅與自由。

提高所得的目的不只是金山銀山，延長壽命的目的不只是更多時間，終極目的其實是有自由去做想做的事。拿我來說，我愛馬戲團，愛陪孫子玩電腦遊戲，愛瀏覽一個個電視頻道。發展的目的是文化與自由，這兩者難以衡量，但彈吉他的人數是個不錯的指標。而且，哇，人數真是一飛衝天。【圖 2-6】的數據這麼漂亮，誰還能說世界正在變糟？

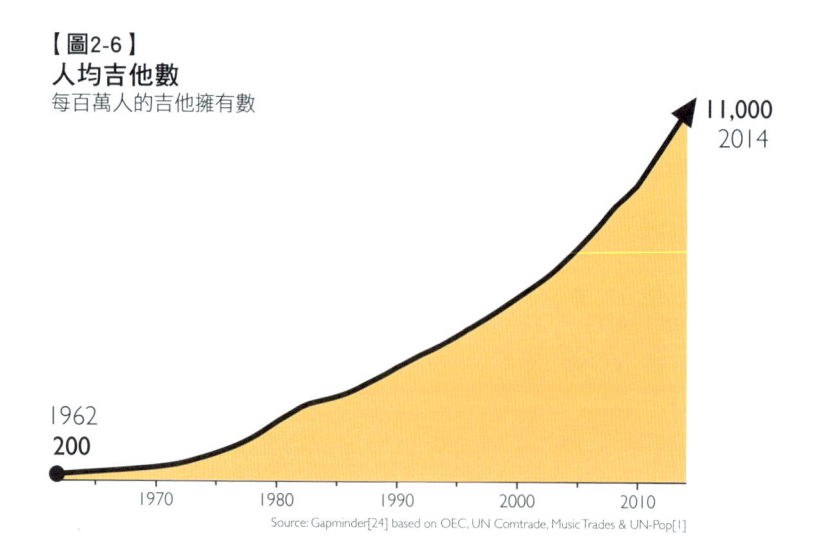

【圖2-6】
人均吉他數
每百萬人的吉他擁有數

11,000
2014

1962
200

Source: Gapminder[24] based on OEC, UN Comtrade, Music Trades & UN-Pop[1]

負面型直覺

這主要是因為負面型直覺在作祟：我們傾向於留意壞事多過好事。這包含三種情況：對過往的錯誤記憶、新聞媒體與社運人士的選擇性報導，以及擔心把壞事說是在好轉會顯得冷血。

小心：你記憶裡的事物不如現在

數世紀以來，人很愛美化自己的年少年代，嘆著今不如昔。呃，但其實多數事物往往是昔不如今，只是人非常容易忘掉事物「當年」到底是什麼模樣。

在西歐與北美，只有遇過二戰或大蕭條的高壽老者，才會對僅僅幾十年前的艱苦與欠糧有親身經歷。即使在中國或印度，明明幾世代之前多數人是過著赤貧的生活，如今民眾住在像樣的房子，穿著乾淨的衣服，騎著機車，也就把過往忘得一乾二淨。

1970 年代，瑞典作家暨記者伯格（Lasse Berg）在印度鄉間寫了一則精采報導。25 年後他舊地重遊，生活條件的改進一清二楚。在 1970 年代他拍的照片裡，屋子是泥地與泥牆，兒童有些衣不蔽體，從村民的眼神裡讀不太到自尊，顯得對外頭的世界幾無所知。在 1990 年代拍的照片形成鮮明對比，兒童穿著好好的衣服在玩耍，村民的神情透著自信，好奇地看著電視。伯格把 1970 年代的照片給村民看，他們難以相信是在這村裡拍的，跟他說：「不，這不是這裡。你一定搞錯了啦，我們從來沒有這麼窮過啦。」跟多數人一樣，他們活在此時此刻，煩惱著新的問題，

像是子女在看敗德的肥皂劇，或是錢不夠買輛機車。

撇開個人的記憶偏誤，我們也因故刻意不跟自己與孩子提及古代的悲慘與殘酷。古墓透露出實情，考古學家不得不習慣在所有墳址大多是挖出兒童的屍骨。他們多數是死於飢餓或疾病，但也有許多頭骨留著遭受施暴的痕跡。狩獵採集社會的謀殺率通常高於10％，兒童也不能倖免。相較之下，在今天的墓園，兒童的墳墓實在很少。

選擇性報導

我們成天看到無止無盡的全球負面報導：戰爭、饑荒、天災、貪腐、疾病肆虐、政策錯誤、預算刪減、大型裁員與恐怖攻擊。記者要是報導安全降落的班機，報導順利收成的作物，很快就得捲鋪蓋走路。種種逐漸的進步影響範圍廣大，澤披千百萬人，卻絕少登上新聞版面。

媒體愈趨自由，科技日新月異，結果我們接收到更多災害的新聞，超乎過往時代。數世紀前，歐洲人在美洲大陸屠殺印地安人，消息卻沒在舊大陸傳播。當中國中央政府的政策導致偏鄉爆發大規模饑荒與千萬人餓死，歐洲的年輕人還舉著共產主義的小紅旗，對慘劇毫不知情。在過去，當整個物種或生態系遭毀滅，沒人知道或在乎。隨著各種進步如火如荼，對災禍的報導也如同雨後春筍。這本身是進步的象徵，卻導致對世界的相反認知。

此外，儘管大趨勢是世界在變好，但社運人士與遊說團體很懂得怎麼把一點風吹草動渲染成世界末日，靠危言聳聽讓我們害

怕。比方說，美國的犯罪率從1990年到現在呈現下降。1990年，通報案件數達1,450萬件。到了2016年，案件數不到950萬件。幾乎年年會有可怕嚇人的事情發生，但每當發生了，媒體就報導得繪聲繪影，結果多數人往往認為犯罪率節節升高。

【圖2-7】
多數人總以為犯罪率在攀高
蓋洛普民調問：「美國今年的犯罪案件比去年變多或變少？」

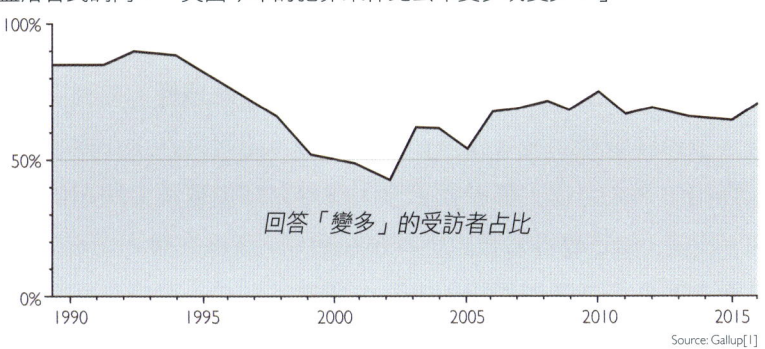

回答「變多」的受訪者占比

Source: Gallup[1]

感受：
實際：

美國的通報案件數（百萬）

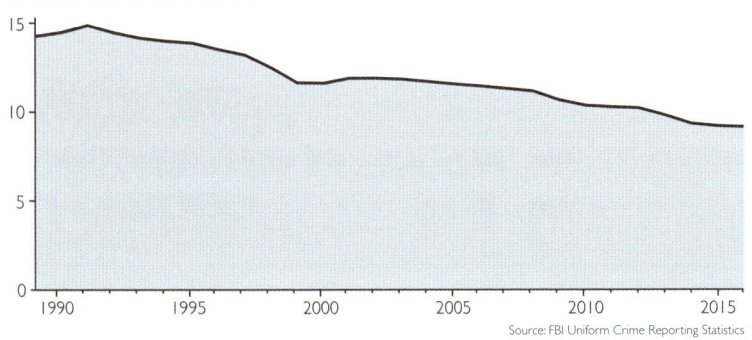

Source: FBI Uniform Crime Reporting Statistics

難怪我們誤以為世界正在變糟。新聞一再報導壞事。雪上加霜的是，我們不太記得以前的情況，對過往抱持美好印象，不記得1年、10年或50年前同樣有種種可怕消息，數量甚至更多，所以壞消息帶來的末日感會更加強烈。在這種悲觀的錯覺下，有些人感到憂心，有些人感到絕望，卻如同自尋煩惱。

憑感覺而非思考

此外，還有另一個因素。一般人說著世界正變壞時，心裡到底在想什麼？我猜他們**沒有在想，而是在憑感覺**。在我提出所有這些美好數據之後，如果你仍然**覺得**「認同世界正在變好」會怪怪的，不太自在，那麼我猜原因在於你知道種種大問題依然存在。我猜，你是**覺得**當我說世界正在變好，就像在說一切沒問題，就像在叫你對種種問題視而不見，假裝不存在：這感覺好奇怪，好荒謬。

我同意。問題仍存在，我們仍該關心世界。空難在發生、兒童在早夭、物種在瀕危、地球在暖化、沙文主義仍在、獨裁政權仍在、有毒汙染仍在、有記者鋃鐺入獄、有女孩因為性別而不能上學……只要這類糟糕問題仍在，我們就不能鬆懈。

可是對目前的種種進展視而不見也好荒謬，而且好沉重。人們常說我是樂觀主義者，因為我指出他們原本不知道的巨大進步。不過這話讓我聽了很不滿。我不是樂觀主義者，這樣像是在說我很天真似的。不，我是一個認真的「可能性主義者」（possibilist）。這是我自創的用法，意思是既不抱持無端的希望，

也不抱持無端的恐懼，持續抗拒過度誇大的世界觀。身為可能性主義者，我看到人類的所有進步，進而相信未來有可能會繼續進步，希望未來會繼續進步。這不是樂觀主義，而是對現實有清楚合理的認識，抱持正向有益的世界觀。

當一般人誤以為世界沒在進步，很容易認為目前的努力只是徒勞，連對確實有效的措施都失去信心。我遇過很多這種人，他們對人類不抱一絲希望，不然就是變得激進，支持不智的激烈手段，但其實現有方法已經讓世界大為改善。

舉女孩的教育為例。讓女孩受教育是史上最棒的點子之一。當女性能受教育，社會大為獲益，勞動力變得多元，許多好決策出現，許多問題獲解決。受過教育的媽媽決定少生些孩子，兒童死亡率跟著下降，每個孩子獲得更好的教育，可謂正向循環。

窮困的家長沒錢讓每個孩子都上學，通常先讓兒子受教育。然而，從 1970 年代開始，全球出現長足進展。如今各宗教、各文化與各洲的父母幾乎都有錢讓所有小孩上學，兒子能上學，女兒也能上學。女孩就學率幾乎跟男孩不相上下：90％的小學學齡女孩有上學。男孩的就學率則是 92％，相差無幾。

就第一所得等級來說，教育方面的性別差異依然存在，談到中學與高等教育更是如此，但目前的進展仍無庸置疑，不容否認。在我看來，**慶祝現有的成功是一回事，繼續目前的奮戰是一回事，兩者並不衝突**。我是個可能性主義者。基於目前的成果，我知道我們有可能讓所有女孩都上學，也讓所有男孩都上學，該當努力達成這個目標。成功不會從天而降，如果我們因為愚蠢的

誤解而喪失希望,或許就無法達成這目標了。失去希望大概是負面型直覺與相關無知最大的危害。

如何扭轉負面型直覺偏誤?

當一切都在說世界愈變愈糟,我們怎麼能知道世界其實正愈變愈好?

既是糟糕,也在變好

解方不是以正面新聞沖淡負面新聞。這樣可能適得其反,淪為自欺欺人,報喜不報憂,就像替太鹹的食物撒上一堆糖,或許增添味道,卻更不健康。

對我有效的一個解方是要把兩個想法同時擺在腦中。

當聽到別人說事情正愈變愈好,我們也許會覺得他們是在說「別擔心」、「放輕鬆」、甚至「別管了」,可是當我說事情正愈變愈好,我完全沒有這幾個意思,絕對沒有鼓吹要閉眼不看世上的糟糕問題,而是想表達事情可以既是糟糕,也在變好。

試著把世界想像成一個在保溫箱裡的早產兒。這個小寶寶的健康狀況極為糟糕,呼吸與心跳等重要生理數值由儀器密切追蹤,一有狀況或好轉才會立刻知道。一週後,她好多了。從所有主要指標來看,她都在進步當中,但仍未脫離險境,所以得再待在保溫箱裡。如果說她正愈來愈好是否合理?絕對合理。如果說她狀況糟糕是否合理?絕對合理。「正在變好」這說法是否代表

一切都好，我們該鬆一口氣，別再擔憂？當然不是。難道我們只能從「糟糕」與「變好」之間擇一來講嗎？當然不是。事實上兩者都成立，既是糟糕，也在變好。變好，仍糟，同時成立。

這正是我們對當前世界該抱持的認知。

預期壞消息會被渲染

另一個有助降低負面型直覺影響的方法是，時常預期壞消息會被大肆報導。

要記得新聞媒體與社運團體得靠誇大來吸引注意。要記得負面消息比中性或正面消息更引人矚目。要記得把長期進步路上的短暫退步單獨挑出來，渲染成一場危機，實在很容易。要記得我們身在一個透明公開且資訊暢通的世界，災害消息比過往更容易流出。

當你聽到一則可怕新聞，先冷靜想一想：如果人類取得了同樣驚人的正面進展，我會不會得知？雖然人類也取得數百個巨大進步，我會聽說嗎？我會看到兒童免於溺死的新聞嗎？我能不能從自家窗戶、新聞媒體或慈善機構的公開刊物上，看到兒童溺死數與結核病致死數下降的消息？切記，正面的改變可能更多，只是你看不到，所以你得去找出來才行（如果檢視統計數據，各種正面改變可謂俯拾皆是）。

有了這招的保護，你跟你的孩子可以繼續關注新聞，但不會被帶入負面悲觀的情緒裡。

別美化過去

當沉浸在經過美化的過去,我們與孩子會看不清事實。有些證據指出過往的不堪,儘管可怕嚇人,卻是良藥苦口,我們能因此珍惜現有的成果,相信未來世代能如過往世代一樣跨過障礙,解決世上的難題,繼續朝和平與繁榮邁進。

我想感謝這個社會

65年前,當我在瑞典一個勞工階級社區掉進滿是尿騷味的水溝之際,可沒想到之後我會成為家中第一個上大學的人,沒想到我會成為專精全球公衛的教授,沒想到我會在達沃斯向全球的專家說,他們對全球基本趨勢的了解還比不上黑猩猩。

當然,當時我自己也不了解全球的基本趨勢,得研究了才知道。舉個例子,如果想知道各種死因及其消長變化,你必須追蹤每個死者的死因,寫下來,最後再加總。這實在很耗時。全世界只有全球疾病負擔報告(Global Burden of Disease)有這組資料。多年後我查了這份報告,發現我那種瀕死經驗並不少見,在第三級國家裡溺斃是5歲以下兒童常碰到的意外。

我只知道我卡在水溝裡動彈不得,而祖母拯救了我,日後瑞典社會更把我高高舉起。

在我這輩子裡,瑞典從第三級提升到了第四級。新的結核病療法問世,所以我媽得以康復。她從公立圖書館借書念給我聽,

免費借閱。我成為家裡第一個接受 6 年以上教育的人，而且不花分文的上大學，不花分文的取得博士學位。當然，世上沒有免費這回事：錢是由納稅人買單。接下來，30 歲的時候，我身為 2 個孩子的爹首次發現自己罹癌，在全球最好的醫護體系下接受治療並順利痊癒，同樣未花分文。我的重生與成功統統仰賴他人。幸虧有家人、免費教育與免費醫療，我才能一路從水溝邁向世界經濟論壇，單靠一己之力絕無可能。

現在的瑞典處在第四級，每 1,000 個兒童裡只有 3 個活不到 5 歲，其中僅 1%是因為溺死。水溝蓋、幼兒托育、救生衣計畫、游泳課與公共泳池的救生員等都得花錢。瑞典變得富裕之後，許多可怕悲劇愈來愈少，幼童溺斃正屬一例。這就是我所謂的進步。現在這種進步正在全球各地發生，多數國家進步的速度比當年的瑞典還快，堪稱突飛猛進。

求真習慣

為了扭轉負面型直覺偏誤，你該預期壞消息會被大肆報導。懂得察覺我們看到了負面新聞，然後想到所謂好事不出門而壞事傳千里。當事情愈變愈好，我們往往不會得知，結果對周遭世界抱持太過負面的印象，擔心得不得了。

- **既是糟糕，也在變好**：練習區分狀態（比如「糟糕」）與改變的趨勢（比如「變好」），明白事情可以既是糟糕，也在變好。
- **好消息不成新聞**：好消息絕少會報導，所以新聞大多是壞消息。當你看到壞消息，問一問自己，好消息是否也會獲得報導。
- **逐漸進步不成新聞**：當事情逐漸進步，只是有時退步一下，你往往會注意到一時的退步，而非整體的進步。
- **新聞多不代表壞事多**：壞新聞多，有時只代表各界對壞事的監控度有所提升，不代表世界正在變糟。
- **小心對過往的美化**：人時常會美化過去，國家時常會歌頌歷史。

CHAPTER 3
直線型直覺偏誤

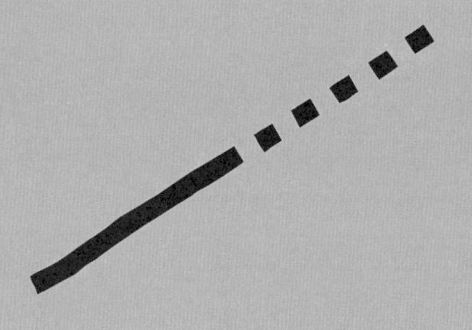

更多人活下去怎麼反而會讓人變少？
車禍怎麼跟蛀牙相像？
我的孫子怎麼跟全球總人口相像？

我看過的最嚇人圖表

　　統計數據可以很嚇人。2014年9月23日，我坐在蓋普曼德基金會位於斯德哥爾摩的辦公室裡，看到讓我心驚膽戰的圖表。自8月起，我很擔心西非的伊波拉病毒疫情，跟別人一樣從媒體上看到悲慘的景象，患者在賴比瑞亞首都蒙羅維亞的街上奄奄一息。不過由於自己的工作使然，我時常聽到致命傳染病爆發疫情，認為這次也能像多數疫情一樣很快被控制住，但世界衛生組織的圖表嚇了我一跳，於是我決定採取行動。

　　研究人員從疫情爆發後蒐集了所有資料，估算出10月底前每天的新增病例人數，估算結果跟先前的其他疫情不同，人數不是呈直線上升，像是「1、2、3、4、5」，而是迅速翻倍暴增，像是「1、2、4、8、16」。每個患者在死前平均會傳染給2個人，所以新增病例人數每三週就會增加1倍。那張圖表顯示，在每個患者傳染給2個人的情況下，疫情會是多麼一發不可收拾。倍增真是很可怕！

　　最初我是在學校見識到倍增的威力。根據印度傳說，克里希那神要求在棋盤的第一格裡獻上1粒米，在第二格裡獻上2粒米，在第三格裡獻上4粒米，然後是8粒米，依此類推，每次都增加一倍，結果在最後一格的時候，他擁有18,446,744,073,709,551,615粒米：足夠覆蓋全印度的土地，厚達70多公分。倍增的增加速度非常驚人，遠超過我們最初的想像。我因此明白西非的疫情即將一發不可收拾。賴比瑞亞才剛打過內

戰,但這場疫情恐怕更慘,而且幾乎註定會擴散到全世界。伊波拉病毒不同於瘧疾,在各種氣候都能迅速傳播。當不知情的患者搭乘飛機,病毒跟著擴散到世界各地。此外,目前並無有效的治療方式。

當時患者已經橫屍街頭。短短 9 週內(翻倍 3 次的時間),疫情會比現在嚴重 8 倍。每耽擱 3 週未控制疫情,感染人數就翻倍,所需的醫療資源跟著翻倍。由此可見,疫情得在幾週內控制住才行。

在蓋普曼德基金會,我們立刻調整工作的優先順序,鎖定當務之急,開始研究疫情數據,製作數支解釋疫情急迫程度的影片。10 月 20 日,我取消接下來 3 個月的所有行程,搭機前往賴比瑞亞,希望能憑 20 年來在撒哈拉以南非洲研究傳染病的經歷貢獻棉薄之力。之後我在賴比瑞亞待了 3 個月,第一次不是跟家人共度聖誕節和新年。

我跟世人一樣太晚察覺伊波拉危機的規模與緊急,假定新增病例人數是呈直線上升,沒想到數據清楚指出是翻倍暴增。當我明白實情就立刻採取行動,但真希望能更早察覺。

認為「地球人口只會持續增加」的大誤解

近來「永續」這個詞幾乎出現在所有我受邀參加的研討會名稱裡。在永續發展的估算上,人口是極為重要的一個數字。地球能承受的人口一定有上限吧?所以我在這些永續研討會上考觀眾

時,心中假設他們都知道地球的人口成長狀況,但這假設眞是大錯特錯。

現在我們講到第三個直覺(直線型直覺),還有第三個及最後一個大誤解:誤以爲地球人口**只會**持續增加下去。請注意「只會」這兩個字,我畫粗是有用意的。這兩個字就是誤解。

事實上,全球人口確實在增加,速度飛快,在接下來13年大概會再增加10億人口。沒錯,正是如此,這不是誤解。但地球人口不是只會增加。「只會」意謂著如果我們不爲此做些什麼,人口只會一直增加。換言之,我們需要採取激烈手段來遏止人口的增加。

但這是個誤解,大概跟我和全球沒有及早對伊波拉疫情採取行動是出於同一直覺:假定某項趨勢會一直線發展下去。

我很少會一時說不出話來,卻在第一次向觀衆問下面這問題時愕然啞口。那是一場挪威的教師研討會(但我不想把矛頭指向挪威人:這件事也很可能會發生在芬蘭)。許多出席的老師會在社會科學課上教全球人口趨勢。當我轉頭看到身後投影幕上的作答結果,簡直目瞪口呆,心想一定是答題裝置故障了。

真確問題 5:
現今全球有 20 億個兒童,年齡介於 0 到 15 歲之間。根據聯合國的估算,到了 2100 年全球會有多少個兒童?

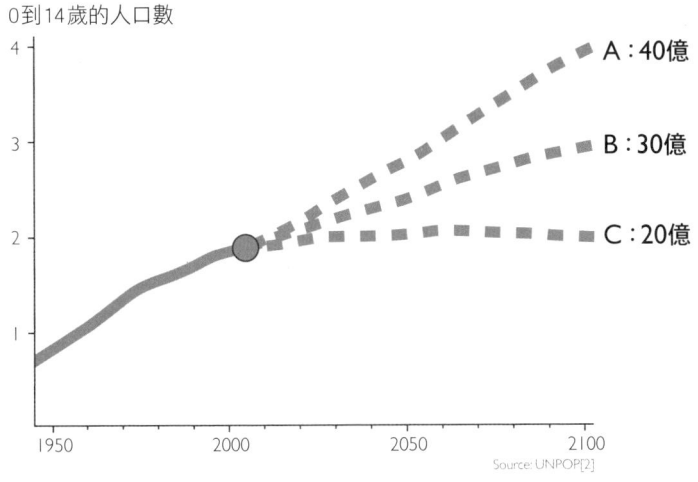

【圖3-1】
全球的兒童數
0到14歲的人口數

A：40億
B：30億
C：20億

1950　2000　2050　2100
Source: UNPOP[2]

　　我在問這題之前對現場的老師們說：「在【圖3-1】三條線當中，其中一條代表聯合國官方的預測，另外兩條是我亂掰的。」

　　黑猩猩的答對率再次是33％。挪威的老師們呢？只有9％。我很驚訝。這麼重要的一群人怎麼答得比隨機亂猜還慘？他們是怎麼教孩子的？

　　我有點希望是答題裝置故障，但沒故障，我們的線上問卷也同樣得到慘不忍睹的結果。在美國、英國、瑞典、德國、法國和澳洲，高達85％的填答者選了錯誤答案（所有國家的答題狀況參見附錄）。

　　世界經濟論壇的專家呢？他們答得比民眾好多了，幾乎快贏過黑猩猩啦——26％的人答對。

　　在那場教師研討會結束後，我冷靜想了一想，開始明白這個

誤解有多嚴重。未來的兒童數是預測全球人口的最重要數字，對永續議題的討論也就至關重要。如果我們搞錯這數字，其他很多事都跟著錯。然而，我們所測的高知識分子與重要人士對這方面幾乎都不了解。這題的答案為所有人口專家一致同意，數據也可以從聯合國網站免費取得。但免費取得是一回事，大眾能否有正確認知是另一回事，中間仍需一番努力。聯合國的預測是C：最底下那條平平的線。根據聯合國專家的預測，2100年全球會有20億個兒童，跟現在一樣。他們不認為走勢是繼續直線上升，而是不再增加。我稍後會回頭談這件事。

直線型直覺

【圖3-2】呈現從農業發明的西元前8000年至2017年的全球人口總數。

【圖3-2】西元前8000年至2017年的全球人口總數

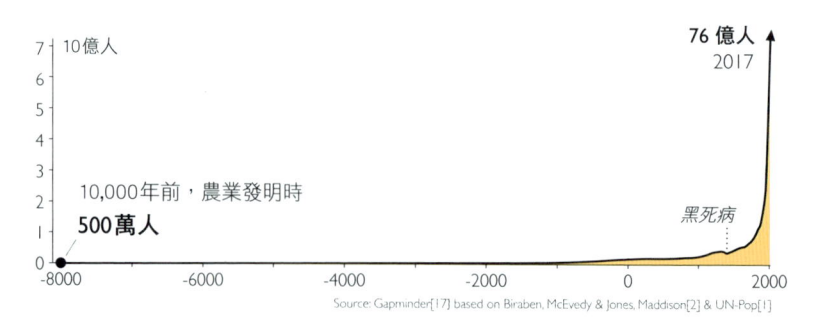

Source: Gapminder[17] based on Biraben, McEvedy & Jones, Maddison[2] & UN-Pop[1]

當時全球人口總數約為 500 萬人，分布於全球的海邊與河邊，少於今天的許多大城市：倫敦、曼谷或里約。

10,000 年間，人口增加得很慢，終於在西元 1800 年達到 10 億人。接著事情發生了。下一個 10 億人只花了 130 年。再來的 50 億人只花不到 100 年。一般人看到這種暴增當然很擔心，尤其又知道全球的資源有限。看起來確實像是人口只會再增加下去，而且是飛快增加。

你看到一顆石頭朝你飛來時，通常能預測是否會砸中你。你不需要數值、圖表或試算表，眼睛和頭腦自然會預估拋物線，然後你可以閃避。這種自動預測顯然有助我們的祖先活下去，而且至今仍有助我們活下去：我們開車時經常預測其他車輛在接下來幾秒內的位置。

然而，在現代生活裡，這種直線型直覺不見得可靠。

比方說，在看圖表的時候，很難不想像圖中的直線在圖外直直的延伸下去。我在【圖 3-3】裡加上虛線，代表一般人會有的直覺想像，但當然他們想像錯了。

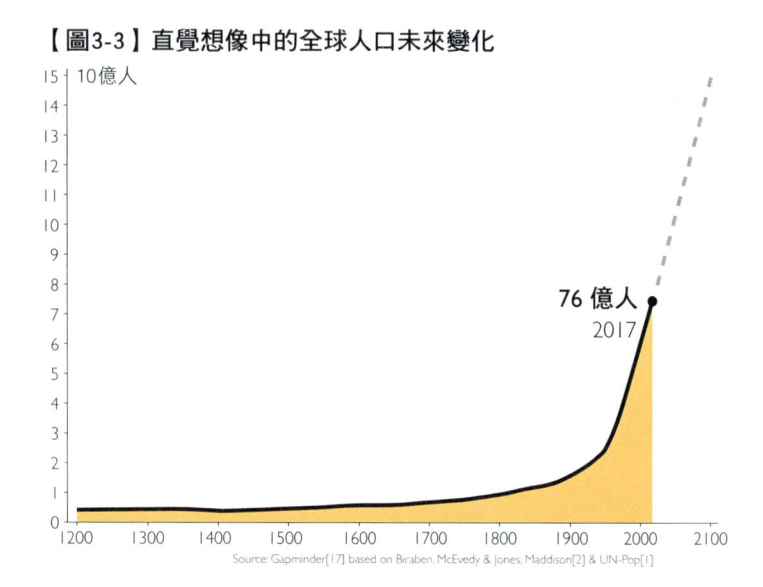

【圖3-3】直覺想像中的全球人口未來變化

76 億人
2017

Source: Gapminder[17] based on Biraben, McEvedy & Jones, Maddison[2] & UN-Pop[1]

現在我再舉一個你會感到更親切的例子。我的小孫子米諾出生時高 19.5 吋（約 50 公分），在前 6 個月長高到 26.5 吋（約 67 公分），足足長了 7 吋，滿多的，但不嚇人。現在來看他的身高圖，我在【圖 3-4】中加進直覺的直線，看起來很嚇人吧？

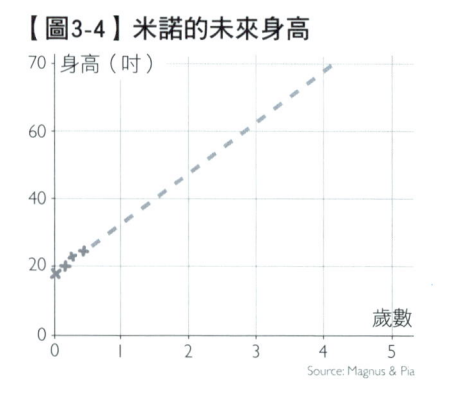

【圖3-4】米諾的未來身高

Source: Magnus & Pia

如果米諾**只會**繼續長高下去,他 3 歲生日時身高會是 60 吋(約 152 公分高),10 歲時是 160 吋高(約 400 公分高)。然後呢?他不能**只是**繼續這樣長高下去!有人得使出激烈手段才行!他爸媽看是要重蓋房子,還是找藥給他吃!

直線型直覺在這個例子裡明顯是錯的。為什麼很明顯?因為我們都有長高的親身經驗,知道米諾的長高曲線不會繼續下去,一輩子從沒遇過 160 吋高的傢伙,要是認為這個長高曲線會繼續下去也未免太可笑了。然而,當談到我們不甚熟悉的議題,要分辨愚**蠢**的預測可是出奇困難。

聯合國的人口專家有計算人口的第一手經驗,這是他們的工作,【圖 3-5】是他們的預測:

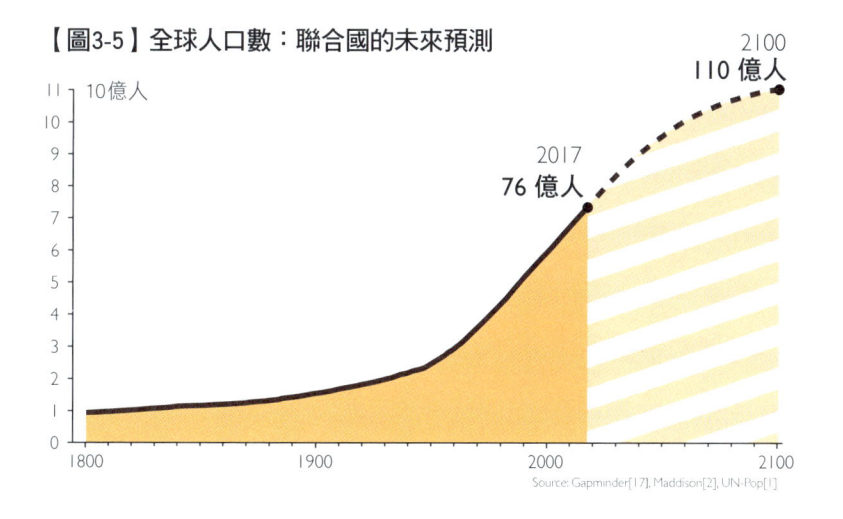

【圖3-5】全球人口數:聯合國的未來預測

Source: Gapminder[17], Maddison[2], UN-Pop[1]

現今全球的人口是 76 億人，而且正在飛快增加沒錯。不過增速已經開始放慢，而且聯合國專家非常確定在接下來幾十年會繼續下降，整條線會在本世紀末前後變平，介於 100 億人到 120 億人之間。

人口曲線的形狀

為了了解人口曲線的形狀，我們需要了解那些增加的人口是來自哪裡。

為什麼人口在增加？

真確問題 6：
根據聯合國的估算，到了 2100 年全球會再增加 40 億人，而主要原因是什麼？
☐（A）兒童人口增加（不到 15 歲）
☐（B）成年人口增加（15 歲到 74 歲）
☐（C）老年人口增加（75 歲以上）

這題的答案我直接告訴你：B。專家認為人口會持續增加的原因是成人將變多。兒童不會增加，很高齡的老年人也不會增加，只有成人會增加。【圖 3-6】是同一張人口圖，只是把兒童與成人區分開來。

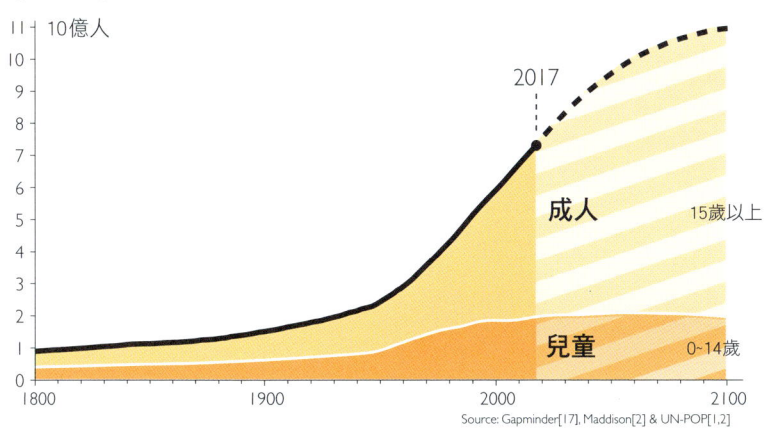

【圖3-6】全球人口數：聯合國的未來預測

Source: Gapminder[17], Maddison[2] & UN-POP[1,2]

兒童人口據估計不會增加，我們從真確問題5就知道這件事。現在注意看【圖3-6】裡代表兒童的那條線，你看得出來是從哪時候開始變平嗎？你看得出目前已經變平了嗎？聯合國專家並非**預測**兒童人口**將會**不再增加，而是**說明**兒童人口已經不再增加了。遏止人口快速增加的劇烈改變，就是兒童人口不再增加，而這已經是現在進行式。至於為什麼會這樣呢？答案人人都應該知道。

現在注意囉！因為接下來的【圖3-7】是整本書裡最驚人的一張圖，呈現出全球每位女性平均生子數在我今生期間不可思議的驟降，這是真正改變世界的現象。

在我出生的1948年，每位女性平均生5個孩子。1965年之後，生育率降到前所未有的低。過去50年間，全球生育率一路降至驚人的低點，連2.5都不到。

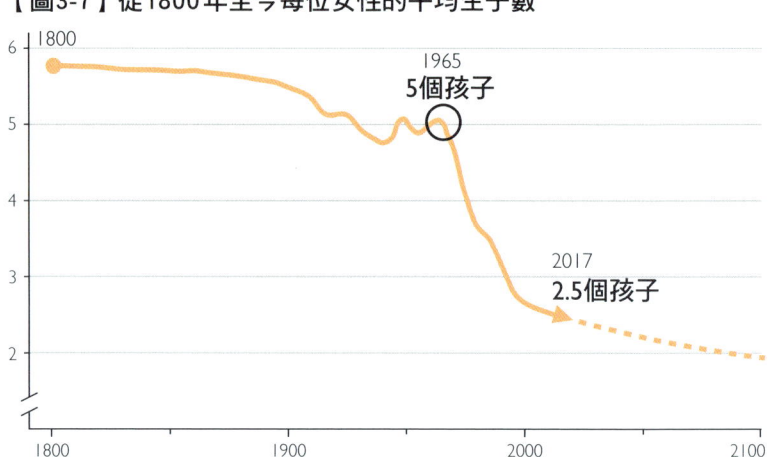

【圖3-7】從1800年至今每位女性的平均生子數

1800
1965
5個孩子
2017
2.5個孩子

Source: Gapminder[7] based on UN-Pop[3]

這個劇烈改變跟我在上一章提的種種進步一起發生。數十億人脫離赤貧，大多決定少生一點孩子，不再需要生一堆小孩幫忙家中的農事，也不需要多生小孩以免孩子早夭。男男女女接受教育，開始希望孩子能受更好的教育，過更好的生活：顯然得少生小孩才能辦到。拜現代避孕措施所賜，這個目標比想像中容易達成。大家能少生小孩，但不必少做愛。

只要更多人脫離赤貧，更多女性受教育，避孕措施與性教育更普及，那麼生育率的大幅下降可以想見將持續。我們無須採取激烈手段，只要照目前這樣下去即可。未來的下降速度無從準確預估，全取決於種種改變的速度快慢，但總之，全球每天的新生兒數已經不再增加，人口暴增的時期即將結束。我們正來到「兒

童人口高峰期」。

不過如果新生兒數已經不再增加,那多出來的40億個成人來自何方?外太空嗎?

為什麼人口將不再增加?

【圖3-8】呈現全球各年齡層的人口數,從2015年開始,以15年為間隔。

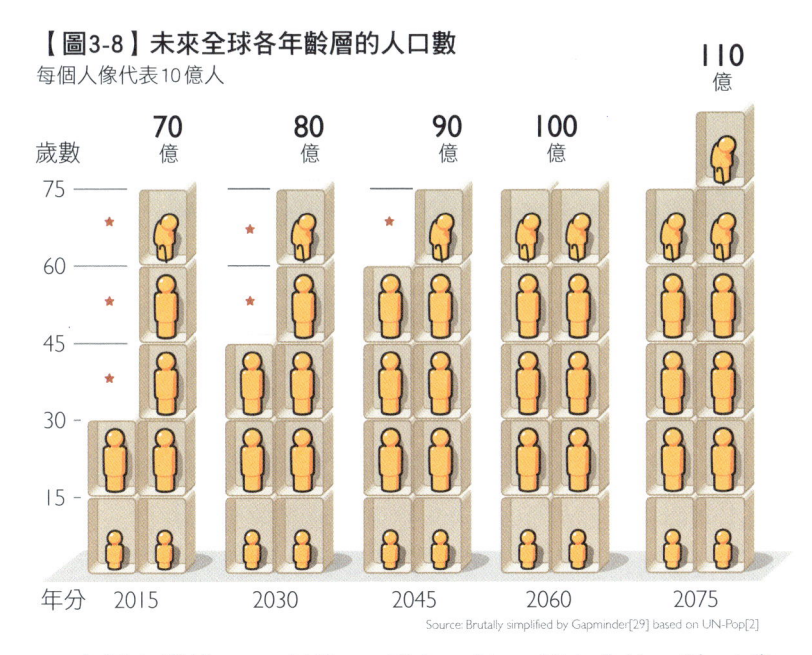

【圖3-8】未來全球各年齡層的人口數
每個人像代表10億人

Source: Brutally simplified by Gapminder[29] based on UN-Pop[2]

在圖左邊是2015年的70億人:有20億人介於0到15歲,20億人介於15到30歲,然後各年齡層從30到45歲、45到60歲和60到75歲各為10億人。

2030 年，新的 20 億人介於 0 到 15 歲，其他人年齡則都增加了，現在 0 到 15 歲的人屆時為 15 到 30 歲，現在 15 到 30 歲的 20 億人屆時為 30 到 45 歲。現在 30 到 45 歲的僅 10 億人，所以只要兒童數沒有增加，壽命沒有延長，屆時就是多出 10 億個成人。

新的 10 億個成人不是來自新的兒童，而是來自已經出生的兒童與年輕人。

這個模式會重複三個世代。2045 年，20 億個 30 到 45 歲的人會變成 45 到 60 歲，世上會增加另外 10 億個成人。2060 年，20 億個 45 到 60 歲的人會變成 60 到 75 歲，世上會增加另外 10 億個成人。

不過來看看接下來會發生的事。從 2060 年開始，每個 20 億人的世代會由另一個 20 億人的世代取代，人口不再迅速成長。

未來人口的大量增長不是因為小孩更多，大致來說也不是因為老人壽命延長。根據聯合國專家的預測，2100 年全球的平均壽命會大約增加 11 歲，因此會多出 10 億個老人，總人口變成 110 億人。人口大量增長的主因是現在已經出生的兒童會長大，在圖上「填滿」額外 30 億人。這個「填滿效應」會在三個世代裡發生，接著結束。

這就是為什麼聯合國專家不是只會替未來畫一條直線。

（上述解說相當簡化，許多人不到 75 歲就過世，許多人在 30 歲後才生孩子，但即使加進這些考量，整體不致有多少變化。）

跟大自然平衡共處

當人口長期沒有增長,人口曲線持平,必然表示每一代能成為父母的人數,與前一代相當。在西元 1800 年以前的數千年間,人口曲線就幾乎持平。你聽過有人說「人類以前是跟大自然平衡共處」嗎?

沒錯,那時就是取得平衡。可是我們也別戴著美化的眼鏡。在西元 1800 年以前,婦女平均會生 6 個小孩,所以人口理應一代代增加,結果卻非如此。還記得古代墳墓裡的孩童頭骨嗎?在 6 個小孩裡,平均有 4 個無法長大成人,所以只剩 2 個小孩成為父母,生出下一個世代。這是平衡,但不是人類與大自然**平衡共生**,而是人類與大自然**平衡共死**,實在非常悲慘殘酷。

現在人類再次步向平衡。父母的人數不再增加。不過現在的平衡跟過去天壤之別,新的平衡很美好:父母一般生 2 個小孩,2 個都能長大成人。在人類歷史上,我們是首次**平衡共生**。

人口從 1900 年的 15 億人成長到 2000 年的 60 億人,原因是人類在 20 世紀從一個平衡過渡到另一個平衡。這是人類歷史上一段很獨特的時期,一對父母平均生下超過 2 個小孩,而小孩都長大成人,當上父母生出下一代。

但這段失衡時期導致現今兩個最年輕的世代比其他世代人數更多,是「填滿」現象背後的原因。但新平衡已經達到了:每年的新生兒數不再增加。如果赤貧人口繼續減少,性教育與避孕措施持續傳播,那麼雖然全球人口會繼續快速增加,但只到無可避免的填滿效應結束為止,見【圖 3-9】。

【圖3-9】全球人口發展

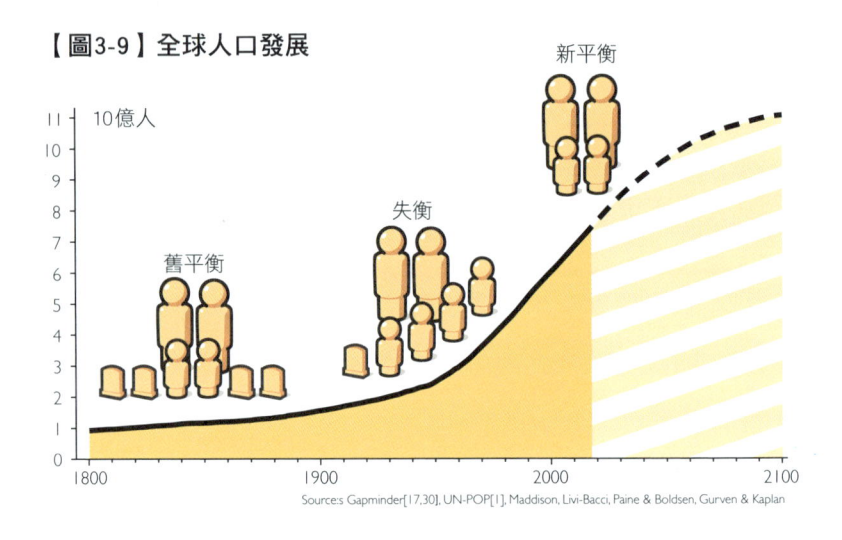

舊平衡　失衡　新平衡

Sources: Gapminder[17,30], UN-POP[1], Maddison, Livi-Bacci, Paine & Boldsen, Gurven & Kaplan

等一下,「他們」依然生下很多小孩啊

即使我在台上展示了這些圖表,觀眾在散場後仍上前跟我說圖表不對,原因是你知道,「非洲和拉美的人還是生很多小孩,而且教徒不肯避孕,所以也生很多小孩」。

老練的記者會選誇張特例為報導題材。在大眾媒體上,我們有時會看到非常虔誠的教徒,無論是過著傳統的生活,還是過著看似現代的生活,總之,很驕傲地讓記者看他們家族有多大,證明信仰的虔誠。這類紀錄片、電視節目和新聞報導給大眾一個印象,那就是宗教讓人生下很多小孩。但無論以基督教、猶太教和伊斯蘭教來說,這類大家庭有一個共同點:他們是特例!

事實上,宗教與生育率的關聯不大。我在這整本書裡反覆強調媒體是怎樣挑選特例,第7章會進一步破除宗教與生子的迷思。現在我們先來看一個確實跟大家庭關係密切的因子:赤貧。

為什麼存活率高,但人口會變少?

當我們檢視第二、第三和第四級的家庭,無論他們是信仰哪種宗教,還是沒有宗教信仰,平均來說都只有2個小孩,見【圖3-10】。我沒騙你,這包括伊朗、墨西哥、印度、突尼西亞、孟加拉、土耳其、印尼和斯里蘭卡等等,列都列不完。

相較之下,最窮10%的家庭平均仍有5個小孩,每兩家就有1個小孩無法活過5歲。這仍高得糟糕,但遠好於過去的慘況。

【圖3-10】2017年按所得畫分的家庭平均規模

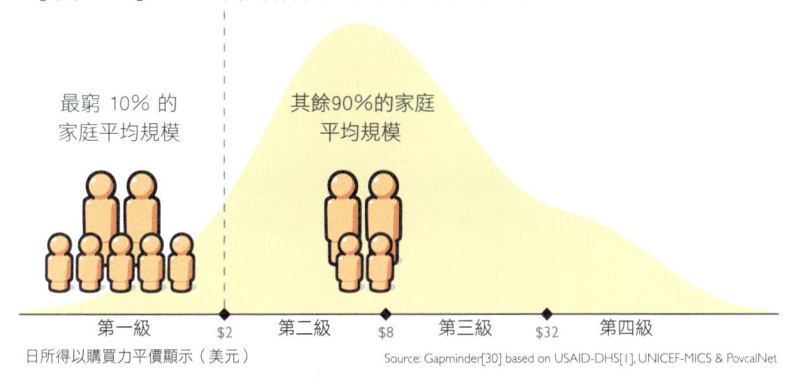

日所得以購買力平價顯示(美元)

Source: Gapminder[30] based on USAID-DHS[1], UNICEF-MICS & PovcalNet

當一般人聽到人口正在增加,直覺想法是除非我們做點什麼,否則人口會繼續增加下去。不過別忘了,就像我孫子米諾的例子,我們不必採取什麼激烈措施,他自然會停止長高。

梅琳達跟比爾・蓋茲有一個慈善基金會，把數十億美元投資在基礎醫療與教育，拯救了數百萬個赤貧兒童的性命。但知識分子出於善意不斷跟基金會聯絡，叫他們收手，講著類似的說詞：「如果你們繼續拯救窮苦的小孩，人口爆炸問題會毀了地球。」

我有時在演講後也會聽到這個見解，提出的觀眾完全出自善意，完全是以替未來世代守護地球為出發點。這見解直覺聽起來是對的。如果更多小孩活下來，人口只會再增加。對吧？不對，大錯特錯！

先前我解釋過為什麼赤貧的父母需要很多小孩：既是因為需要小孩幫忙農事，也是因為有些孩子會早夭。正是在索馬利亞、查德、馬利和尼日等兒童死亡率最高的國家，婦女會生下最多小孩：介於 5 個到 8 個之間。一旦父母看到孩子都會活下來，也不需要孩子工作，再加上女性受了教育，知道怎樣避孕，無論他們是來自哪種文化或宗教都會開始希望生更少的孩子，並給孩子更好的教育。

「拯救窮苦小孩只會讓人口繼續增加」這個說法乍聽正確，其實說反了。**脫貧進展愈慢只會愈導致人口增加**。一個世代處於赤貧，就會生出更龐大的下一個世代。目前唯一經證實能有效抑制人口增加的方法就是：消除赤貧，給民眾更好的生活，包括提供教育與避孕用品。在全球各地，這種父母都選擇生下更少小孩。世界各地都出現這種轉變，前提是兒童死亡率得下降才行。

這個討論目前尚未觸及最重要的一點，那就是助人脫離不幸與赤貧的道德責任。我實在很不想聽到有人說，我們要為尚未出

生的未來世代守護好地球,置現在正受苦的人於不顧。不過談到兒童死亡率,我們不需要在現在與未來之間作抉擇,也不需要在感性與理性之間作抉擇:一切全指著同一個方向。我們該竭盡所能的減少兒童死亡率,這樣不只解救了現正受苦的兒童,也有助於現在與未來的世界。

兩個公衛奇蹟

1972 年,孟加拉獨立的第一年,孟加拉婦女平均生 7 個小孩,平均壽命為 52 歲。如今孟加拉婦女平均生 2 個小孩,平均壽命為 73 歲。40 年間,孟加拉從悲慘走向安樂,從第一級來到第二級。這是個奇蹟,而且是源於基本公衛與兒童存活率的長足進步。現在兒童存活率是 97%──剛獨立時是 80%。父母預期孩子能順利活下來,也就少了多生孩子的一大理由。

在 1960 年的埃及,30% 的兒童無法活過 5 歲生日。尼羅河三角洲是兒童的悲鄉,充斥各種疾病與饑荒。後來奇蹟發生了。埃及蓋了亞斯文水壩,把電線接到家家戶戶,改善教育體系,提升基礎醫療,消除瘧疾,讓飲水更安全。如今埃及的兒童死亡率是 2.3%,低於 1960 年的法國與英國。

如何扭轉直線型直覺偏誤？

無論談到人口成長或其他議題，扭轉直線型直覺的最佳方法就是明白一條線有各種走向。全球各種**趨勢**往往是呈 S 型、滑梯型或駝峰型，而不是直線。下面舉幾個例子，每一例反映不同所得等級對生活各層面的改變。

直線型

直線遠比我們想像的少得多，但還是存在。【圖 3-11】是書中全球健康與財富圖表的簡化版。我們能以一條直線代表多數泡泡的位置。有些泡泡在線的上面，有些在下面，但大致都沿著這條直線。

【圖3-11】直線
壽命與財富攜手並進

平均壽命（歲）
80
70
60

平均所得（人均GDP）

第一級　　　第二級　　　第三級　　　第四級
　$2,600　　　$8,080　　　$24,200

依2011年物價與通膨調整　　　Sources: World Bank[1], IMF[1], IHME[1], UN-Pop[1] & Gapminder[1,2,3,4]

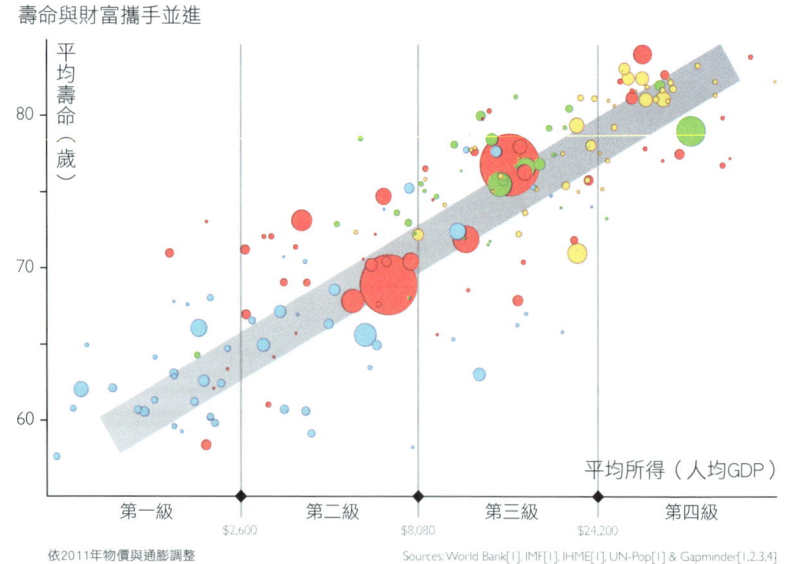

在這張圖裡，壽命與財富攜手並進。光從這條直線來看，我們不知道兩者的因果關係，也許是健康的人賺得較高收入，也許是收入較高的人能花錢顧好健康。不過我們從這條線確實能知道，所得愈高也愈健康。

當我們把所得等級和教育、結婚年齡和娛樂花費相比較，也會得到一條直線。所得愈高，則平均就學時間愈久，結婚年齡愈晚，娛樂花費愈高，見【圖 3-12】。

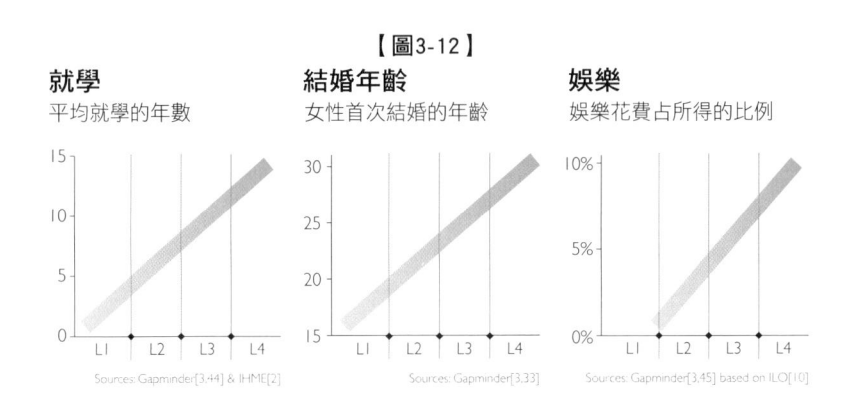

【圖3-12】

就學
平均就學的年數

結婚年齡
女性首次結婚的年齡

娛樂
娛樂花費占所得的比例

Sources: Gapminder[3.44] & IHME[2]
Sources: Gapminder[3.33]
Sources: Gapminder[3.45] based on ILO[10]

S型

當我們把所得和初級教育或疫苗接種等基本需求相比較，S型出現了，見【圖3-13】。線在第一級又低又平，然後在第二級迅速攀升，原因是國家越過第一級後能負擔全體國民的初級教育與疫苗接種（最低價划算的公衛措施）。正如我們錢一夠就會買冰箱和手機，國家的錢一夠就會投入初級教育與疫苗接種。接下來，線在第三級和第四級再次變平，人人享有初級教育與疫苗接種，曲線來到極值並停在那裡。

記得這種曲線有助提升對世界各種基本事實的猜對率：在第二級，幾乎人人就已經能負擔基本需求。

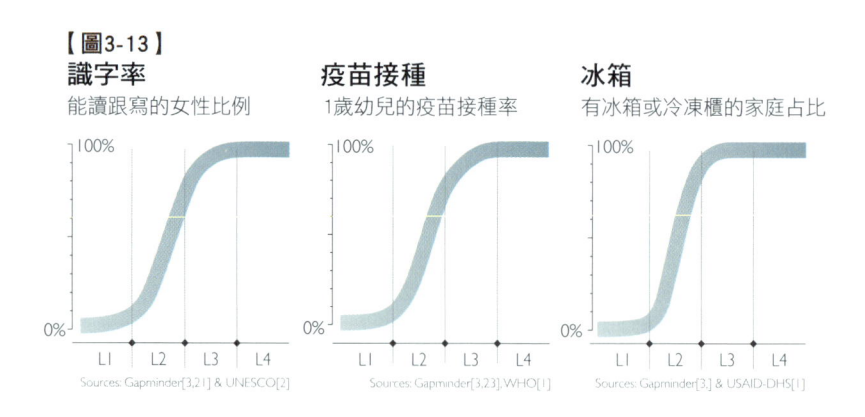

【圖3-13】

識字率
能讀跟寫的女性比例
Sources: Gapminder[3,21] & UNESCO[2]

疫苗接種
1歲幼兒的疫苗接種率
Sources: Gapminder[3,23], WHO[1]

冰箱
有冰箱或冷凍櫃的家庭占比
Sources: Gapminder[3,] & USAID-DHS[1]

滑梯型

婦女生子數的曲線像是遊樂設施中的滑梯。起先平坦,在特定所得等級之後一路往下,然後再次變平,貼著底部,略低於每位婦女生 2 個孩子,見【圖3-14】。

現在先暫時撇開所得圖表,疫苗價格也是這種形狀。數學課會教學生乘法,比方如果 1 支疫苗是 10 美元,100 萬支疫苗是多少錢?聯合國兒童基金會知道怎麼算數,卻不願接受直線的價格,所以跟藥廠談長期的大筆訂單,把每支疫苗的價格壓到最低,成功挽救數百萬個兒童的性命。不過你談到底價後,價格就無法更低了,這是另一個滑梯型曲線。

【圖3-14】滑梯

圖上的每個點可以代表一個國家,或者只要我們有數據的話,我們會把一個國家分成五個所得群體,各自代表20%的人口。這張圖是2013年的情況。

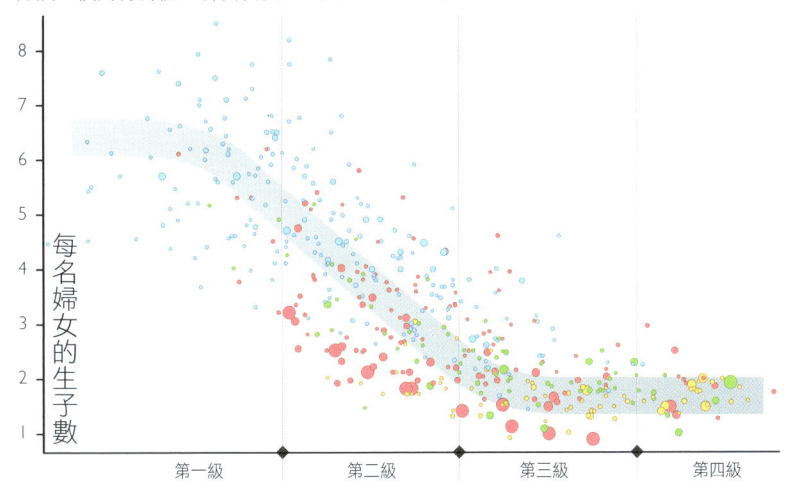

Source: Gapminder[3,47] based on GDL[1] combining USAID-DHS[1] & UNICEF-MICS[1] and OurWorldInData[10]

駝峰型

你種的番茄只要有水就會生長。既然如此,何不直接放在水龍頭下,這樣就能種出金牌獎級的巨大番茄?當然囉,你知道不可能。問題出在水量,澆太少會死,澆太多也會死。過猶不及,無論太乾或太溼都不好,中等水量才最合適。

同理,有些現象在第一級國家比較少,在第四級國家也比較少,在中等所得國家倒比較多──也就是在大多數國家比較多。

比方說,牙齒健康在民眾從第一級升到第二級時最糟,在第四級則再次變好,原因是民眾錢一夠就會買甜食吃,但政府得等到第三級才有錢把推廣潔牙教育列為要務,所以爛牙在第四級國家代表相對貧窮的人家,在第一級國家則也許相反。

機動車事故也有類似曲線。第一級國家的人均機動車數比較低,所以車禍意外比較少。在第二級和第三級國家,最窮的人還是在馬路上用走的,有些人則以小巴和機車等代步,但道路狀況、交通號誌和行車教育仍不佳,所以車禍頻繁,等國家進入第四級後事故率才再次下降。溺斃占兒童總死因的比例也是這樣。

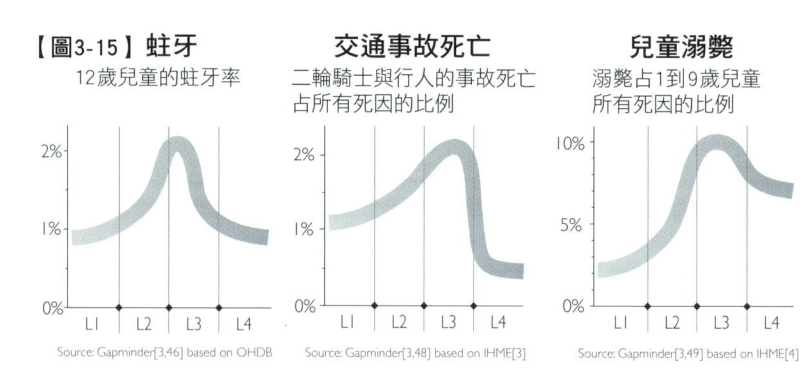

【圖3-15】**蛀牙**
12歲兒童的蛀牙率

交通事故死亡
二輪騎士與行人的事故死亡占所有死因的比例

兒童溺斃
溺斃占1到9歲兒童所有死因的比例

Source: Gapminder[3,46] based on OHDB   Source: Gapminder[3,48] based on IHME[3]   Source: Gapminder[3,49] based on IHME[4]

人跟番茄一樣,也需要水才活得下去,但如果你一次灌下6公升的水,可是會翹辮子的。糖分、脂肪與藥物也一樣,其實所有東西攝取太多都有風險。太多壓力不好,適度壓力則有助表現。自信也有最佳劑量。對全球各地誇大新聞的接收量大概也有最佳劑量。

倍增型曲線

最後談倍增型曲線。伊波拉病毒的倍增模式其實在自然界隨處可見。比方說,大腸桿菌在體內可以短短幾天迅速暴增,每12小時增加一倍:1、2、4、8、16、32⋯⋯。交通方面也有很多例子。當人的收入增加,每年的交通里程數也會一直翻倍,相關花費占收入的比例也是一樣。在第四級國家,交通所排放的二氧化碳量占總排放量的三分之一以上──這也隨收入倍增。

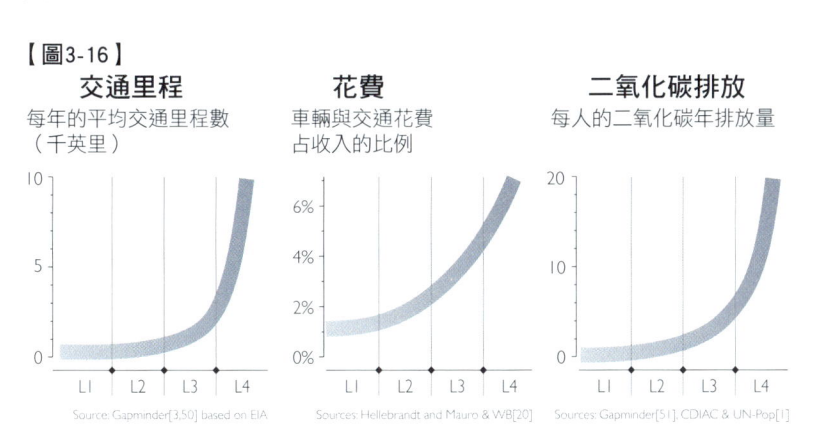

【圖3-16】

交通里程
每年的平均交通里程數
(千英里)

花費
車輛與交通花費
占收入的比例

二氧化碳排放
每人的二氧化碳年排放量

Source: Gapminder[3,50] based on EIA
Sources: Hellebrandt and Mauro & WB[20]
Sources: Gapminder[51], CDIAC & UN-Pop[1]

可惜多數人的所得增加速度遠慢於細菌，但即使你每年所得只增加 2%，35 年後也等於加倍。如果那時仍維持 2% 的增速，再 35 年後又是加倍。如果你活得夠長，200 年後總共翻倍 6 次，這正是上 1 章裡瑞典那顆泡泡的軌跡，也是各國從第一級慢慢穩步走向第四級的軌跡。【圖 3-17】呈現所得如何憑翻倍 6 次從第一級爬到第四級。

【圖3-17】所得的倍增
日所得每跳到下一等級就倍增

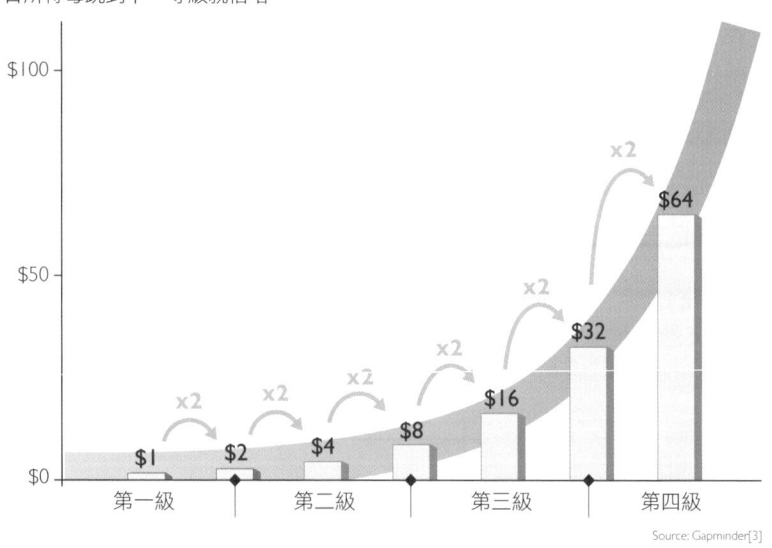

第一級 $1　第二級 $2　$4　第三級 $8　$16　$32　第四級 $64

Source: Gapminder[3]

我這樣畫分所得等級的原因在於：錢的效應就是如此。1 美元的額外所得在各等級是不同意義。在第一級（每天賺 1 美元），多賺 1 美元就能買第二個桶子，生活隨之改變。在第四級（每天

賺 64 美元），多賺 1 美元幾乎沒差，但如果每天能多賺 64 美元，你可以蓋一座泳池或買一間避暑別墅，生活隨之改變。世界極度不公平，但無論從哪裡算起，所得翻倍永遠會改變生活。我比對所得時都採用倍增分級，因為錢的效應就是這樣。

對了，地震、分貝與 pH 值也是用倍增分級。

你看到了一條線的多少部分？

線有各種形狀。我們這些過著第四級生活的人很熟悉某一段線，第一、第二或第三級的人卻可能是熟悉另一段線。明顯往上的**趨勢**可能只是直線、S 型、駝峰型或倍增型曲線的一部分。明顯往下的**趨勢**可能是直線、滑梯型或駝峰型曲線的一部分。任兩點連起來都像是直線，但只要有第三點，我們就能分辨到底是直線（1、2、3）或倍增型曲線（1、2、4）的前端。

為了明白一個現象，我們需要確實了解線的形狀。如果我們自認知道一條線在圖外的走向，就可能會提出錯誤的結論，想出錯誤的解方。我在發現伊波拉疫情是呈倍增**趨勢**前就是這樣掉以輕心。任何以為全球人口只會持續增加的人都犯了這個錯誤。

求真習慣

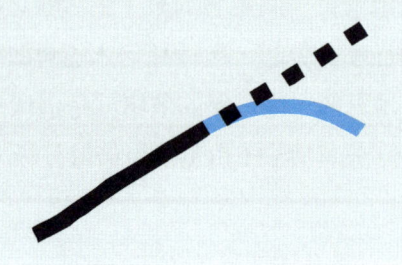

為了扭轉直線型直覺偏誤,切記「線有各種形狀」,事情不會只有一種發展方向。懂得察覺你正在假設一條線會繼續是直線,然後警覺到這很少會是實際情況。

- **別假定會是直線**:許多趨勢不是呈直線,而是呈 S 型、滑梯型、駝峰型或倍增型發展。天底下沒有哪個幼兒會以出生前 6 個月的生長速度繼續長大,也沒有父母樂見如此。

CHAPTER 4

恐懼型直覺偏誤

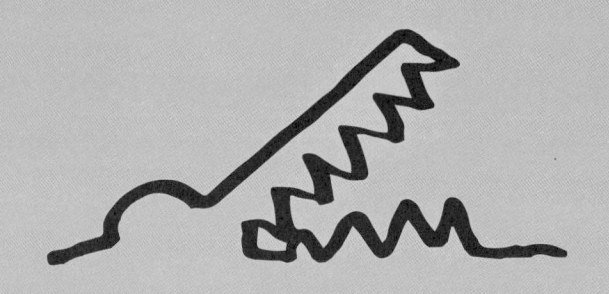

怎麼藏住 4,000 萬個安全航班？
我又怎麼算是贏得諾貝爾和平獎？

滿地的鮮血

1975年10月7日,我在替傷患的手臂打石膏,一位助理護士突然衝了進來,高呼有飛機墜毀,傷患會由直升機送來醫院。那是我這個菜鳥醫生剛進急診室的第五天,在瑞典海濱小鎮胡迪克斯瓦爾的一間醫院。所有資深的醫護人員都在餐廳,那個助理護士和我急急忙忙找著急難處置的資料夾,還沒找到就聽見直升機降落的聲音。我們倆得靠自己處理狀況了。

幾秒後擔架推了進來,上面是一個男的,暗綠連身工作服加迷彩背心,手腳呈扭曲狀。我心想他癲癇發作,要先脫下衣物。背心很容易就脫掉,但連身服很棘手,看起來像太空衣,到處是大而難拉的拉鍊,我怎麼都找不到拉鍊頭。我才剛從服裝想到他是軍機駕駛,忽然留意到滿地的鮮血。我大喊:「他在流血。」出血量如此之大,他隨時可能翹辮子,但連身服還穿在他身上,我看不出血是哪裡流出來,連忙抓起一把大大的石膏鉗想剪開那件連身服,對助理護士大喊:「四袋O型陰性血,快點!」

我對這個傷患大聲問:「是哪裡會痛?」他說:「得丁比普……發依歐米爾烏甘巴寧……」我半個字都聽不懂,但聽起來像俄語。我看著他的眼睛,以清楚的俄語說:「все тихо товарищ, шведскауа больница」意思是:「大哥,冷靜。你在瑞典的醫院。」

我永遠不會忘記他聽到這句話後是多麼驚恐。他嚇得盯著我,想告訴我些什麼:「甘寧依阿巴喔普須里弗拉迪……」我盯著那雙恐懼的眼睛,驟然明白:他一定是俄羅斯的戰機駕駛員,

在瑞典領空被擊落，也就是說俄羅斯正向瑞典出兵，第三次世界大戰開打了！一念至此，我嚇得渾身僵住。

幸好這時護理長貝兒吉塔帶著午餐回來了，一把從我的手裡搶走石膏鉗，對我說：「別剪，這是空軍的飛行服，一件超過 1 萬瑞典克朗。」接著她又說：「還有可以請你不要踩在那件迷彩背心上嗎？你踩在色匣上，把地板弄得一大灘紅紅的。」

貝兒吉塔轉身面向那個飛官，冷靜地替他脫下飛行服，一面用好幾條毛毯裹著他，一面用瑞典語跟他說：「你在冷冰冰的水裡受困了 23 分鐘，所以才會抽搐和發抖，所以我們才會聽不懂你在講什麼。」這位顯然是在例行飛行時墜機的瑞典飛官朝我擠出一絲安慰的微笑。

幾年前我聯絡這位飛官，聽到他說不記得當年在急診室的最初幾分鐘，不禁鬆了一口氣。不過對我來說，這件事實在很難忘記。我會一輩子記得這個徹頭徹尾的誤判。一切都跟我想的相反：那個俄國人實為瑞典人，戰爭實為和平，癲癇實為顫抖，鮮血實為背心裡的色匣。但那當下我深信不移。

我們恐懼時會看不清事物。那時我是個年輕醫生，第一次面對緊急狀況，而且向來擔心第三次世界大戰。我兒時常被世界大戰的惡夢嚇醒，衝進爸媽房間，得聽老爸從頭到尾詳述一次逃難計畫才能冷靜下來：我們會把帳篷放上自行車拖車，然後去長有很多藍莓的森林裡過活。當時我毫無經驗，第一次面對突發狀況，腦中立刻冒出最壞的打算，不是看到我想看到的，而是我害怕看到的。清明思辨一向不容易，在害怕時更是難如登天。當大

腦滿是恐懼,容不下對實情的判斷。

注意力的過濾器

沒有人具備處理外在所有資訊的心智能力。問題在於,我們是處理哪部分的資訊,又是怎麼做出這個選擇?我們又是忽略哪部分的資訊?我們最常選擇處理的資訊似乎都有故事性:吸睛誇大的資訊。

想像我們有一個防護罩,或是注意力的過濾器,在世界與大腦之間。注意力過濾器能保護我們:少了它,我們會不斷受極多資訊疲勞轟炸,陷入過載與麻痺。再來,想像這個注意力過濾器有 10 個直覺小洞:二分化、負面型和直線型等等。多數資訊無法通過,但迎合誇大直覺的資訊能通過,所以我們把注意力放在這類資訊,忽略其他資訊。

媒體不想浪費時間在那些無法通過注意力過濾器的報導上。

下面這種標題是報社編輯不會核可的,原因在於無法通過注意力過濾器:「瘧疾病例持續逐漸減少」、「氣象學家昨天成功預測到今天倫敦的溫暖天氣」。下面則是容易通過過濾器的字眼:地震、戰爭、難民、災害、火災、洪水、鯊魚襲擊和恐怖攻擊。平凡日常不值得多說,稀有事件才值得報導,而種種稀有事件的報導成為腦中對世界的印象。如果我們不格外小心,往往會把反常當成平常:以為世界就是這個樣子。

在人類歷史上,這是首次全球各種發展的資訊幾乎都得到記

錄，但由於我們偏好誇大刺激的直覺，媒體為了吸引注意力，得靠聳動新聞迎合這些直覺，所以我們一再接收到過度誇大的世界觀。綜觀各種直覺，大概就屬恐懼型直覺最強烈左右了媒體對新聞題材的選擇，以及呈現給閱聽眾的資訊。

恐懼型直覺

根據問卷調查，一般人被問到最怕什麼東西時，下面四個答案永遠名列前茅：蛇、蜘蛛、高處，以及受困在狹小空間。再來是其他意料中的答案：上台演講、針頭、搭飛機、老鼠、陌生人、狗、人群、血、黑暗、火和溺死等等。

這些恐懼基於明顯的演化理由在我們腦中根深柢固。對生理傷害、受困和毒素的恐懼曾幫助我們祖先活下去。在現代，對這類危險的感覺仍會觸發恐懼型直覺。每天你都能看到相關新聞：

- 生理傷害：他人、動物、尖銳物品或自然災害造成的損傷。
- 受困：囚禁、失控或失去自由。
- 毒素：肉眼看不見卻會感染或毒害我們的東西。

這類恐懼對第一和第二級國家的人仍有幫助。比方說，第一和第二級國家的人怕蛇有理。每年有 6 萬人死於被蛇咬傷，你最好一看到不對就趕快跳開。總之，別被咬到，附近恐怕沒有醫院，就算有，你也付不起。

產婆的願望

1999 年，我跟幾個瑞典學生去找坦尚尼亞偏鄉的一個傳統產婆。我希望生在第四級社會的醫學生能實際跟第一級的醫療工作者碰面，別只是從書上認識他們。那位產婆沒受過正規教育，學生聽到她對工作的描述紛紛目瞪口呆，比如她得徒步來往於各村落，協助窮苦婦女在陰暗的泥地上生產，別說沒有醫療器材，根本連乾淨的清水都沒有。

一個學生問：「妳自己有小孩嗎？」她驕傲地回答：「有啊，2 個兒子和 2 個女兒。」「妳女兒以後會做妳這樣的產婆嗎？」這個年老的產婆身子往前傾，哈哈大笑：「我的女兒做我這個工作喔？沒有啦，沒有！她們有很好的工作，是在大都市三蘭港做她們想要的工作，坐在電腦前面的工作。」她的女兒脫離了第一級。

另一個學生問：「如果妳可以選一個器材，好讓工作更容易，妳會選什麼？」她回答：「我還真想要一把手電筒。晚上我得摸黑走去別的村子，就算有月亮的光，還是很難看清楚有沒有蛇。」

在第三和第四級，人們比較不需要勞動，也有錢隔絕大自然裡的危害，這些演化形成的生物直覺大概弊多於利。在第四級，原本演化來保護我們的恐懼型直覺無疑有害，少部分人（3%）

苦於某些嚴重到妨礙日常生活的恐懼症,而其他大多數人對世界的認知則因恐懼型直覺而產生扭曲。

媒體忍不住利用我們的恐懼型直覺。因為這是吸引注意的方便辦法。事實上,最大的新聞通常是那些能引發多種恐懼的事件。比方說,綁架和空難就會同時觸發對傷害與受困的恐懼。地震發生時,壓在倒塌房屋底下的人受傷又受困,比起其他地震受災者更能引起關注。同時引起多種恐懼時,新聞的戲劇張力就會更強烈。

但這造成矛盾:**災害新聞空前常見,偏偏世界空前安全。**

恐懼曾幫助人類祖先保住性命,現在卻是替記者保住飯碗。這不是記者的錯,我們也不該期望他們改變。與其說這現象是源於新聞記者的「媒體邏輯」,不如說是源於消費者腦中的「注意力邏輯」。

如果我們看見新聞標題背後的實情,自然會明白恐懼型直覺是如何處處扭曲對世界的認知。

天災:在這種時候,你想的是什麼?

尼泊爾是極少數還停留在第一級的亞洲國家。2015 年,地震襲擊尼泊爾。第一級國家的房子蓋得較差,基礎建設較差,醫療設備較差,所以天災死亡率向來較高。這次地震奪走了 9,000 條人命。

真確問題 7：
過去 100 年間，全球死於天災的人數是如何變化？
☐ （A）幾乎翻倍
☐ （B）大致不變
☐ （C）幾乎減半

　　這數字包括死於水患、地震、旱災、暴風雨、森林大火與熱浪等等，加上在災後死於流離失所或傳染疾病的人數。僅 10% 的受測者選對答案，就連這題答得最好的國家（芬蘭和挪威），答對率也只有 16%（所有國家的答題狀況照例參見附錄）。相較之下，黑猩猩雖然從來不看新聞，答對率依然保持一貫的 33%！事實上，天災死亡人數遠遠不只減半，而是只有 100 年前的 25%。在這段期間，全球增加 50 億人，所以人均死亡率下降得更是驚人，只有 100 年前的 6%。

　　現在天災奪走的人命大幅減少，原因不是大自然變了，而是多數人不再處於第一級了。**天災會侵襲所有所得等級的國家，災情卻天差地別。**國家愈有錢，抗災準備愈充分。【圖 4-1】呈現過去 25 年每百萬人平均死於天災的人數，按所得等級區分。

　　歸功於良好教育、便宜抗災措施與全球合作救災，連第一級國家的死亡人數也大幅下降──如同【圖 4-2】所示。

【圖4-1】錢帶來抗災準備
過去25年（1991年至2016年）每年每百萬人平均死於天災的人數

第一級	第二級	第三級	第四級
31	10	6	4

Source: Gapminder[3,52] based on EM-DAT

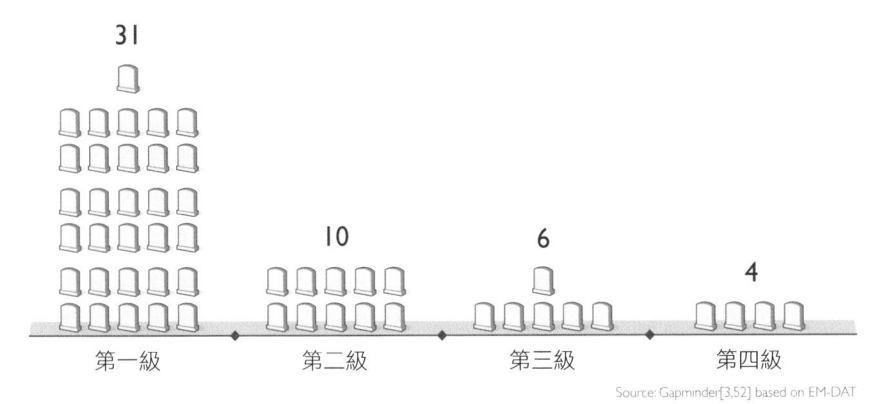

【圖4-2】第一級國家的天災死亡率下降
每年每百萬人平均死於天災的人數

1965-1990

L1	L2	L3	L4
59	14	5	1

1991-2016

L1	L2	L3	L4
31	10	6	4

Source: Gapminder[3,52] based on EM-DAT

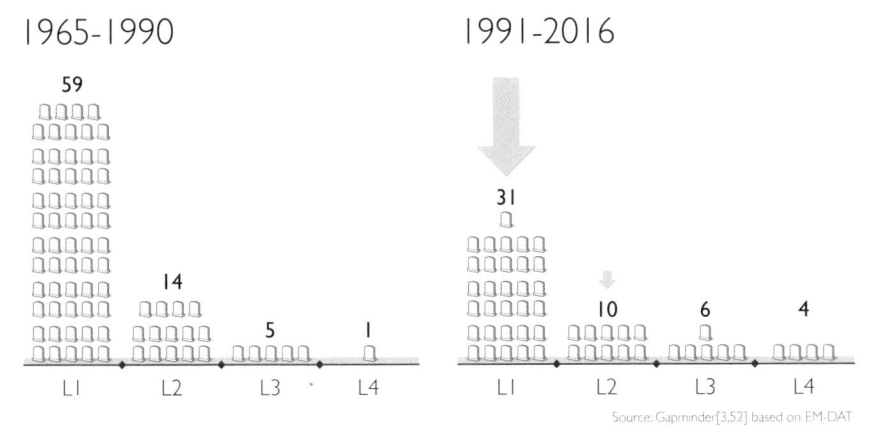

我們以 25 年為區間來看平均值，因為天災不是每年規律發生。但即使如此，單單 2003 年肆虐歐洲的熱浪，就讓第四級國家的死亡率變高 4 倍。

在 1942 年那時候，孟加拉處於第一級，幾乎所有國民都是目不識丁的農人。兩年間，孟加拉面臨嚴重的水患、旱災和熱帶氣旋侵襲，沒有國際組織前去協助救災，200 萬人失去生命。如今孟加拉處於第二級，絕大多數兒童接受教育，在學校學到三根紅黑旗代表所有人得撤離到避難中心。如今孟加拉政府在國內巨大的三角洲地帶建置了數位監控系統，連接到一個免費的洪水消息發布網站。15 年前世上還沒有任何國家有這種先進系統。2015 年，熱帶氣旋侵襲了孟加拉，這套系統發揮作用，聯合國世界糧食計畫署也伸出援手，把 113 公噸的高能量餅乾分送給 3 萬個受災家庭。

同一年，尼泊爾發生強震，恐怖的震災景象引起全球關注，救難隊與直升機迅速投入救災，儘管數千人仍不幸罹難，但迅速的外援確實發揮作用，阻止了罹難人數向上攀高。

如今全球有聯合國人道救援網（Relief Web）協調救災事務——先前世代的災民只能乾瞪眼羨慕。而且人道救援網是以第四級國家的稅金為經費。我們該引以為榮。人類總算想出在天災下保護自己的方法。天災死亡人數的大量減少實在是另一個重大成功，只是世人大多不清楚。

可惜的是，資助人道救援網的第四級國家人民正是我們測驗的對象，但 91% 的受測者不知道自己的稅金換得了這種成功，因

為新聞持續報導每一個天災,彷彿現在是最壞的時代。那些美好的下降趨勢,那些基於事實的希望,在他們看來不具報導價值。

【圖4-3】天災死亡人數
每年每百萬人平均死於天災的人數(10年平均數)

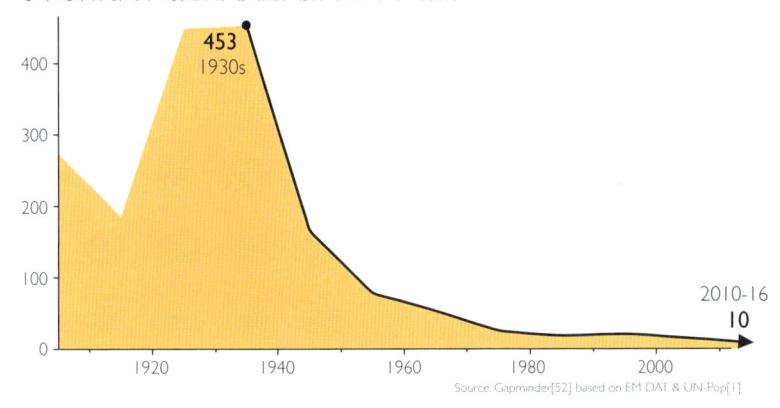

453
1930s

2010-16
10

Source: Gapminder[52] based on EM-DAT & UN-Pop[1]

下次當媒體播出災民困在倒塌建築下的恐怖畫面,你能不能記得正面的長期變化趨勢?當記者對攝影機說「全球變得更加危機四伏」,你能不能反對這說法?能不能看著戴鮮豔頭盔的當地救援人員心想:「他們的父母大多不識字,但他們正遵循國際通用的救災守則,世界正在愈變愈好。」

當記者神情凝重地說「在這種時候」,你會不會露出笑容,心想她是說現在這個時代是史上第一次天災災民能立刻獲得全球的關切,獲得外國頂級直升機的援助?你能否依據事實抱著希望相信,人類在未來有能力防止更多可怕的死亡?

我認為你不會。如果你的腦袋跟我一樣就不會。當攝影機拍

著救難人員如何把斷氣的災童從倒塌建築裡拉出來,我的理智就被恐懼與悲傷占據。這個當下,沒有圖表能提醒我,沒有事實能安慰我。在這個當下再提世界正在變好,如同看輕罹難者與家屬的巨大苦難,非常不道德。這種時候我們務必忘掉大局觀,為幫助災民盡量付出一己之力。

宏觀事實與大局觀得等到危機結束,屆時我們務必敢於重建一個基於事實的認知,冷靜下來,比對數據,確保日後能善用資源有效防止苦難。我們不能讓恐懼決定優先順序。因為我們現在最害怕的那些風險,往往由於國際間成功合作,其實對人的危害沒那麼大。

2015 年的尼泊爾大地震發生之後,全球有 10 天左右都在觀看災情畫面,關切這場奪走 9,000 條人命的悲劇。然而,在同樣這 10 天裡,飲水汙染導致的腹瀉卻也在全球悄悄奪走 9,000 個孩童的性命。當這些孩子昏倒於父母的臂彎裡,沒有攝影機在旁拍下父母焦急的眼淚。也沒有直升機急忙飛來。直升機畢竟對這個(全球幾乎最危險的)孩童殺手束手無策。如果要避免孩童誤喝鄰人依然溫熱的尿水,所需要的只是幾條塑膠水管、幫浦、幾塊肥皂和基礎排水系統,遠比直升機便宜。

看不見的 4,000 萬個航班

2016 年,總計 4,000 萬個商業航班安全降落在目的地,僅 10 個航班遇到致死事故,出事率僅 0.000025%,但新聞當然是

報導出事的航班,至於安全的降落沒有報導價值。想像一下:

「從雪梨起飛的 BA0016 航班安全降落在新加坡樟宜機場。以上就是今天的新聞提要。」

2016 年是航空史上第二安全的年份。這也沒有報導價值。

【圖 4-4】是過去 70 年每 100 億商業航班延人英里的空難死亡人數,飛安提升了 2,100 倍。(註:延人英里即航班所運送旅客運程的總英里數。)

【圖4-4】空難死亡人數
每100億商業航班延人英里的每年死亡人數(5年平均)

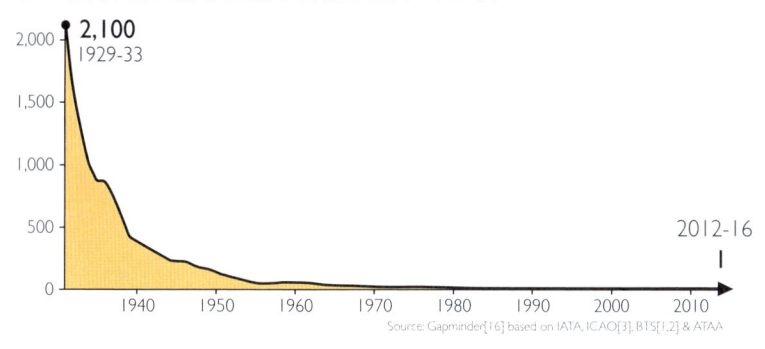

2,100
1929-33

2012-16

Source: Gapminder[16] based on IATA, ICAO[3], BTS[1,2] & ATAA

回首 1930 年代,搭飛機確實非常危險,空難接連發生,乘客望之卻步。全球航空主管機關了解商業航班的潛力,但也明白飛航必須變安全,多數人才敢搭。1944 年,他們齊聚芝加哥,談好空安規定並簽署通過,包括非常重要的第 13 號附約:一套事故報告的共用格式,全員彼此共享,以他人的錯誤為鑑。

從此所有商業航班的事故都會經過調查，留下調查報告，找出風險因子，接著全球會採用修正過的安全程序。真讚！我會說《芝加哥公約》是史上非常了不起的一次合作。當眾人有相同的恐懼時能如此有效地攜手合作，非常令人驚嘆。

恐懼型直覺十分強烈，可以促成全球的通力合作，帶來最好的進步。但也由於恐懼型直覺十分強烈，我們不會看見每年 4,000 萬個安全降落的商業航班，不會從電視螢幕看見 33 萬個死於腹瀉的兒童。就是這樣。

戰亂與衝突

我生於 1948 年，第二次世界大戰結束的三年後，而那場戰爭總計奪走 6,500 萬條人命。沒人敢說另一場世界大戰不會發生，但大戰確實沒再發生，反而是和平降臨了：人類史上強權之間最長的一段和平時期。

如今，戰爭是史上最少，死於戰爭的人數是史上最低，我活在人類史上最和平的幾十年時光。只是，看新聞裡無止無盡的可怕景象，就很難相信這一點。

我無意將現在仍無疑存在的恐怖現實輕描淡寫，也不是想低估解決當前戰亂衝突的重要性。只是請記得：世界可以既是很糟，也在變好。在變好，但仍不夠好。世界曾經大致野蠻，現在則大致文明。不過對敘利亞人民來說，這種趨勢當然不會帶來安慰。在敘利亞，野蠻是現在進行式。

敘利亞的戰亂非常嚴重，很可能會是自1998年到2000年的衣索比亞與厄利垂亞戰爭以來死傷最慘重的戰亂。我們還不清楚總死亡人數，也不知戰事是否會擴大。如果死亡人數最終為數萬人，那就沒有1990年代的幾場最嚴重戰爭來得慘重。如果死亡人數最終達到20萬人，那仍沒有1980年代的幾場戰爭嚴重。這對倖存者不是什麼安慰，但幾十年間戰亂死亡人數下降這件事該讓我們感到比較安慰。

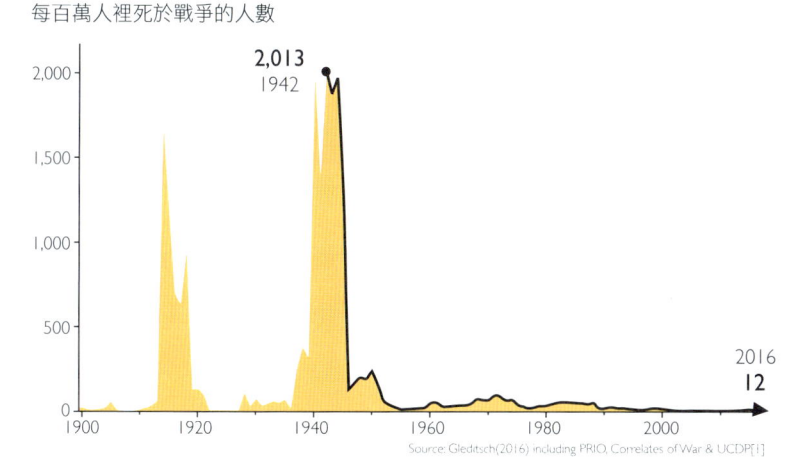

【圖4-5】戰亂死亡人數
每百萬人裡死於戰爭的人數

Source: Gleditsch(2016) including PRIO, Correlates of War & UCDP[1]

戰亂漸少的大趨勢不僅是又一項進步，更是最美麗的進步。由於過去數十年間日漸擴大的和平，我們才能看到種種進步。如果我們想達成其他高貴目標，例如：為永續發展攜手合作，那就務必守護好這個得來不易的禮物。若非全球的和平，不會有其他方面的進步。

汙染

在我兒時的 1950 年代,還有接下來那 20 年,我對牽涉核武的第三次世界大戰始終擔憂得不得了。我們腦中都映著廣島核爆受害者的畫面,也在新聞上眼看超級強權誇耀自己的核武,一次又一次試爆,就像健美選手秀著靠吃類固醇練成的誇張肌肉。1985 年,諾貝爾和平獎委員會認為廢除核武是替全球帶來和平的關鍵,於是把諾貝爾和平獎頒給了我。好吧,不是直接頒給我,而是頒給國際防止核戰爭醫生組織(IPPNW),而我很榮幸是該組織的一員。

1986 年,全球有 64,000 枚核彈頭;現在只剩 15,000 枚。恐懼型直覺絕對有助於世界去除可怕的東西。雖然在其他情況下,恐懼型直覺唯恐扭曲我們的風險評估,造成重大危害。

2011 年 3 月 11 日,在很靠近岸邊的日本外海,海面下近 29 公里的太平洋海床上,一場大地震突如其來,把本州島整個東移了 240 公分,所導致的大海嘯在 1 小時後襲向陸地,奪走約 18,000 人的生命。海嘯比用來保護福島核電廠的堤防更高,不僅侵襲福島縣的土地,還讓全球新聞如掀起海嘯般充斥對核災害與核汙染的恐懼。

那時縣民火速逃離,但仍有 1,600 人喪命,只是他們並不是死於核外洩。至今尚未有人死於核外洩這個引起他們逃難的原因。這 1,600 人的死是因為他們逃難。他們主要是老人,喪命於撤離或在避難所中生活帶來的身心壓力。殺死他們的不是輻射,

而是對輻射的恐懼。（即使是在1986年史上最嚴重的車諾比核災爆發之後，雖然多數人預期死亡率會大幅攀高，但是世界衛生組織的調查人員、甚至連住在核汙染區域的居民都無法證實這一點。）

1940年代，一種神奇的新藥劑能殺掉許多害蟲，農夫樂不可支，對抗瘧疾的人士也喜出望外。那種藥劑叫DDT（雙對氯苯基三氯乙烷），廣泛噴灑於耕地、沼澤與住家，卻很少人研究其副作用，DDT的發明人還贏得了諾貝爾獎。

1950年代，美國出現早期的環保運動，世人開始擔心DDT在食物鏈中的累積，比如在魚、甚至鳥的體內。知名科普作家瑞秋·卡森出版《寂靜的春天》，指出她那地區的鳥蛋蛋殼正愈變愈薄。這本書在全球暢銷熱賣。當我們想到人類正為了殺蟲四處噴灑某種看不見的物質，當局卻沒有留意這是否有害其他動物、甚至人類，我們當然會害怕。

大眾對不當監管與無良企業的恐懼被點燃，全球的環保運動於焉誕生。幸虧有這個運動，加上後來其他各類醜聞（石油外洩、殺蟲劑導致茶農殘廢、核電廠災害），如今全球許多國家對化學品有良好的安全管理規範（雖然仍遠比不上航空業亮眼的規範普及度）。許多國家禁用DDT，援助組織也只得不再採用。

但是，就像一種副作用似的，大眾對化學汙染的恐懼簡直陷入偏執，堪稱化學恐懼症（chemophobia）。

這表示，即使到了今天，想要基於事實去理解兒童疫苗接種、核能與DDT等議題，依然極其困難。因為過去監管不足的

記憶深植人心，形成了下意識的恐懼與不信任，使人難以聽進任何基於數據的論點。不過我還是試試看。

舉例來說，有些深愛孩子的高學歷父母對疫苗接種抱持批判態度，卻聰明反被聰明誤，不讓孩子接受致命疾病的疫苗接種。我喜愛批判性思考，推崇懷疑精神，但有一個前提，那就是要尊重證據。

因此，如果你對麻疹疫苗抱持懷疑，我要請你做兩件事。第一，確實知道兒童死於麻疹時的慘狀。多數感染麻疹的兒童會痊癒，但目前仍無可靠解藥，而即使在最好的現代醫療照護下，每千名感染者裡還是會有一或兩名賠上小命。 第二，問一問自己：「什麼證據能讓我回心轉意？」如果答案是「任何證據都無法扭轉我對這疫苗的看法」，那麼你不是在理性思考與實事求是，也不如自己所想的是根據批判性思考而得出結論。如果是這樣，你別雙重標準，既然懷疑科學就懷疑到底，下次你自己要動手術之前，麻煩請叫醫生別浪費時間洗什麼手了。

核外洩本身沒殺死半個人，1,000多名老人卻死於撤離行動。DDT有害沒錯，但我目前找不到DDT直接導致任何人死亡的資料。談到DDT的副作用，1940年代沒有相關研究，現在有了。2002年，美國疾病管制與預防中心提出厚達497頁的《DDT、DDE與DDD毒性物質報告書》。2006年，世界衛生組織終於完成對相關研究的檢閱工作，跟美國疾病管制與預防中心一樣，把DDT列為對人體「輕度有害」，認為在許多情況下利大於弊。

DDT的使用需相當謹慎，但不是一無可取，而是優缺互見。

比方說，在飽受蚊害的難民營，DDT 經常是最便宜有效的救命利器。可是美國人、歐洲人和受恐懼驅使的社運團體固守定見，不肯讀美國疾病管制與預防中心及世界衛生組織的冗長報告和簡短推薦，尚無法理性討論 DDT 的使用，那些有賴大眾支持的救援組織也只能避用 DDT──雖然 DDT 其實有研究背書且能拯救性命。

有時推動法規進步的，不是死亡率而是恐懼，但在福島和 DDT 等例子上，看不見的物質本身沒那麼有害，反而是失控的恐懼造成較大危害。

全球許多地方的環境在惡化。然而，就像大地震比腹瀉更吸引媒體報導，可怕的化學汙染也比較常登上新聞，不起眼卻更有害的環境惡化現象比較少獲得報導，例如：海床死亡或急迫的過度捕撈問題。

此外，由於化學恐懼症作祟，每半年新聞上就會出現某個「最新科學發現」，把日常食物裡某種含量極低的化學物質講得罪大惡極，但其實你必須每天吃一、兩艘貨輪的量，連續吃上 3 年，才會因此送命。然而，高知識分子卻一臉擔憂，邊喝紅酒邊討論這個最新科學發現，似乎並不在乎實際上沒人為此而死。這種過度恐懼似乎完全來自「化學」二字。

接下來，我們改談西方近來的最大恐懼。

恐攻

如果說誰最懂恐懼型直覺的威力,答案不是新聞記者,而是恐怖分子。從他們的稱號可見一斑,恐怖與恐懼就是他們的目標。而且他們能引起我們所有的直覺恐懼——對生理傷害、受困和毒素的恐懼。

恐攻是第 2 章(負面型直覺)所談種種全球趨勢的例外,正在愈演愈烈。那麼你如果超怕恐攻也很合理囉?呃,首先,在 2016 年因恐攻而死的人只占全球死亡人數的 0.05%,所以大概不合理。第二,這取決於你住在哪裡。

美國馬里蘭大學的一組研究人員從事相關研究,蒐集自 1970 年至今所有可靠媒體上的恐攻報導,建立了免費的全球恐攻資料庫,收錄 17 萬筆恐攻事件的詳細報導。根據這個資料庫,從 2007 年到 2016 年,恐怖分子在全球殺害 15 萬 9,000 人:人數比前十年高 3 倍。就像伊波拉疫情那樣,當一個數字暴增 2、3 倍,我們當然該擔心並仔細檢視。

尋找恐攻資料

本書這部分的所有資料只到 2016 年,原因是全球恐攻資料庫的資料只到 2016 年。研究人員謹慎比對多個資料來源以避免謠言與不實消息,所以收錄時間有所延誤。這是很好的科學精神,但我覺得怪怪的。就像

伊波拉病毒和我之後會探討的二氧化碳排放,當某件事很重要並引起憂慮,難道我們不是需要最即時迅速的資料,而非最完美嚴謹的資料?否則我們怎麼知道恐攻是增加還是減少呢?

《維基百科》有全球各地近期恐攻事件的一長串清單,志願的編輯以飛快速度更新各條目,第一條新聞才剛出來不久就更新了。我愛《維基百科》,如果我們能相信這些清單,就不需為解讀趨勢等上許久。為了確認可靠度,我們比較(英文版)《維基百科》與全球恐攻資料庫 2015 年份的恐攻資料。如果重疊率接近百分之百,我們大概能相信《維基百科》2016 年份與 2017 年份的資料也堪稱完整,當做追蹤最新恐攻趨勢的不錯依據。

結果《維基百科》相當扭曲失真,出自西方視角,令我們大感失望。準確來說,失望程度是 78%,因為《維基百科》2015 年份資料上的恐攻罹難者人數少了 78%。雖然它的西方國家罹難者人數紀錄相差無幾,但在「其他地區」的恐攻罹難者僅 25% 有記錄下來。

無論我再愛《維基百科》,我們仍需嚴謹的研究人員建立可靠的資料庫,但是他們必須有更多資源方能盡快更新。

【圖4-6】第四級國家的恐攻罹難者較少
近十年全球的恐攻罹難者人數比前十年高3倍,每座墳墓代表1,000名死者。

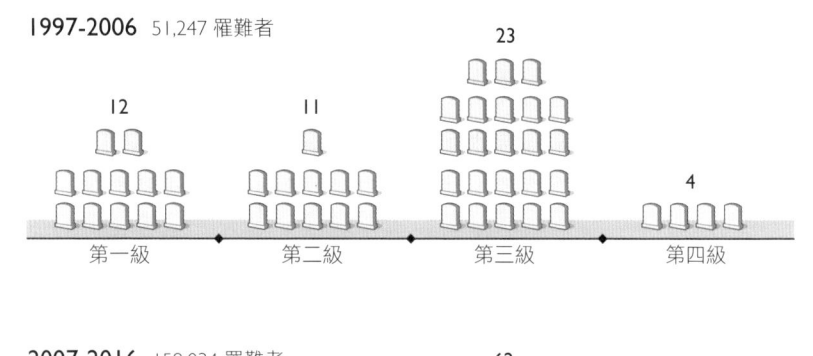

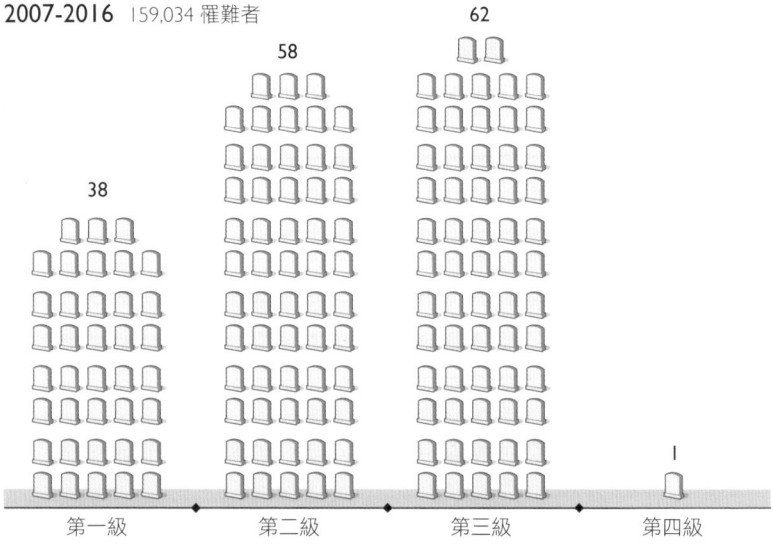

1997-2006 51,247 罹難者

第一級	第二級	第三級	第四級
12	11	23	4

2007-2016 159,034 罹難者

第一級	第二級	第三級	第四級
38	58	62	1

Sources: Global Terrorism Database (GTD) & Gapminder[3]

但雖然恐攻在全球增加，在第四級國家卻減少。自 2007 年至 2016 年，第四級國家的恐攻罹難者人數為 1,439 人，前面十年則為 4,358 人，包括 2001 年九一一恐攻事件罹難的 2,996 人。即使扣掉史上最慘重的九一一事件，恐攻罹難者人數在過去兩個十年區間也只是保持不變。罹難者人數的暴增是在第一、第二和第三級國家，主要是在五個國家：伊拉克（占增加人數的將近一半）、阿富汗、奈及利亞、巴基斯坦和敘利亞。在 2007 年至 2016 年，最富有國家（即第四級國家）的恐攻罹難者人數只占總人數的 0.9％，在本世紀呈下降**趨勢**。自 2001 年起，沒有商務航班乘客因恐怖分子劫機而喪命。事實上，很難想到哪種死因在第四級國家奪走的性命比恐攻還少。在美國，過去二十年共有 3,172 人死於恐攻 —— 每年平均 159 人。在同樣這段期間，酒精在美國導致 140 萬人死亡 —— 每年平均 6.9 萬人。這樣比較不甚公平，因為多數時候喝酒的人也是死者。較公平的比法是只看死者不是飲酒者的案例：酒駕和酒後奪人命。據保守估計，在美國因此而死的人每年平均約 7,500 人。在美國，你心愛的人遭酒駕撞死的機率比被恐怖分子殺害的機率高出將近 50 倍。

然而，媒體不愛報導多數酒精的受害者，卻會大肆報導第四級國家的恐攻事件。此外，嚴格的機場安檢讓恐攻威脅降得比過去都低，但反而容易讓旅客留下危機升高的印象。

根據蓋洛普民調，在九一一恐攻事件發生的一週後，51％的美國公民擔心家人可能死於恐攻。14 年後，數字保持不變：51％。民眾和紐約世貿大樓剛倒塌時一樣恐懼。

害怕對的事物

恐懼可以有益,前提是得針對正確的事物。恐懼型直覺很容易導致對世界的錯誤認知,我們把注意力放在最害怕卻其實不甚危險的事物上,忽略眞正高風險的事物。

本章提到數個恐怖死因:天災(占總死亡人數的0.1%)、空難(0.001%)、命案(0.7%)、核外洩(0%)與恐攻(0.05%)。沒有任何一項占每年總死亡人數的1%以上,卻備受媒體關注。我們當然該減少這些原因的死亡率,但也能從中看出恐懼型直覺是多麼扭曲我們對世界的認知。爲了弄清到底該害怕什麼、如何眞正保護所愛的人,我們該壓下恐懼型直覺,眞正檢視各種死因的人數。

原因在於「恐懼」和「危險」是兩回事。可怕的事物是令人感覺危險,危險的事物是眞正帶來危害。如果我們把太多注意力放在可怕而非危險的事物上(也就是太過關注恐懼),等於是往錯誤方向白耗精力。滿心害怕的急診室醫師明明該處理患者的失溫現象,卻在擔心核戰爆發;民眾關切地震、空難與看不見的化學物質,卻不知道數百萬個兒童正死於腹瀉,海床正淪爲海底沙漠。我會希望我把恐懼放在現今的重大威脅上,而不是過往演化本能所關注的事物上。

求真習慣

為了扭轉恐懼型直覺偏誤，你應該評估風險。懂得察覺可怕事物正在吸引我們的注意力，然後意識到這些不見得是最危險的事物。我們生來害怕衝突、受困與汙染，高估了相關危害。

- **恐懼 vs. 現實**：世界顯得比實際上更可怕，原因是新聞媒體與你自己的注意力過濾器把資訊篩選過了，留下恐怖的消息。
- **風險＝危險 x 暴露**：風險程度不是取決於你感覺多害怕，而是關乎兩件事：有多危險？你暴露在多少危險中？
- **先冷靜再說**：你害怕時看見的世界會不一樣。在驚恐消退之前，盡量少做決定。

CHAPTER 5

失真型直覺偏誤

用兩個你已經擁有的神奇工具，
合理衡量戰爭紀念碑與熊襲風險

不在我眼前的死者

1980 年代早期,年輕的我在莫三比克行醫,得計算一個艱難的數字。艱難之處在於計算的對象。我是在算死去的兒童數。具體來說,我要算兩個數字,一個是有多少兒童死於我們在納卡拉的醫院裡,一個是有多少兒童死於附近這片我們所負責區域的自家裡。

當時莫三比克是全球最窮的國家。在我到納卡拉區的第一年,這裡有 30 萬個居民,卻只有我一個醫生。第二年,另一位醫生加入了我。如果納卡拉區是在瑞典,該有 100 位醫生才對。每天早上,我在去醫院的路上跟自己說:「今天我要做 50 個醫生的工作。」

這間小醫院每年約收治 1,000 個重病的兒童,平均一天 3 個。我這輩子不會忘記當初是怎麼設法挽救他們的性命。他們全染上很嚴重的疾病,例如:嚴重腹瀉、肺炎和瘧疾,往往還加上貧血與營養不良。儘管我們拚盡全力,每 20 個裡大概還是會死 1 個,等於每週死 1 個,可是只要我們有更多、更好的資源與人手,他們幾乎都不必送命。

我們只能提供很基本的治療:水、鹽分和肌肉注射。我們無法讓病童打點滴:護理師還不會打,如果由醫生從旁協助與指導,又會耗掉醫生太多的時間。我們很少會有氧氣瓶,血庫的血量低之又低。這就是赤貧地區的醫院。

某個週末,一位友人來我們這裡。他是瑞典的小兒科醫師,

服務於 300 公里外一座較大城市設備稍佳的**醫院**。那個週六下午，我接到急診電話趕去**醫院**，他也跟去。我們到了**醫院**，看見一個眼露害怕的媽媽，她懷裡抱著**寶寶**，**寶寶**嚴重腹瀉，虛弱到無法吸母乳。我收治那孩子，插進餵食管，指示要從那管子灌進口服電解質液。那個小兒科醫師朋友把我拉到外面走廊，相當不滿，質疑我的處置不合標準，根本是想草草了事好趕回家吃晚飯。他要我替那**寶寶**打點滴。

我為他的不了解狀況感到生氣，解釋說：「這是我們這邊的標準療法。我替他打點滴得花上半小時，然後很可能會被護理師搞砸。而且，沒錯，我有時候確實得回家吃晚飯，否則我家人和我沒辦法在這裡撐超過 1 個月。」

他無法接受，決定留在醫院，花好幾個小時努力把針頭刺進細小血管裡。

當他終於返回我家，爭執繼續，他說：「你一定得竭盡所能去照顧每個到醫院的病患。」

「不是這樣。」我說：「把我所有的時間與資源擺在搶救眼前到院的病患，並不合乎醫療資源分配倫理。如果我能提升醫院以外的醫療服務，就可以救更多孩子。我必須為這個地區**所有**死去的孩子負責：不只是死在我眼前的孩子，還有不是死在我眼前的孩子。」

他不同意，多數醫生和大概多數民眾也不會同意。他說：「你的責任是盡力醫治面前的患者。你說你可以在其他地方救更多孩子，但這只是在唱冷血的高調。」我感到很累，不再爭辯，掉頭

上床睡覺,但隔天我開始計算起來。

我和負責產房的妻子阿妮塔一起算。我們知道那年有 946 個孩子送進醫院,幾乎全小於 5 歲,其中 52 個(5%)走了。我們需要比對這個數字與整個地區的兒童死亡數。

莫三比克的兒童死亡率是 26%。納卡拉區並不特別,所以我們能用這數據。兒童死亡率的算法是把一年裡的兒童死亡數除以出生數。

如果我們知道納卡拉區那年的嬰兒出生數,就能以 26% 的兒童死亡率回推兒童死亡數。我們調出最新的人口普查資料,查到納卡拉市的嬰兒出生數:每年約 3,000 名。納卡拉區的人口是納卡拉市的 5 倍,所以我們推估納卡拉區的嬰兒出生數也大致是 5 倍:15,000 名。根據 26% 的兒童死亡率,這地區每年會有 3,900 名兒童喪命,我有責任挽救他們的命,而每年實際死於醫院的只有 52 名,所以我只盡到 1.3% 的職責。

現在我有數據支持我的直覺了。與其在醫院替病入膏肓的孩童吊點滴,不如組織、支援並監督社區裡的基本醫護功能,藉此及早治好腹瀉、肺炎與瘧疾,方能挽救更多條人命。在絕大多數人──特別是 98.7% 未到院的垂死兒童都未獲得基本醫療照護之前,就把資源都投入醫院裡,我認為這才真的不合乎醫療資源分配倫理。

因此,我們替村子訓練醫護人員,盡量讓更多兒童接種疫苗,讓一個個小醫護所能醫治腹瀉、肺炎與瘧疾等頭號殺手,家長用走的就能把孩子送到那些地方。

這是對赤貧地區的殘酷算數。要把目光從面前瀕死的孩子身上移開，轉移到我看不見的數百個默默瀕死的孩子身上，簡直感覺很沒人性。

盧絲（Ingegerd Rooth）曾在剛果和坦尚尼亞當護理師，後來成為我的老師，我始終記得她跟我說的一段話：「在最貧窮的地方，你絕對不該求完美，否則等於竊占了原本能運用得更好的資源。」

如果我們把太多注意力擺在眼前看得見的患者，卻沒注意背後更大的數字，那可能會把所有資源花在解決一小部分的問題，少救很多條人命。這原則適用於任何資源有限故須用在刀口的地方。談到挽救、延長或照顧人命，我們很難去講資源運用，這樣很容易顯得冷血無情，但只要資源有限（資源從來都有限），最慈悲的做法就是動腦思考怎樣把手頭資源善用到極致。

本章有許多兒童死亡的數據，因為挽救兒童性命是天底下我最關心的一件事。我會計算兒童的死亡數，並在同一句裡既提到快死的小孩，又談及成本效益。我知道這會顯得很冷血無情，但是你想想看，想出最符合成本效益的方式來挽救最多兒童，才最熱血有情。

正如先前我要你看到**統計數據背後的個別故事**，現在我要你看到**個別故事背後的統計數據**。不靠數據無法了解世界，但光靠數據也無法了解世界。

失真型直覺

你對事物的認知常會不成比例的失真。我無意冒犯，不成比例與誤判大小對人類算是很自然。把單獨數字想得過於重要很合乎直覺，把個別例子或病童（比如在納卡拉）想得過於重要也很合乎直覺。這兩個傾向是失真型直覺的兩大關鍵層面。

媒體如同失真型直覺的好朋友。記者的一大職責是讓特定事件、事實或數字顯得比實際上更重要。此外，他們也很清楚：對一個受苦的人視而不見，會讓人覺得這簡直沒人性。

由於失真型直覺的這兩個層面，再加上負面型直覺，我們會低估全球目前所取得的進步。

在相關問卷調查裡，受測者一直會低估，普遍認為只有約20%的人的基本需求得到滿足，但各題的正確答案多半都是接近80%，甚至高達90%。比方說，兒童接種疫苗的比例：88%。家中有電的比例：90%。女孩就讀小學的比例：90%。慈善團體與新聞媒體提出乍聽可怕的數字，不斷呈現受苦個案的畫面，讓人對世界的認知失真，普遍低估了上述的比例與種種進步。

不僅如此，我們在某些方面則會高估，比如外來移民的比例，或是反對同性戀者的比例。至少在美國和歐洲，我們都高估了這兩項比例。

失真型直覺讓我們把有限的注意力與資源放在個案上，放在特定受害者上，放在眼前的具體事物上。如今基於可靠的數據，我們能以全球為對象，進行當年我在納卡拉做的那種比對，而比

對的結果如出一轍：在第一和第二級國家，挽救孩童性命的不是醫生和病床。醫生和病床的數目很容易算，政治人物又愛大興土木蓋醫院，但兒童存活率的上升幾乎全得歸功於醫院以外的預防措施，歸功於當地護理師、助產士，以及受過良好教育的父母。母親尤其重要：數據指出兒童存活率的上升有一半是因為母親識字。如今更多小孩能活下來，是因為沒有在一開始就生病。受過訓的助產士在婦女懷孕與生產時提供協助，替小孩接種疫苗；小孩有足夠的食物，不必挨餓受凍；父母讓他們保持乾淨，周圍的人懂得洗手；母親看得懂藥罐上的字。如果你想出錢改善第一和第二級國家人民的健康，你該把錢投入小學、護理教育和疫苗，至於豪華體面的大醫院，先緩一緩。

如何扭轉失真型直覺偏誤？

你只需要兩個神奇工具就能扭轉失真型直覺偏誤：比對與除法。你說什麼？你早就都知道了？很好，那你所需要的就是開始讓工具派上用場，化為習慣！我來告訴你怎麼做。

比對數字

如果你不想誤判某個事物的重要性，最重要的就是別看單獨的數字。永遠別讓數字落單。永遠別認為單獨一個數字會有意義。如果別人給你一個數字，你永遠得至少多要一個數字，有個比對的對象。

對龐大數字尤其要小心。這很奇怪,但數字大到某程度之後,如果沒有比對基準,總會看起來特別大,而大的數字難道會不重要嗎?

420 萬個死嬰

2016 年總計有 420 萬個嬰兒死去。

這是聯合國兒童基金會發布的全球 1 歲以下嬰兒死亡數。我們常在新聞上看到這種聳動的單獨數字,不然就是從社運團體的文宣上看到,因而情緒激動。

誰有辦法想像 420 萬個嬰兒死去啊?這太糟糕了。當我們知道他們幾乎都是死於很容易預防的疾病,更是覺得糟糕透了。而且誰敢說 420 萬這個數字不大?你也許認為沒人敢說,但這樣想就錯了。這正是我提這個數字的原因。這個數字並不大:而是相當小。

如果我們開始想像每個死嬰的父母,想像他們原本還期待看到自己的孩子露出微笑、走路和玩耍,結果卻變成得埋葬他們,那麼這個數字會讓我們落淚好一陣子。可是淚水能幫到誰呢?我們還是對人類的苦難清楚思考一下吧。

420 萬是 2016 年的數字。前一年,數字是 440 萬。再前一年,450 萬。回到 1950 年,數字是 1,440 萬。跟現在相比,那時每年多了將近 1,000 萬個嬰兒失去性命。這個原本恐怖的數字忽然間變小了。事實上,自有統計數據以來,這數字從沒這麼小過。

我當然一心希望這個數字變得更小,趕快再變更小。然而,

談到怎樣行動,談到怎樣妥善分配資源,最重要的是,我們得冷靜算一算,弄清哪些措施有效,哪些措施則否。有一點很清楚:可以避免的死亡愈來愈多。如果不比對數字,我們永遠不會真正認清這一點。

一場大戰

敘利亞戰爭之於現在,就像越戰之於我那世代。

1972 年,聖誕節的兩天前,7 枚炸彈擊中越南河內的白梅醫院,奪走 27 名病患與醫護人員的生命。當時我在瑞典的烏普薩拉大學學醫,我們有許多醫療器材和黃色毛毯,阿妮塔和我組織了一個物資蒐集活動,用箱子打包後寄給了白梅醫院。

15 年後,我在越南評估一個瑞典的援助計畫。某次午餐時間,我吃著我的飯,旁邊坐著一個當地同事,是個姓任的醫師。我問起他的背景,他說當年炸彈落下時他就在白梅醫院裡,之後協調大家把全球各地的援助物資拆封。我問他是否記得幾條黃色毯子,在聽到他描述料子花樣時不禁一陣雞皮疙瘩,彷彿我們是一輩子的老友。

週末我請他帶我去看越戰的紀念碑,他說:「你是指『抗美戰爭』吧。」當然,我早該想到他不會稱那場戰爭是越戰。他載我到市區的一座公園,看一塊小石塊,90 公分高,上面有一塊黃銅牌子。我心想這是開玩笑的吧。在西方,對越戰的抗議團結了一代熱血分子,還使我忙著把毛毯和醫療器材寄到越南。超過 150 萬個越南人和 58,000 個美國人死於越戰,結果這座城市竟然

這樣紀念一場大災難?他看到我的失望,載我去看另一個比較大的紀念碑:大理石碑,3.5 公尺高,用來紀念從法國殖民統治下取得獨立。我還是覺得不夠起眼。

他問我是否準備好去見識像樣的戰爭紀念碑,接著載我到遠一點的地方,指向窗外。我從樹頂上看到一座大大的金塔,大概快 100 公尺高吧。他說:「這是我們紀念戰爭英雄的地方,很美吧?」這是對中國戰爭的紀念碑。

越南對抗中國的戰爭斷斷續續持續了 2,000 年,法國占領越南 200 年,「抗美戰爭」僅短短 20 年。紀念碑的大小完全反映時間長短。唯有當我把這些紀念碑一比對之後,我才明白「越戰」對現在的越南人相形微不足道。

熊與斧

38 歲的瑪莉·拉森死於頭部遭斧頭多次劈砍。那是 2004 年 10 月 17 日晚上,她的前伴侶闖進她位於瑞典北部小鎮皮特奧的住家,等待她自投羅網。這起殘酷悲劇導致她的 3 個小孩失去母親,但全國性媒體很少報導,連地方報紙也談得不多。

同一天,一個也住在瑞典遙遠北部的 40 歲父親,在外出打獵時被熊攻擊致死。他名叫約翰·費斯特路,有 3 個孩子,而且是瑞典自 1902 年起第一個被熊殺死的人。這也是一起殘酷悲劇,重點是相當非比尋常,所以全瑞典的媒體紛紛大篇幅報導。

在瑞典,一整個世紀只有 1 個人被熊殺死。相較之下,每 30 天就有 1 名女性遭伴侶殺害。兩者相差 1,300 倍。但再多一宗

家暴命案並沒有引起關注,死於熊襲則是重大新聞。

無論媒體報導讓我們怎麼想,這兩個人的死亡同樣是可怕悲劇。無論媒體報導讓我們怎麼想,在乎挽救性命的人應該更關切的是家暴,而不是熊襲。

當你一比對數字,就清楚無疑。

結核病與豬流感

不成比例的媒體報導還有其他例子。

1918 年,西班牙流感讓全球人口減少約 2.7%。如今這種沒有疫苗的流感大爆發仍是一大威脅,我們全該非常嚴肅看待。2009 年的最初幾個月,數千人死於豬流感,新聞大幅報導了兩週。然而,跟 2014 年的伊波拉疫情不同,感染者人數沒有倍增,甚至沒有直線上升。我跟其他人的結論是這場流感沒有剛開始爆發時那麼可怕,但新聞讓民眾害怕了好幾個星期。

最後我對這種狂熱感到厭煩,拿死亡人數與報導熱度比對了一下。兩週裡,31 人死於豬流感,在 Google 可以搜尋到 253,442 則報導,等於每名死者平均有 8,176 則報導。同樣的兩週裡,我估算約有 63,066 人死於結核病,幾乎都是在第一和第二級的國家,結核病在那裡仍是一大殺手,雖然現在已有治療方法。不過結核病是傳染病,還可能出現抗藥性,在第四級國家可能奪走許多人命。每位結核病死者只有 0.1 則報導。相較於結核病死者,每名豬流感死者獲得 82,000 倍的關注,雖然兩種死亡同屬悲劇。

80/20 法則

失真誤判很容易犯，幸好我們有些簡單工具可用。每當我必須比對許多數字並想出最重要的那一個，我會用史上最簡單的思考工作：找最大的那些數字。

這就是 80/20 法則的妙用。我們往往假定一串數字同樣重要，但通常是其中少數幾個比其他全部加起來還重要。無論是死亡原因或預算清單，我總是先聚焦在那些占 80％ 的項目，設法了解，問自己說：那 80％ 在哪裡？為什麼這麼大？有什麼意涵？

舉個例子，【圖 5-1】是全球各類能源的清單，按英文字首字母排列：生質燃料、煤、天然氣、地熱、水力、核能、石油、太陽能和風力。這樣一列，每種好像同樣重要。不過如果我們根據各自占人類能源的用量排列，其中三種比其餘的加總還多。

【圖5-1】2016年全球能源消耗量
全球能源消耗量（100兆瓦小時，TWh）

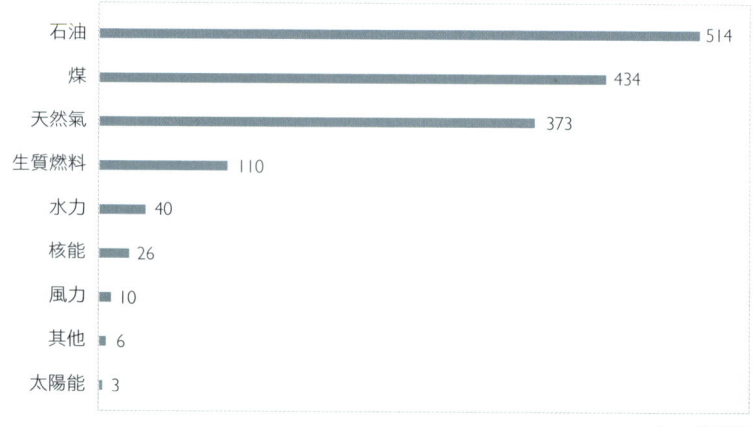

石油	514
煤	434
天然氣	373
生質燃料	110
水力	40
核能	26
風力	10
其他	6
太陽能	3

Source: Smil 2017

現在我用 80/20 法則來建立概略的了解，發現石油、煤加天然氣占我們所用能源的 80%：事實上是 87%。

我是在替瑞典政府審核援助計畫時，第一次發現 80/20 法則的管用。在多數計畫案上，約 20% 的項目會耗 80% 以上的預算，只要你先確實了解這些項目，就能省下一大筆錢。

多虧這個做法，我才發現越南鄉間的小健康中心想拿半數援助經費去買 2,000 把種類不對的手術刀，發現即將送往阿爾及利亞某難民營的嬰兒奶粉超量 100 倍（400 萬公升），還阻止 20,000 顆人工睪丸被送到尼加拉瓜的一小間青少年診所。每次我都只是檢視哪幾個項目占 80% 的預算，然後細看是否有不對勁的地方。以這幾個例子來說，問題都出在一點小誤會或小錯誤，比如少了小數點。

80/20 法則就是這麼簡單好用，重點是你要記得去用。現在我再舉一個例子。

世界人口的認證密碼

如果我們知道現在全球多數人生活在哪裡，未來全球多數人又生活在哪裡，就可以更了解世界，替世界做出更好的決策。全球的市場在哪裡？網路用戶在哪裡？日後觀光客會來自哪裡？多數貨輪是開到哪裡？諸如此類。

真確問題 8

現今全球約有 70 億人,下列哪張圖正確呈現人口分布的狀況?(每個人像代表 10 億人)

全球人口分布 每個人像代表10億人

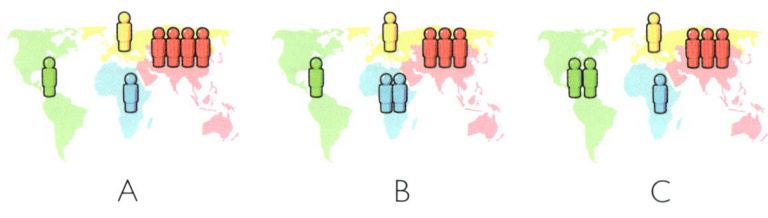

A　　　　　　　　B　　　　　　　　C

　　這是受測者答得最好的幾題之一,答對率幾乎要追上黑猩猩了,跟隨機亂猜一樣厲害。這本書看到現在,這確實是個了不起的成就。看吧,一切關乎你拿什麼比對!

　　70%的受測者還是選錯了答案,讓 10 億人住在不對的洲上。70%的受測者不知道多數人是住在亞洲。如果你真的很關注永續發展、自然資源或全球市場,怎能搞錯 10 億人所在的位置呢?

　　正確的地圖是 A。世界人口的認證密碼是 1－1－1－4。這是記住這張地圖的方法,從左到右,以 10 億人為單位。美洲:1、歐洲:1、非洲:1、亞洲:4(這只是取整數)。就像所有認證密碼,這一組也會變。根據聯合國的預測,到了本世紀末,美國與歐洲的人口幾乎不變,非洲增加 30 億人,亞洲增加 10 億人。到了 2100 年,新的認證密碼會是 1－1－4－5,全球超過 80%的人口住在非洲和亞洲。

如果聯合國的人口成長預測正確，而且亞洲和非洲的所得像現在這樣持續增加，那麼全球市場的中心在這二十年將從大西洋轉移到印度洋。現在北大西洋周圍富裕國家的人口占全球人口的11%，占第四級消費者市場的60%。到了2027年，如果全球各地的所得還像現在這樣繼續增長，市場占比會降至50%。到了2040年，60%的第四級消費者不是生活在西方，見【圖5-2】。是的，我認為西方很快將不再主宰全球經濟。

北美和歐洲的人需要知道，全球多數人是生活在亞洲。談到經濟實力的強國，「我們」正變成那20%，而非80%。不過「我們」當中許多人仍想著過往榮光，無法把這些數字裝進腦裡，不只誤判我們的戰爭紀念碑在越南該有多大，也誤判我們在未來全球市場的重要程度。很多人甚至忘記以妥善態度對待那些未來會主導貿易談判的人。

【圖5-2】非西方人很快會成為第四級裡的多數
全球西方人與非西方人的所得占比

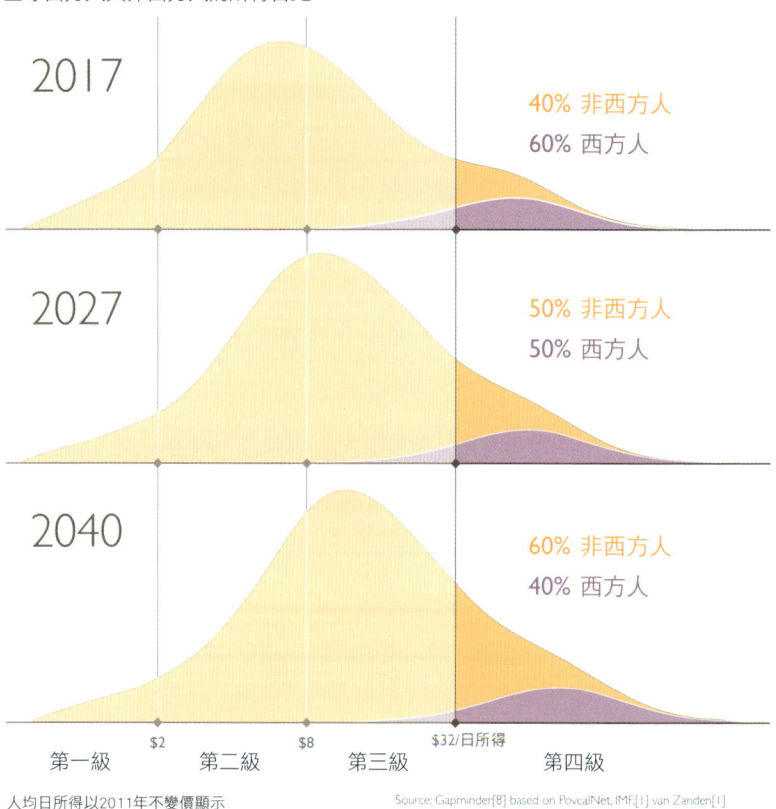

2017
40% 非西方人
60% 西方人

2027
50% 非西方人
50% 西方人

2040
60% 非西方人
40% 西方人

$2　第一級　第二級　$8　第三級　$32/日所得　第四級

人均日所得以2011年不變價顯示

Source: Gapminder[8] based on PovcalNet, IMF,[1] van Zanden[1]

善用除法

當我們遇到一個很大的數字，找出背後意義的最好方法通常是拿某個總數去除。就我的工作來說，那個總數通常是總人口。

當我們拿一個數字（比如香港的兒童數）除以另一個數字（比如香港的學校數），我們會得到一個比例（香港每間學校的平均學生數）。數字容易生出來，所以比較好找，有些人只單看總數，但比例通常更具意義。

除線下的趨勢

我想回到 420 萬個死嬰的例子。在本章稍前的部分，我們拿 420 萬個死嬰比對 1950 年代的 1,440 萬個死嬰，但搞不好只是現在每年的新生兒變少，所以死掉的嬰兒也比較少？當你看到某個數字在下降，有時其實是因為其他某個背景數字也在下降。為了確認，我們需要拿總死亡數除以總出生數。

1950 年，9,700 萬個嬰兒出生，1,440 萬個嬰兒死亡。我們拿死亡數（1,440 萬人）除以出生數（9,700 萬人），得到的比例是 15%。因此，在 1950 年，每 100 個嬰兒裡會有 15 個無法活到 1 歲生日。

現在我們來看最新的數字。2016 年，1 億 4,100 萬個嬰兒出生，420 萬個嬰兒死亡。兩者一除，比例是 3%。全球 100 個新生兒裡，只有 3 個活不到 1 歲。哇，嬰兒死亡率從 15% 降到 3%！當我們比對死亡率，而非單看死亡數，最新的數字突然就變成低得驚人。

有些人覺得這樣拿人命來計算很可恥，但不這樣計算，我反倒感到可恥。看到單單一個數字時，我總會懷疑做出錯誤解讀。而一個經過比對與除法的數字，反倒能讓我生起希望。

人均

「根據預測,中國、印度和其他新興經濟體的二氧化碳排放量正迅速增加,日後唯恐導致嚴重的氣候變遷。事實上,中國的二氧化碳排放量已經超過美國,印度也超過了德國。」

上面這段直言出自歐盟某個國家的環保署長。他在 2007 年 1 月達沃斯世界經濟論壇的氣候變遷委員會上,以中性語氣講出這段指控,彷彿這是不證自明的事實。不過如果他瞄了中國與印度委員的臉色,也許會發現這根本並非不證自明。中國委員露出怒氣,但只是瞪視前方。印度委員則根本坐不住,揮了揮手,幾乎等不及主席示意他發言。

他站了起來,看著每個委員的臉,現場出現短暫的安靜。他包著典雅的深藍頭巾,身穿價值不菲的深灰西裝,在盛怒下流露這些舉止,再再凸顯他那印度最高階官員的身分,以及在世界銀行和國際貨幣基金組織長年擔任首席專家的歷練。他朝富裕國家的委員把手一揮,以宏亮語氣指責:「我們會統統陷入這個棘手局面全是因為你們,因為你們這些最富裕的國家。你們燃燒愈來愈多的煤和石油,燒了超過一世紀了。你們,而且只有你們,才是害大家處在氣候變遷邊緣上的元凶。」接著他突然改變姿勢,雙手合十,鞠躬,以非常客氣的輕聲說:「不過我們原諒你們,因為你們不知道自己在做什麼。不知者無罪,我們永遠不該事後回頭怪罪任何不知道自己造成了何種危害的人。」然後他站直身子,說出最後一句話,如同法官在宣布判決,邊說邊緩緩動著高

舉的食指強調每一個字:「不過現在起我們用『每人平均』來計算二氧化碳排放量。」

我大為贊同。對於以全國總排放量指責印度和中國的說法,原先我已經有一陣子感到愕然。這就像宣稱肥胖問題在中國比在美國嚴重,理由是全中國人民的體重比全美國人民來得重。各國人口天差地別,拿全國總排放量批評很沒道理。照這邏輯,挪威的人口僅五百萬,每個人幾乎可以愛怎麼排放二氧化碳都行。

就這情況來說,全國總排放量的巨大數字需要除以各國人口,彼此才能得出有意義且可比較的數據。無論是對 HIV、GDP、手機銷售、網路用戶或二氧化碳排放量,以人均來論大多更具意義。

外頭是很危險的

史上最安全的生活,就是現在第四級國家的生活。多數危險統統消除了。然而,很多人還是憂心忡忡。

他們掛念「外頭」的各種災難。天災奪走無數生命,傳染病肆虐橫行,班機不時墜毀。種種悲劇發生在外頭,在地平線的彼方。這有點怪吧?種種可怕事情很少發生在「這裡」,也就是我們生活的超安全地方,但在「外頭的彼方」,壞事彷彿天天上演。不過要記得,「外頭」有幾百萬個不同地方,而你只住在一個地方,所以當然外頭發生更多壞事:外頭遠比這裡大得多。因此,即使外頭所有地方都像你的這地方那麼安全,成千成百個可怕悲劇仍會在外頭上演。不過如果你追蹤個別地方的消息,就會赫然

發現多數地方安然無事。每個地方只在出事那天出現在你的螢幕上,其他日子則無消無息。

比對與除法

每次我在新聞報導裡看到單獨的數字,警鈴就響起來:這個單獨的數字該跟什麼做比對呢?1年前的數字如何?10年前呢?在可以相比的其他國家與地區是如何呢?此外,該拿什麼來除呢?總數是如何呢?人均是如何呢?等我把除完的結果加以比對,最後才能決定這數字是否真的重要。

求真習慣

為了克制失真型直覺偏誤,你得按比例認知事物。如果看到某個單獨的數字顯得很驚人(數字很大或很小),不妨試著拿來與相關數字比對或相除,也許會有截然不同的感受。

- **比對**:巨大的數字總是驚人。單獨出現的數字會造成誤導,你該謹慎看待,永遠要找相關數字互相比對,最好還要找某個數字相除。
- **80/20 法則**:你是否曾經需要檢視一大堆項目?不妨找少數最大的項目,優先處理,那些往往比其他全部加起來更重要。
- **除法**:數字與比例可能透露天差地別的資訊。比例較有意義,在比較不同大小的群體時尤其是這樣。在比較國家或地區時,特別得看人均比例。

CHAPTER **6**

概括型直覺偏誤

為什麼我要說有關丹麥人的謊？
為什麼房子只蓋一半是妙招？

獻上晚餐

橘黃夕陽正在刺槐後方落下,落在剛果河南邊班頓杜省的平原上。這裡是窮鄉僻壤,你走到馬路都沒了,還得再走半天才能到這裡,居民過著赤貧的生活:他們困在山後,馬路到不了的地方。我和同仁妥爾基這天跟村民訪談,問他們營養攝取的事,現在他們想替我們辦場歡迎大會。從來沒人走這麼遠來關心他們的問題。

像 100 年前的瑞典村民那樣,他們把所能找到最大塊的肉獻給客人,表達感激與重視之情。所有村民把妥爾基和我圍在中間,獻上我們的晚餐,只見兩片大大的綠葉子上面,赫然躺著兩隻完完整整的剝皮烤老鼠。

我好想吐,卻發現妥爾基開始吃了起來:我們整天工作沒吃東西,早就餓得要死。我看一看四周,村民紛紛對我露出期待的笑容。沒辦法,我只好硬著頭皮吃了。味道其實還不壞:有點像雞肉。基於禮貌,我嚥下去時試著擠出開心表情。

再來是甜點時間:滿滿一整盤從棕櫚樹上抓的肥滋滋白色幼蟲。這些蟲子實在超大隻,每隻都比我的大拇指更長、更粗,靠自己的肥油稍微炸過,而且我很懷疑是不是炸得太「稍微」了一點?因為感覺身體明明還會動啊。偏偏村民對獻出這盤美味佳餚相當驕傲。

別忘了,我可是會吞劍,理應能把任何東西塞進喉嚨裡,況且我對吃從不挑剔:我甚至吃過蚊子粥呢。可是,不行啦,這玩

意兒我實在沒辦法。這些蟲子的頭部像是小小的棕色堅果，粗肥身軀像是皺巴巴的半透明棉花糖，腸子根本一覽無遺。可是村民還在用手勢教我先把蟲子咬成一半，再吸吮裡面的內臟。天啊，如果我真的吃了，包準連剛才的烤老鼠一起吐出來，但我又不想傷害他們的感情啊。

還好我突然想到一個好主意，微微一笑，語帶惋惜的說：「唉，不好意思，我不能吃蟲。」

妥爾基轉頭錯愕地看著我，好幾隻蟲子從他的嘴角垂在外頭。他很愛吃這些蟲。先前他以教士身分在剛果服務，**蟲蟲大餐**是每週的重頭戲，他足足享用了一整年。

「我們不吃蟲的。」我試著裝得很誠懇。村民看向妥爾基。

「可是他在吃啊？」他們問。妥爾基盯著我看。

「喔，他是另一個部落的。」我說：「我來自瑞典，他來自丹麥。在丹麥，大家很愛吃蟲。在瑞典，吃蟲違反我們的文化。」村裡的老師走去拿來世界地圖，我指著分隔兩國的海。「在海的那一邊，他們會吃蟲。」我說：「在這一邊，我們不吃。」我很少公然扯謊到這地步，卻奏效了。村民開開心心互相分著我的甜點。任何人、任何地方，統統知道不同部落有不同習俗。

概括型直覺

人總是下意識地自動把事物分類與概括。這不是偏見或高明，而是對頭腦運作實屬必要，讓種種想法能有個架構。想像一

下，如果我們把每個物品或情況視為獨一無二——那麼我們甚至無法有一套語言來描述周遭世界。

概括型直覺很必要與有用，但水能載舟，亦能覆舟，它和這本書裡的其他直覺一樣，也有可能扭曲我們對世界的認知。概括型直覺可能讓我們誤把多個事物、人或國家歸為一類，但它們其實大不相同。概括型直覺可能讓我們假定同一分類下的所有東西或人都很類似。也許最糟糕的是，概括型直覺可能讓我們抓著某個分類裡的幾個特例、甚至一個特例，就套用在整個分類上。

媒體再次是這種直覺的好朋友。概括誤導與刻板印象是媒體傳遞訊息的簡便方法，報紙上常見到這類標籤，比如鄉間生活、中產階級、媽媽超人和幫派分子。

當許多人意識到某種有問題的概括分類，它就被稱為「刻板印象」。關於種族與性別的刻板印象是最常見的。這些刻板印象會引發許多嚴重的問題，但錯誤概括造成的問題可不只如此。它是我們理解各種事物的障礙。

二分化直覺把世界分成「我們」和「他們」，而概括型直覺則讓「我們」把「他們」想成一模一樣。

你是在第四級國家的企業工作嗎？概括型直覺很可能讓你錯失大多數潛在消費者和供應商。你是在大銀行的投管部門工作嗎？你很可能會把客戶的錢投資在錯誤的地方，原因是你把截然不同的人歸類在一起。

真確問題 9：
現今全球多少 1 歲兒童有接種疫苗？
☐ （A）20%
☐ （B）50%
☐ （C）80%

　　一般的民調與問卷公司沒辦法問到大型企業和政府單位的人員，所以我無法靠他們的調查結果比對不同專家的無知程度，這是我開始在演講開頭考觀眾的原因之一。過去 5 年間，我在 108 場演講考了 12,596 個觀眾，而這題答得最淒慘。在【圖6-1】裡，我列出 12 組專家選到最不正確答案的比例。

【圖6-1】真確問題9的回答狀況：選到最錯答案的比例
現今全球多少1歲兒童有接種疫苗？（正解：80%。最錯的答案：20%。）

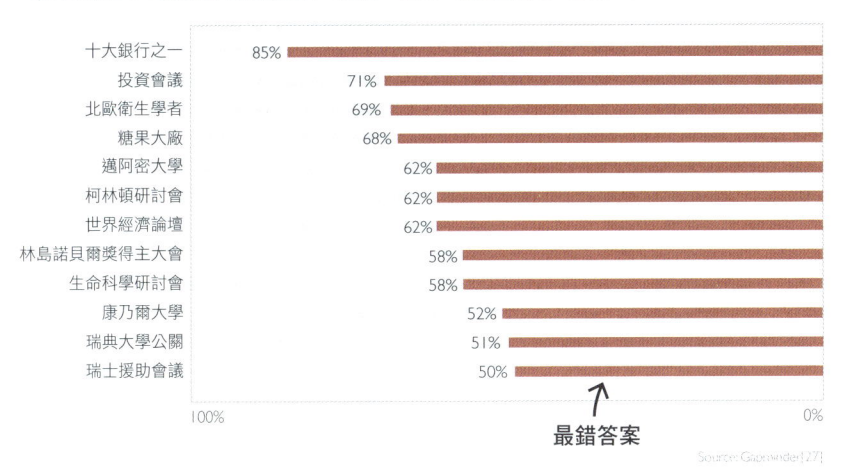

組別	比例
十大銀行之一	85%
投資會議	71%
北歐衛生學者	69%
糖果大廠	68%
邁阿密大學	62%
柯林頓研討會	62%
世界經濟論壇	62%
林島諾貝爾獎得主大會	58%
生命科學研討會	58%
康乃爾大學	52%
瑞典大學公關	51%
瑞士援助會議	50%

↑ 最錯答案

Source: Gapminder[27]

最糟的答題狀況出自某間全球十大銀行總部的全球財務經理年會。由於我簽了保密條款,不能說是哪一間。在現場 71 位西裝筆挺的經理人當中,竟然有高達 85% 的人認為,全球接種過疫苗的兒童只占極小比例。這是最錯誤的答案

疫苗從出廠到打進兒童的手臂之間需要全程保持低溫。先裝在冷藏貨櫃裡,由貨輪運到全球各地的港口,然後搬上冷藏貨櫃車,載到地方上的衛生診所,保存在冰箱裡。這整個低溫物流稱為「冷鏈」。如果冷鏈要妥善運作,所有相關基礎建設都需要到位,包括運輸、電力、教育和醫療保健等方面。這跟建立新工廠所需的基礎建設一模一樣。事實是:現今 88% 的 1 歲兒童接種過疫苗。大銀行經理人卻認為僅 20% 的 1 歲兒童有接種,這代表他們在工作上的失職,錯失巨大的投資機會(而這些機會可能正是全球增長最快區域中最有利可圖的)。

當你在腦中有一個「他們」的類別,把全球絕大多數人歸進裡面,就犯了這種錯誤假定。你是依據什麼畫面來想像這個類別裡的生活?是依據新聞裡最悲慘驚人的畫面嗎?我想,在答題的當下,第四級國家的作答者正是這麼想像,結果錯得離譜。新聞上的悽慘畫面最終化為我們對多數世人的刻板印象。

每次懷孕會造成大約 2 年的停經。如果你是衛生棉製造商,這對生意可不好。因此,你該知道全球每名婦女的生子數正在下降,為此大感開心。你也該樂得知道愈來愈多女性受過教育,在外工作。由於這種發展,接下來幾十年間商機暴增,第二和第三級國家數十億名女性會買更多你的商品。

然而，我參加一家全球衛生用品龍頭大廠的內部會議時赫然發覺，多數西方製造商完全沒看到這個良機。論及找出新顧客，他們通常只想著開發第四級國家 3 億名女性的新需求。「我們來推出一款針對比基尼的超薄衛生棉怎麼樣？推出可以穿在緊身褲裡的隱形衛生棉怎麼樣？還是一款適用各種服裝、場合與運動的萬用型衛生棉呢？乾脆替愛登山的女性推出特別款吧！」所有衛生棉都很小，最好一天就更換好幾次，但就像多數富裕國家的消費者市場那樣，基本需求已經得到滿足，各種商品徒勞的廝殺，想開發更細分的市場需求。

另一方面，在第二和第三級國家，大約 30 億名女性只有寥寥幾種商品可選。她們不穿緊身褲，也不會花錢買超薄衛生棉，只需要物美價廉的衛生棉，出外上班時能穿一整天不必更換。她們如果找到喜歡的商品，很可能就買那個牌子一輩子，還推薦給自己的女兒繼續用。

這邏輯適用於許許多多其他消費性商品，我在數百場演講都向企業家講述這一點。全球多數人口正爬上更高的所得等級。到 2040 年，第三級的人口會從 20 億增加到 40 億，世上絕大多數人都正晉升成消費者。如果你誤以為世上多數人窮到什麼都買不起，可能錯失史上最大的經濟機會，還在把行銷預算砸在吸引歐洲大城的有錢潮女購買「瑜伽族」衛生棉。企業需要對世界抱持基於事實的認知，方能運籌帷幄，找出未來的顧客。

撞上現實

你需要概括型直覺才能過日常生活,而且搞不好這直覺哪天還能讓你逃過一劫,不必吃噁心的食物。我們都需要分類。問題是要知道哪些簡單分類會導致偏誤,比如「已開發」和「開發中」國家就該換掉,改成四個所得等級。

要做到這點,其中一個極好的方式是:只要可行,就去旅行。正因為這樣,我讓我在卡羅林斯卡學院的公衛學生到第一、第二和第三級國家,在當地大學上課,參觀醫院,住在當地人家裡。親身體驗最重要。

這些學生多半是瑞典的天之驕子,想讓世界變得更好,卻並不清楚世界的真貌。他們當中有些會說自己有在旅行:但通常他們是在生態之旅的旅行社旁喝著咖啡,從未踏進當地人的家裡。

在印度喀拉拉邦首府特里凡得琅的第一天,或在烏干達首都坎帕拉的第一天,他們通常大吃一驚,沒想到這些城市如此井然有序,有交通號誌,有汙水系統,沒有人在街頭垂死。

第二天,我們通常會參觀公立醫院。牆壁沒粉刷,沒裝冷氣,60個人擠在一間大病房,他們看到此情此景交頭接耳,說這地方一定非常窮。我得跟他們解釋說,非常窮的赤貧地區根本連醫院都沒有,赤貧的婦女是在泥地上產子,由未受訓練的產婆接生,產婆還是半夜赤腳走路過來。院長幫忙解說,在第二和第三級國家這邊,牆壁是刻意不粉刷,原因不是付不起油漆錢,而是藉此讓比較有錢的患者別來這裡就醫,省得他們要求昂貴耗時

的治療，院方能把有限的資源運用得更有效率，醫治更多病患。

學生接著得知一位患者剛確診糖尿病卻付不起胰島素的錢，紛紛大惑不解：既然這裡能檢查出糖尿病，想必是一間不錯的醫院，怎麼患者連胰島素都付不起。然而，這在第二級國家司空見慣：公衛系統會支付特定檢查、急診費用和低價藥物，大幅降低了死亡率，但沒錢負擔糖尿病這種藥價昂貴的慢性病（除非藥費下降）。

之後，一位學生險些為對第二級國家生活的錯誤認知付出慘痛代價。那時我們在印度喀拉拉邦參觀一間八層樓高的私人醫院。環境良好，設備現代，我們在大廳等一個遲到的同學。15分鐘後，我們決定不再等她，穿過走廊，走進一座大到能容納好幾張病床的大電梯。負責帶我們的加護病房主任伸出手，按下六樓的按鈕，正當門開始要關，我們看見那位金髮女同學衝進醫院大廳。「這邊，跑快一點！」她朋友從電梯裡大喊，還伸出一條腿擋住即將關上的電梯門。接下來一切讓人措手不及。電梯門繼續關上，緊緊夾住她的腿，她痛得驚聲大叫，接著電梯開始往上升，她叫得更加淒厲。就在我意識到她的腿即將被電梯往上帶到門頂夾死時，那個主任衝向前按下紅色的緊急停止按鈕，叫我幫他一把，我們齊力把門往兩旁拉，她血紅的腿才終於脫困。

事後那個主任看著我說：「我從來沒見過這種事。你們怎麼會讓這麼笨的學生讀醫科？」我解釋說瑞典所有的電梯門都有感應器，如果有東西在中間，門會立刻停止關閉並重新打開。那個主任面露困惑：「那你們怎麼確定這種先進技術每次都不會故

障?」我回答時覺得很蠢:「從來沒有故障過。我想是因為有嚴守安全法規與定期檢查。」他看似沒很相信:「這樣喔,所以你們國家太安全了,安全到外面世界對你們來說很危險。」

我能向你保證那女學生一點也不笨,只是誤把在第四級國家使用電梯的方式套用到所有國家。

最後一天,我們有一場小小的歡送會。在這種歡送會上,我有時會得知別人對我們的概括印象。在印度的這次,我的女學生準時到場,個個穿著當地買的繽紛紗麗(受傷女學生的腿復原得很好)。10 分鐘後,男學生才到場,顯然還宿醉,身上穿著破牛仔褲和髒 T 恤。印度法醫學界執牛耳的大教授湊過來對我低聲說:「我聽說你們國家是自由戀愛結婚,但那是騙人的吧。看看這些男的。如果不是父母在後面逼,誰會想跟他們結婚?」

當你走訪其他國家的真實生活,而且不只是待在背包客的咖啡廳,就會發覺家鄉習以為常的那套方式,可能無用武之地,甚至導致危險。

我的第一次

我不是在批評我學生。我自己也好不到哪去。

1972 年,當醫學生的第四年,我到印度邦加羅爾的醫學院學習。第一堂課是看腎臟的 X 光片。我看到一張 X 光片,認為一定是腎臟癌,但出於對同學的尊重,決定先等一會兒再說出來,別像在炫耀本事。但許多隻

手舉了起來，印度同學們一個個講述怎樣診斷這個癌症最好，通常會是怎樣擴散，最佳療法又是什麼。他們一個接一個足足講了 30 分鐘，回答出我覺得只有主治醫師才會答的難題。我發覺自己犯了很蠢的錯誤，那就是走錯教室，他們絕對不是四年級學生，根本已經是專科醫師。他們全分析完了，我沒什麼可以補充的。

下課了，大家往外走，我對一個同學說其實我該上的是四年級的課。他說：「我們就是啊。」我大吃一驚。他們額頭點著種姓階級的符號，和蠻荒的棕櫚樹比鄰而居，怎麼會懂得遠比我多？接下來幾天，我發現他們的教科書比我的厚 3 倍，而且還足足讀過 3 遍。

這是我第一次突然得改變對世界的認知：我以為我來自瑞典，所以高人一等，西方傲視全球，其他人永遠追趕不上。45 年前的那一刻，我明白西方無法再主宰世界多久了。

尋找更好的分類

如果你無法旅行，別擔心，還是有其他避免錯誤分類的方法。

安娜始終說我和學生的旅行不適用於多數人。談到讓多數人了解世界，這根本是一種不可行的天真做法。很少人會把辛辛苦苦賺來的錢花在飛到遙遠異地，只為了試一試茅坑，感受第一、第二和第三級地區不怎麼樣的生活，沒有沙灘，沒有酒吧，沒有

豪華郵輪,也沒有夢幻的野生動物。

多數人同樣沒興趣研究全球趨勢與人口的數據。況且光看數據實在很難了解不同所得等級的生活是什麼樣貌。

還記得二分化直覺那章用來展現不同所得等級生活的照片嗎?那些照片全來自美元街網站(www.dollarstreet.org)。安娜打造美元街網站是為了讓不出門的人都能了解世界。現在你就算不出門,也能知天下事。

想像世上所有房子排在一條長長的街道旁,按所得分類,最窮的在左邊,最富的在右邊。其他人呢?你現在當然很清楚:多數人位於中間的某處。門牌號碼代表你的收入,鄰居是來自全球跟你有相同所得的人。

目前安娜已經請攝影人員到超過50個國家拜訪約300個家庭,以照片記錄他們怎麼吃飯、睡覺、刷牙和準備食物,記錄房子的建材,記錄他們怎麼替家裡保暖與照明,記錄馬桶和爐子等日常用具,總共記錄生活裡超過130個不同層面。光是這些照片就能出一整本書,反映不同國家但同一所得的家庭是多麼大同小異,同一國家但不同所得的家庭又是多麼天壤之別。

這些照片清楚顯示,**影響人們生活模式的最主要原因**,不是他們的宗教、文化,或所居住的國家,而**是他們的收入**。

在【圖6-2】中,這些牙刷來自不同所得等級的家庭。在第一級,你用手指或木棒刷牙。在第二級,全家共用一支塑膠牙刷。在第三級,人人一支牙刷。至於第四級你早就很熟了。

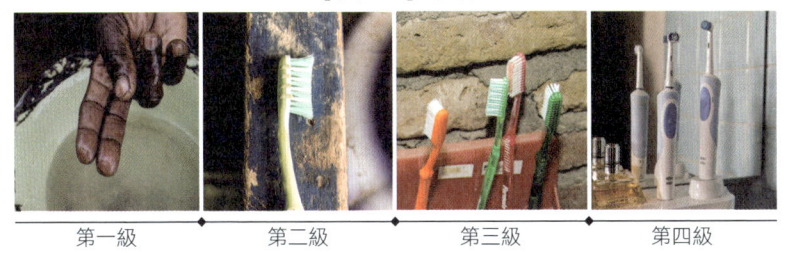

CHAPTER 6　概括型直覺偏誤　／　179

【圖6-2】牙刷

| 第一級 | 第二級 | 第三級 | 第四級 |

Source: Dollar Street

【圖6-3】第四級家庭的床鋪

墨西哥	中國	烏克蘭	瑞典
南非	約旦	南韓	巴基斯坦
越南	尼泊爾	肯亞	埃及

Source: Dollar Street

在【圖 6-3】中，第四級家庭的臥房（或廚房、客廳）看起來相差無幾，不論是在美國、越南、墨西哥、南非或世上任何地方都一樣。

事實上，當你身在第二級家庭，無論是在菲律賓、哥倫比亞或賴比瑞亞，生活的基本狀況都很相像。你家的屋頂七拼八湊，在下雨天你可能又溼又冷。見【圖 6-4】。

談到儲藏與準備食物的方法，中國的第二級家庭非常類似奈及利亞的第二級家庭，都是靠生柴火煮飯。見【圖 6-5】。

早上你去糞坑上廁所，臭味撲鼻而來，蒼蠅飛來飛去，但至少還有牆，能保有些隱私。見【圖 6-6】。

你幾乎每餐都吃一樣的東西，日復一日，週復一週，只能夢想著更可口多樣的食物。

供電不穩，燈泡閃來閃去。晚上停電時，你只能靠月光。你是另外掛個鎖來鎖門。

晚上睡前，你刷牙，牙刷是跟其他家人共用。你夢想著有一天不必跟阿嬤用同一支牙刷。

在媒體上，我們時時看到第四級的日常生活，看到其他級的災禍慘狀。在 Google 搜尋「廁所」、「床」或「爐子」，搜到的照片都是來自第四級。如果你想看到其他級的日常生活，Google 實在幫不上忙。

CHAPTER 6　概括型直覺偏誤　／　181

【圖6-4】第二級家庭的屋頂

菲律賓　　　　　　　哥倫比亞　　　　　　　賴比瑞亞

Source: Dollar Street

【圖6-5】第二級家庭的爐子

奈及利亞　　　　　　中國

Source: Dollar Street

【圖6-6】第二級家庭的廁所

印尼　　　　　　　越南　　　　　　　祕魯

Source: Dollar Street

質疑你的分類

如果你能時時假定自己的分類會誤導,那可很有幫助。在這裡我提出 5 個方法來質疑你偏好的分類:尋找同一類別裡的相異之處,不同類別裡的相似之處;當心「多數」;當心特例;假定你不是「正常」;當心從一個群體套用到另一個群體的做法。

尋找同一類別裡的相異之處,不同類別裡的相似之處

當你看到一個國家裡天差地別,不同國家間卻無比相似,跟文化或宗教無關,這時原本對各國的刻板印象就崩塌了。

還記得奈及利亞和中國的第二級家庭的鍋子有多像嗎?如果你只看中國的那張照片,大概會想:「喔,他們在中國就是這樣燒水,把鐵鍋放在三腳架上,下面點著火。這是他們的文化。」不對,那是第二級家庭常見的燒水方式,全球都一樣,跟所得有關。在中國和其他地方,人們也會用許多其他方式燒水,取決於所得等級,而非「文化」。

當有人說某些人怎樣做是因為其所屬群體(國家、文化或宗教等),你可得小心。在同一個群體裡是否有不同行為的例子?還是同一種行為出現在其他群體裡?

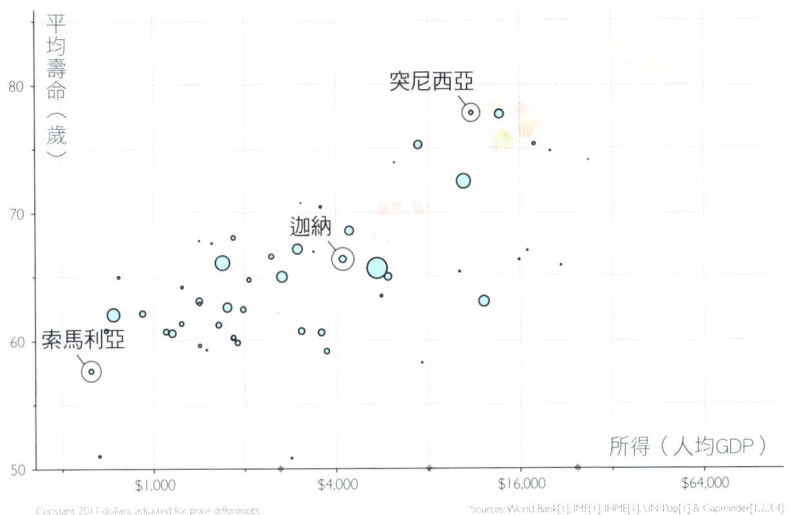

【圖6-7】非洲各國的健康與財富差異

非洲是一片廣闊大陸，54個國家，10億人口左右。在非洲，我們能看到人們生活於各種發展階段：我在【圖6-7】標出所有非洲國家。看一看索馬利亞、迦納和突尼西亞。談「非洲國家」和「非洲問題」不具意義，但人們成天這樣講。這會導致可笑結果，比如認為賴比瑞亞和獅子山共和國的伊波拉疫情會影響肯亞的旅遊業，但其實肯亞和那兩個地方位於非洲大陸的兩端，開車要100個小時，比倫敦到德黑蘭還遠。

當心「多數」

當別人說某個群體裡的多數具有某種特質，聽起來會像他們大多數是如此，但你要記得「多數」只代表超過一半，既可以是51%，也可以是99%，所以如果可能，就問清楚百分比吧。

比方說，下面是一句事實陳述：在全球所有國家，多數女性表示她們對避孕用品的需求有得到滿足。這句話告訴了我們什麼？意思是幾乎所有女性嗎？還是比一半多一點點？事實上，各國差異甚大。在中國和法國，96%的女性說她們對避孕用品的需求有得到滿足。許多國家為略低一點的94%，例如：英國、南韓、泰國、哥斯大黎加、尼加拉瓜、挪威、伊朗和土耳其。然而，在海地和賴比瑞亞，所謂「多數」只是69%；在安哥拉，更只有63%。

當心特例

當心別把特例當通則。化學恐懼症就是把幾種嚇人的有害物質當通則，有些人因此恐懼所有「化學物質」。不過別忘了，一切都是由化學物質組成，所有「天然」與人工產品都是。在這裡舉幾樣我覺得不可或缺的好東西：肥皂、水泥、塑膠、洗潔精、衛生紙和抗生素。

如果別人給你一個例子，想以此對某個群體下斷語，你該叫對方提出更多例子。不然你可以思考，相反的例子是否會讓你做出相反的結論。如果你樂於光是看到一個有害的化學物質就認為

所有化學物質都有害,那麼你能不能看到一個安全的化學物質就認為所有化學物質都安全?

假定你不是「正常」,而別人不是笨蛋

為了避免腳被電梯門夾到等悽慘的錯誤,你的經驗也許不代表「正常」,別把第四級國家的經驗貿然套用在其他國家,尤其在你會覺得別人是笨蛋的時候。

如果造訪突尼西亞,你會看到當地人過第一到第四級的不同生活,也許還會看到蓋到一半的房子,就像【圖 6-8】中首都突尼斯的沙希一家。這時你也許認為突尼西亞人很懶散隨便。

【圖6-8】

你可以上美元街網站看沙希家的生活。馬卜魯克52歲，擔任園丁。他太太賈蜜拉44歲，在家裡賣麵包。多數鄰居家同樣二樓蓋到一半。這在全球第一、第二和第三級地區隨處可見。在瑞典，如果有人家的房子蓋成這樣，我們會認為要不是房屋設計大有問題，不然就是建房子的人跑路了。可是你不能把瑞典的情況套用到突尼西亞。

沙希和許多類似的家庭其實找到了聰明方式，一舉解決幾個棘手問題。在第二級和第三級地區，家庭通常無從在銀行存錢，也無從貸款，所以為了存錢修房子，他們得把錢堆在家裡。但錢可能被偷，可能隨通膨貶值，所以他們不是存錢在家，而是只要錢一夠就買磚塊。雖然這樣就不怕貶值，但家裡沒地方擺磚塊，堆在外頭又怕被偷，不如買完就把磚塊砌在房子上，小偷無從下手。你無須信用等級調查，10到15年便得以慢慢替家人打造更好的家園。由此看來，你不應假定沙希一家很懶散隨便，而是明白他們很聰明，然後自問：他們怎麼會想出這種聰明辦法啊？

當心從一個群體套用到另一個群體的做法

我曾相信一個致命的錯誤概括套用，還幫忙推廣，結果這個套用害死了6萬條人命。如果當初公衛界更敏銳地質疑自己不當的套用，有些人命不必白白犧牲。

1974年某個晚上，我在瑞典小鎮上的超市買麵包，突然發現一個嬰兒處於可能危及性命的狀態。他躺在嬰兒車裡，媽媽背對他忙著選麵包，一般人看不出危險所在，但我剛從醫學院出

來，心中**警鈴響起**。我不想嚇到那位媽媽，所以忍著不衝過去，只是盡快提步走到嬰兒車旁，抱起仰睡的嬰兒，翻身再放下，讓他改成趴睡。那小傢伙甚至沒醒過來。

那媽媽倒持著一根麵包趨前準備攻擊我，我連忙解釋我是**醫生**，跟她說明嬰兒猝死症候群與公衛界給父母的新建議：別讓睡著的嬰兒仰睡，免得嘔吐物導致窒息。現在她的**寶寶安全了**。她既驚又喜，雙腿顫抖地繼續選麵包，我則洋洋得意的選好麵包，渾然不知我犯的大錯。

在二戰與韓戰，**醫護人員**發現昏迷士兵採俯臥比仰臥的存活率高，原因是仰臥時容易被自己的嘔吐物窒息，趴睡時嘔吐物則能流出，呼吸道保持暢通。這項觀察挽救數百萬人的性命，不只士兵受惠。「復甦姿勢」從此成為世上的最佳做法，全球所有急救課程都會教（在 2015 年尼泊爾大地震解救許多人命的救難人員統統學過）。

然而，一個新發現很容易過度概括套用。1960 年代，由於復甦姿勢取得成效，公衛界揚棄傳統做法，建議家長讓**寶寶趴睡**，好像只要無力而仰躺的人，就是需要採用這一套。

這種草率套用通常很難發現。邏輯看似正確。當看似無懈可**擊**的邏輯是基於善意，想看出錯誤更幾近不可能。儘管數據顯示嬰兒猝死率是不減反增，但遲至 1985 年一群香港小兒科醫師才確實指出趴睡可能是元凶。即使如此，那時歐洲醫界仍不怎麼留意。7 年後，瑞典當局才承認錯誤，把建議反過來。失去意識的士兵在仰睡時會被嘔吐物窒息而死，但睡覺的嬰兒不然，他們有

完全正常運作的反射反應，在仰睡姿勢下如果有嘔吐物會側過身子，在趴睡姿勢下則可能還沒力氣把重重的頭部偏斜，來保持呼吸道暢通（俯臥姿勢更危險的原因仍未完全明朗）。

當年那位媽媽怎麼可能意識到我在置她的**寶寶**於危險中？她本可以叫我證明，我會提出昏迷士兵的事。她也可能接著反問：「醫生大哥，這樣概括套用真的可以嗎？睡覺的嬰兒和昏迷的士兵完全不一樣吧？」就算她這樣問了，我也很懷疑自己當時真的能想通整件事。

前後十年左右，我親手把許多嬰兒從仰睡轉成趴睡，一心想避免窒息與挽救生命。歐洲與美國許多醫生與家長也這樣做，但遲至香港那份研究提出的18個月後，建議做法終於180度翻轉。成千上萬個嬰兒死於這個草率的概括套用，連有證據證實其危險後仍有許多嬰兒送命。概括套用能輕易躲在善意背後。

我只能期盼當年那個超市麵包區的嬰兒活了下來，只能期盼世人願意從這個現代公衛的巨大錯誤中學得教訓。我們都得努力避免把不可比較的群體概括套用，都得努力找出自身邏輯裡暗藏的不當套用。這類套用甚難發現，但當新證據出現時，我們務必樂於質疑先前的假定，重新衡量，如果確實錯了，就勇於承認。

求真習慣

為了扭轉概括型直覺偏誤，你要質疑分類。懂得察覺某個解釋當中用了概括分類，然後意識到分類可能會誤導。我們無法不概括分類，也不該設法不再分類，但該避免錯用。

- **尋找一個群體「裡面」的不同之處**：在群體很大時尤需如此，你得設法切分成更準確的小分類，然後⋯⋯
- **尋找不同群體「之間」的相似之處**：如果你在不同群體之間找到非常相似之處，你要思考群體之間是否有關，但也⋯⋯
- **尋找各個群體之間的「差異」**：別假定這個群體（例如：你和其他第四級的人或昏迷的士兵）裡適用的東西，也能套用到另一個群體（例如：非第四級的人或睡覺的嬰兒）。
- **當心「多數」**：多數只代表超過半數。你該問這個所謂多數是51％、99％或在中間哪裡。

- **當心鮮明例子**：鮮明例子容易回想,卻可能是特例,而非通則。
- **假定別人不是笨蛋**：當某個事物看起來怪怪的,你要抱持好奇與謙虛,思考這從哪方面看是一個好辦法?

CHAPTER **7**

宿命型直覺偏誤

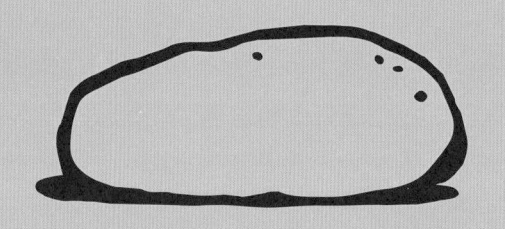

會動的石頭,
還有爺爺從不提的事

地獄的雪球

不久前,我獲邀到愛丁堡的巴爾莫勒五星級飯店,對資本經理人和他們最有錢的客戶演講。我在富麗堂皇的挑高宴會廳調整演講設備,不禁自覺有點渺小,自問為什麼這家有錢的金融機構會想讓客戶聽一個瑞典公衛教授演講。幾週前對方向我仔細簡報過,但為求確認,我在做最後一次排練時再次詢問主辦人。他給了直截了當的解釋,原來他很難讓客戶了解最獲利甚豐的投資機會不在歐洲,不在以中古城堡與石板街道著稱的歐洲大城,卻是在亞洲與非洲的新興市場。他說:「多數客戶無法看見或接受許多非洲國家方興未艾的進步。在他們腦中,非洲大陸永遠不會進步。我希望你能靠動態圖表改變他們僵固不動的世界觀。」

我的演講好像滿成功。我介紹了南韓、中國、越南、馬來西亞、印尼、菲律賓和新加坡等亞洲國家,說明它們如何在過去幾十年間憑突飛猛進的經濟令世界驚豔,而早在經濟起飛之前的數十年其實社會就已穩定進步,現在相同進程正在非洲某些地方展開。我向觀眾說,現在最值得投資的地方,大概要選那些數十年間大幅改善教育與兒童存活率的非洲國家。我提到奈及利亞、衣索比亞和迦納。觀眾聽得聚精會神,瞪大雙眼,問了些好問題。

會後我收著筆電,一個穿淺格花紋三件式西裝的灰髮男子緩緩走上講台,露出燦笑說:「我看了你的數據,聽了你的說法,但非洲要成功就像地獄的雪球——毫不可能。我知道,因為我在奈及利亞待過。他們的文化就是那樣,打造不出現代社會的。永

遠沒辦法。永──遠。」我張開嘴巴,但還來不及想出怎麼拿事實回答他,他已經輕輕拍了我的肩膀一下,走去找咖啡喝了。

宿命型直覺

宿命型直覺認為,固有特質決定了個人、國家、宗教或文化的命運。事情會是現在這樣,背後有無從擺脫的命定理由:事情向來如此,永遠不會改變。由於這種直覺,我們把第 6 章的錯誤概括或把第 1 章的二分化視為真實無誤,而且命中註定:不會改變,也無從改變。

宿命型直覺的演化來由顯而易見。在古代,人類生存的環境絕少變動,明智的生存策略大概不是反覆重估事物,而是在了解事物的運作之後就假定不會再有變動。

另外一點也很容易理解。宣稱自己所屬族群有某個特定命運是一種很好用的做法,有助讓大家團結於一個大概永恆不變的目標,還激發對其他群族的優越感。這對部落、國家和帝國取得力量十分重要。但現在宿命型直覺會讓人抗拒更新知識,看不見周遭社會的巨大變革。

社會與文化不是石頭一塊,不會改變也無從改變。社會與文化是會動的。西方社會與文化會動,非西方社會與文化也會動──通常動得遠遠更快。只是除了網路、智慧型手機與社群媒體等最快速的文化轉變之外,其他變動往往不夠快,所以未獲注意或報導。

宿命型直覺的一個常見例子就像愛丁堡那位男士，他認為非洲永遠無望，不可能趕上歐洲。另一個例子是認為「伊斯蘭世界」與「基督教世界」有根深柢固的差異。出於宿命型直覺，我們可能認為某個大洲、宗教、文化或國家將會（或必定）永不改變，原因出在他們抱持不變的傳統「價值觀」：這類說法一再出現，如新瓶換舊酒。乍看似有分析依據，細究卻往往是出於直覺的偏誤。這類高傲說法經常只是出於讓感覺掩蓋事實。

真確問題 10：
全球 30 歲的男性平均接受過 10 年的學校教育，而同齡的女性平均接受過幾年學校教育？
☐ （A）9 年
☐ （B）6 年
☐ （C）3 年

這本書讀到現在，我希望你已經發現最保險的做法就是選最正面的答案。全球 30 歲的女性平均在學校待過 9 年，只比男性少 1 年。

我的許多歐洲同胞抱持傲慢自信，自以為歐洲文化最為優越，不僅高過非洲和亞洲文化，也高過美國的消費者文化。但談到誤解，真不知誰消費得最多。26％的美國人選對答案，比利時和西班牙僅 13％，芬蘭為 10％，挪威為 8％。

真確問題10的作答結果：正確答對的比例。
題目：全球30歲的男性平均接受過10年的學校教育，而同齡的女性平均接受過幾年學校教育？
（正解：9年。）

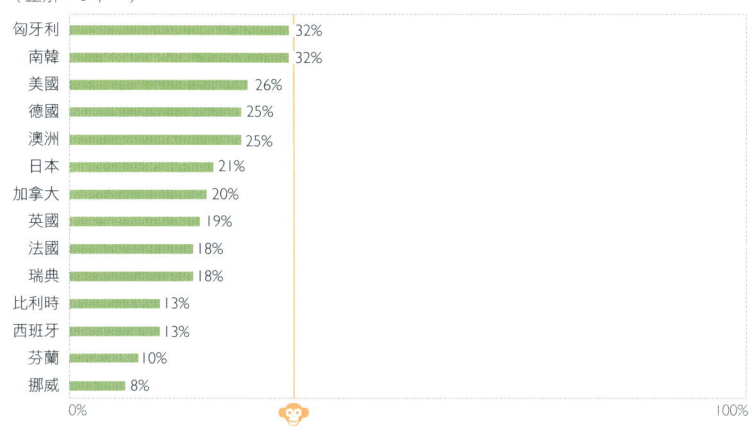

國家	比例
匈牙利	32%
南韓	32%
美國	26%
德國	25%
澳洲	25%
日本	21%
加拿大	20%
英國	19%
法國	18%
瑞典	18%
比利時	13%
西班牙	13%
芬蘭	10%
挪威	8%

Sources: Ipsos-MORI[1] & Novus[1]

　　這問題是有關性別不平等，正是斯堪地那維亞媒體成天在談的議題。我們不斷看到女性被殘酷施暴，暴行通常發生在世上的其他地方，至於阿富汗等國則有許許多多女孩失學，結果我們更加相信一個在斯堪地那維亞很流行的觀點，那就是全球其他地方在性別平等上並無進步——多數其他文化卡住了。

石頭怎麼動？

　　文化、國家、宗教和人不是石頭，而是會不斷改變。

非洲能迎頭趕上

非常多人認為非洲註定永遠貧窮,但這似乎往往只是基於一種感覺。如果你想實事求是,就得知道下面這些事。

沒錯,平均來說,非洲落後其他各洲。現今非洲新生兒的平均壽命是 65 歲,遠比西歐少 13 歲。

然而,首先你知道平均值很容易造成誤導,非洲各國之間有巨大差異。並非所有非洲國家都落後其他國家。突尼西亞、阿爾及利亞、摩洛哥、利比亞和埃及等五個非洲大國的平均壽命高於全球平均的 72 歲,等於瑞典在 1970 年的水準。

這例子也許還無法說服那些認為非洲無望的人。他們可能會說這些都是位於北非海岸的阿拉伯國家,不是他們腦中的非洲。其實在我年輕的時候,外人無疑認為這些國家也逃不過非洲的宿命,等他們有了進步才當例外。不過為了驗證,我們先把北非擺在一邊,把目光放在撒哈拉以南的非洲。

在過去 60 年間,撒哈拉以南的非洲國家大多告別殖民,獲得獨立,也穩定提升教育、供電、供水與衛生基礎建設,就像當年歐洲國家展現奇蹟那般。撒哈拉以南的 50 個非洲國家統統降低了兒童死亡率,這種速度都比瑞典歷來的紀錄更快。這怎麼不能稱為**驚人進步**?

也許是因為情況雖然好上許多,但仍屬糟糕。如果你想看非洲的窮人,當然看得到。

然而,瑞典在 90 年前也處於赤貧。在我年輕的時候,也不

過是 50 年前，中國、印度和南韓在多數方面都遠遠落後現今的撒哈拉以南非洲國家。當時亞洲被認定的命運，正是和現在人們想像非洲的命運一樣：「他們永遠無法餵飽 40 億人。」

如今非洲將近 5 億人過著赤貧的生活。如果這群人註定赤貧，那麼他們必然有某種特質，不同於全球其他數十億人，包括非洲其他已經脫離赤貧的人。可是我不認為有這種特質。

我認為，最晚才脫離赤貧的，會是困於貧瘠土地與周遭衝突的極窮農人。這樣的人口當前約有 2 億人，其中略多於一半的人（約 1 億多人）居住在非洲。他們無疑得面對異常艱困的未來，但不是因為有何根深柢固的文化，而是因為土壤與衝突。

然而，我仍對這些世上最窮困無望的人抱持希望，因為無望的赤貧向來看似如此。在可怕的饑荒與衝突期間，中國、孟加拉和越南也曾讓人認為永不可能脫離水深火熱，但如今你家衣櫃裡的多數衣服大概生產於這些國家。35 年前的印度，如同現在的莫三比克。30 年內，莫三比克非常可能改頭換面，像印度那樣轉型，晉升第二級國家，成為可靠的貿易夥伴。莫三比克在印度洋旁擁有長長的美麗海岸線，而印度洋將是全球貿易的中心，為什麼莫三比克不該繁榮興盛？

沒人能百分之百預測未來。我也不是認為這註定發生，但我是可能性主義者，現有的事實讓我相信：這是可能的。

基於宿命型直覺，我們很難接受非洲有可能趕上西方。我們也許完全沒注意到非洲的進步，但就算注意到了，也只當成短暫好運的曇花一現，轉眼又會陷入命定的**窮困與烽火**。

宿命型直覺也讓我們認為西方理應繼續進步，西方當前的經濟停滯只是一時意外，很快就能復原。在 2008 年金融海嘯之後的幾年，國際貨幣基金組織持續預測第四級國家每年的經濟成長率為 3%，但第四級國家連續五年表現得不如預期。國際貨幣基金組織連續五年認為「經濟即將回到軌道上」，最後發覺重回軌道不是「常態」，把經濟成長率預測調降到 2%。另一方面，國際貨幣基金組織承認這些年成長最快（5%以上）的是第二級國家，例如：非洲的迦納、奈及利亞、衣索比亞和肯亞，還有亞洲的孟加拉。

為什麼這很重要？一個原因在於：國際貨幣基金組織的全球預測大幅影響人們退休基金的投資標的。歐洲和北美國家預期將有穩健快速的經濟成長，於是吸引投資者的青睞，但結果預測失準，這些國家到頭來並未快速成長，退休基金的報酬也就原地踏步，理應低風險／高報酬的國家成了高風險／低報酬。另一方面，非洲國家明明有望大幅成長，卻乏人問津。

這件事重要的另一個原因在於，如果你是在老牌「西方」國家的企業工作，可能會錯失正在亞非出現的史上最大規模中產消費者市場擴張期。當地品牌已經站穩腳步，正四處攻城掠地，建立品牌知名度，但你還對當前發展懵然無知。跟如火如荼的未來發展相比，西方消費者市場只是小菜一碟。

嬰兒與宗教

1998 年，當我剛上完第一堂全球公衛的課，大多數學生走

向咖啡機想喝咖啡,但一個學生沒過去。我看見她緩緩走向教室前頭,雙眼噙淚,接著她發覺我注意到了她,停下腳步把臉別開,望向窗戶外面。她顯然內心激動,我想她準備跟我說一件會耽誤到學業的私人問題,但我還來不及說出安慰的話,她就轉過身來,控制好情緒,接著平靜道出完全出乎意料的話:

「我家來自伊朗。你剛才提到伊朗在健康與教育上進展迅速,這是我在瑞典第一次聽到有人對伊朗做出正面的評價。」

她的瑞典語相當標準,明顯帶著斯德哥爾摩口音;她顯然一輩子在瑞典長大。我聽了很驚訝。方才我只是扼要提出聯合國的數據,說伊朗提高了平均壽命,並降低了生育率,這是一大成就——實為史上最快的下降速度,從1984年的每位婦女生下超過6個孩子,在短短15年間下降到3個以下。

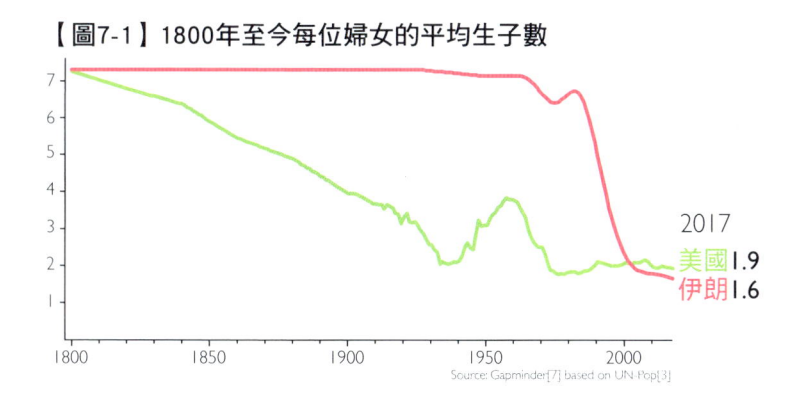

【圖7-1】1800年至今每位婦女的平均生子數

2017
美國 1.9
伊朗 1.6

Source: Gapminder[7] based on UN-Pop[3]

我在課堂上提出,中所得國家在1990年代出現許多鮮為人知的劇變,伊朗這例子只是其中之一而已。

「不可能吧。」我說。

「眞的。你說迅速下降的平均生子數,反映出伊朗在健康與教育上取得很大進步,尤其是對伊朗的女性來說。你還說現在伊朗多數的年輕人對家庭人口數採現代觀念,懂得用避孕措施。我從來沒在瑞典聽到有人說過類似的話,即使高知識分子也對此完全一無所知,不知道伊朗進步了,現代化了,還以爲伊朗和阿富汗差不多。」

伊朗達成全球史上最快的出生率下降,西方自由媒體卻完全沒有報導。1990 年代,伊朗擁有全球最大的保險套工廠,還強制新婚男女在婚前接受性教育,許多人是受高等教育,也普遍享有先進的公衛系統。夫妻靠避孕措施避免生下太多小孩,如果遲未懷孕也能到不孕診所求助,至少 1990 年我造訪德黑蘭的一間不孕診所就看到求助景象,那間診所是由替伊朗打造出家庭計畫奇蹟的阿夫札里教授(Malek-Afzali)主持。

多少西方人猜得到,如今伊朗每位女性生的小孩還少於美國和瑞典?難道是我們西方人對言論自由太熱愛了,因而對一個政權不認同這種自由價值的國家所取得的進步視而不見?至少可以確定的是:媒體自由不保證全球最快的文化轉變能獲得報導。

大多數宗教對性有一套規範,因此人們很容易認爲某些宗教的女性會生比較多的孩子。但宗教與女性生子數的關聯往往被過度放大。其實所得與女性生子數才息息相關。

這在 1960 年還不甚明顯。當時,世界只有 40 個國家的女性平均生子數少於 3.5 個,而且全爲基督徒占多數的國家,僅日本

例外。當時看來，彷彿只有基督徒和日本人小孩生的比較少。（即使在那時，其實稍微多想一下就能發現這論點不太對勁：在許多基督徒占多數的國家，比如墨西哥和衣索比亞，女性依然生許多孩子。）

現在又是怎麼樣呢？在【圖 7-2】這張泡泡圖裡，我把世界依宗教分成三組：基督教、伊斯蘭教，以及其他。每組呈現不同所得的生子率。如同先前做法，泡泡大小反映人口多寡。你可以看到基督教國家落在所有所得等級，而在第一級的女性生下許多孩子。現在再看另外兩組，分布模式非常類似：**無論是信哪種宗教，第一級的赤貧女性都生下更多孩子。**

【圖7-2】所得愈高，小孩愈少

全球各國依宗教分組（2017年數據），氣泡大小反映人口多寡。

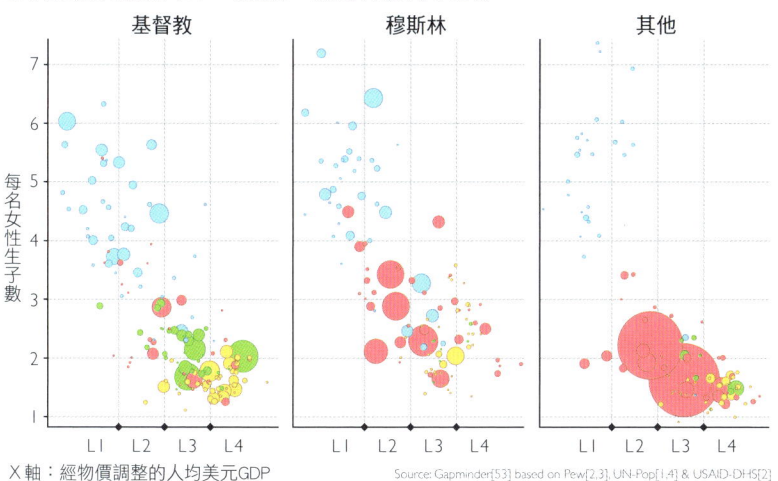

基督教　　　　　　穆斯林　　　　　　其他

每名女性生子數

X軸：經物價調整的人均美元GDP

Source: Gapminder[53] based on Pew[2,3], UN-Pop[1,4] & USAID-DHS[2]

如今伊斯蘭婦女平均生 3.1 個小孩,基督教婦女生 2.7 個小孩。世上大宗教之間的生子率並無顯著差異。

無論屬於哪個洲、文化或宗教,無論在美國、伊朗、墨西哥、馬來西亞、巴西、義大利、中國、印尼、印度、哥倫比亞、孟加拉、南非或利比亞等等,幾乎所有伴侶都是向枕邊人輕聲低語說,他們希望未來有個快樂的小家庭。

性事人人談

從這種認為某個宗教的女性會生更多小孩的例子,我們能看到世人傾向於認為某種價值觀或行為關乎文化,不會改變亦無從改變。這認知並不對。價值觀時時在變。

舉我親愛的故鄉瑞典為例。我們瑞典人以崇尚自由著稱,也以對性事及避孕的開放態度著稱,沒錯吧?但我們的文化不是向來如此,我們的價值觀從前不是這樣。

在我個人的記憶裡,瑞典以前對性很保守。比方說,我的祖父生於瑞典正脫離第一級的時代,在我眼中是那世代很典型的瑞典人,以生下 7 個小孩自豪,從來不曾換尿布、煮飯或打掃家裡,也絕對不提性或避孕。他的大女兒支持那些在 1930 年代勇於違法提倡保險套的女權人士,在家中第 7 個小孩出生後去找他,想討論避孕的事,但平素溫和安靜的他大發雷霆,不願跟她多談。這樣的他是抱持傳統的父權價值觀。但下一代沒接受這種價值觀,瑞典文化轉變了(話說他也討厭讀書,不肯用電話)。

如今在瑞典幾乎人人認為女性有權墮胎,對女權的大力支持

基本上成為我們文化的一部分。當我跟學生說 1960 年代我還是學生時的瑞典是多麼不同，大家聽得下巴都快掉了。那時墮胎在瑞典仍屬違法，僅少數情況下獲准。在大學裡，我們私下募款讓女性能到國外安全墮胎。我跟學生說她們是去哪裡墮胎時，大家更是下巴掉到地上：她們是去波蘭墮胎。信奉天主教的波蘭耶！但 5 年後，波蘭立法禁止墮胎，瑞典倒合法了。年輕女性反過來從波蘭赴瑞典。重點在於，文化不是一成不變，而是時常改變。

我造訪亞洲時，一路上都遇到像我祖父那樣的固執老頭。比方說，在南韓和日本，許多妻子仍得照顧公婆，外加完全負責打理小孩的事。我遇到許多男性對這種他們口中的「亞洲價值」引以為傲。另一方面，我也跟許多女性聊過，她們則持不同觀點，認為這種文化很難忍受，害她們對結婚興趣缺缺。

丈夫的概念

在香港某次銀行研討會的晚宴上，我坐在一個年輕精明的銀行要員旁邊。她 37 歲，事業相當有成，跟我分享許多亞洲當前的議題與趨勢，後來我們開始聊起各自的生活。我問：「妳想組個家庭嗎？」我無意冒犯她：我們瑞典人（現在）喜歡聊這種事。而她也不介意我問得這麼直接，露出笑容，望向我身後海灣上正降落的夕陽說：「我每天都在想要生孩子。」接著她看著我的眼睛說：「只是我無法忍受丈夫的概念。」

我試著安慰這些女性,說服她們相信事情會改變。有次我在孟加拉的亞洲女子大學演講,現場坐了 400 位年輕女學生,我向她們說明文化一直在變,分析改變原因,闡述脫貧、教育與避孕是怎麼讓女性多些枕邊愛語與少些孩子。那是一場真情流露的演講,裏著各色穆斯林頭巾的學生展露出燦笑。

會後,阿富汗學生想跟我說她們的事,說連阿富汗都在緩緩改變:「雖然戰亂,雖然貧窮,我們許多年輕人仍打算過現代的生活。我們是阿富汗人,我們是穆斯林女性,而且我們想要一個像你描述的那種男性,他肯聽我們說話,跟我們一起計畫未來。我們要生兩個小孩,讓小孩好好上學。」

現今許多亞洲與非洲國家的大男人價值觀不是亞洲價值,不是非洲價值,不是穆斯林價值,不是東方價值,而是區區 60 年前瑞典也有的父權價值觀,日後也會像當年的瑞典那樣,隨社會與經濟發展而消失,不是根深柢固永不改變。

如何扭轉宿命型直覺偏誤?

我們怎麼讓頭腦明白石頭會動?又怎麼讓頭腦明白,眼前的現狀,既不是過去一直以來如此,也不代表未來註定就會這樣?

緩慢改變不是沒有改變

社會與文化始終在變動。即使只是很小的改變,也能慢慢滴水穿石:每年 1% 的成長率看似很慢,在 70 年後等於翻倍;每

年2％的成長率，在35年後翻倍；每年3％的成長率，在24年後翻倍。

在西元前3世紀，斯里蘭卡的天愛帝須王設立全球第一座自然保護區，由國家保護那片森林。2,000多年後，西約克郡的一個歐洲人才想到類似點子。再隔50年，美國設立黃石國家公園。1900年，地球上0.003％的土地獲得保護。到了1930年，0.2％的土地受保護。10年再10年，一次增加一座森林，這個數字緩緩增加。每年的增幅微乎其微，幾乎感覺不到，但如今地球上竟然高達15％的土地受保護，而且數字仍在變高。

為了扭轉宿命型直覺偏誤，別把緩慢改變當成沒有改變，別對每年的微小改變（甚至僅1％）嗤之以鼻。

樂於更新知識

我們很希望知識永不過期：學到就永遠適用，無須再學一遍。在數學與物理等科學領域，還有在藝術領域，這通常沒錯，我們當年在學校學的（2＋2＝4）大概依然正確。但在社會科學領域，連最基本的知識都轉眼過時，就像牛奶和蔬菜無法長期保鮮。一切都會變。

連我自己的工作都是這樣。1998年，我第一次問那些真確問題。13年後，我們打算讓當年那組問題重出江湖，了解大家的認知是否有所提升。當年我列出五對國家，請受測者選出每對裡兒童死亡率較高的國家。在1998年那時候，我的瑞典學生選錯答案，原因在於他們無法想像亞洲國家竟然勝過歐洲國家。

才不過隔 13 年，我們找出當年的題目就發覺正確答案改變了，所以無法再拿來問人。世界已經變了。這很能說明世界是多麼容易改變吧？連蓋普曼德基金會自己的真確問題都過時了。

　　為了扭轉宿命型直覺偏誤，得對新數據持開放態度，樂於更新腦中的知識。

跟爺爺聊一聊

　　如果你很想宣稱價值觀不會改變，那麼試試看把你的價值觀跟父母做比較，跟祖父母做比較──不然跟子女做比較，跟孫兒做比較。也可以設法找出你所在國家 30 年前的民調結果，多半會看到巨大改變。

蒐集文化改變的例子

　　人常會歪著頭說「這是我們的文化」或「那是他們的文化」，彷彿文化以前向來是這樣，未來還會繼續是這樣。你不妨轉頭尋找反例。我們談過瑞典人以前不會談性，此外還有其他例子。

　　許多瑞典人認為美國人的價值觀很保守，但我們看到美國人對同性戀的態度改變得非常快。1996 年，僅 27％的美國人支持同性婚姻；現在，這個比例已經達到 72％，而且仍持續攀升。

　　有些美國人認為瑞典是社會主義國家，但價值觀會變。幾十年前，瑞典進行了可能是有史以來最激進的公立學校體制鬆綁改革，現在甚至允許完全商業化的學校互相競爭與營利（這可說是很大膽的資本主義實驗）。

沒有願景的人

在本章的開頭，我以一個衣著光鮮的無知男子開場，那個人看不見非洲的可能性。在本章的最後，我想以一個類似的故事作結（爆雷：這次的無知男子是我）。

2013年5月12日，我很榮幸參加非洲聯盟的「2063年非洲復興大計研討會」，向全非洲500位女性領袖演講，這真是無上的榮耀，無比的興奮，堪稱我此生最重要的演講。非洲聯盟的總部位於阿迪斯阿貝巴，我在那裡的大會議廳裡用了30分鐘，概述自己數十年間對女性小農的研究，向全場位高權重的領袖們說明非洲如何在20年內終結赤貧。

非洲聯盟委員會的主席恩科薩扎娜・德拉米尼－祖馬（Nkosazana Dlamini-Zuma）就坐在我前面，似乎聽得全神貫注。演講結束後，她走上前向我道謝，我問她覺得我講得怎麼樣。她的回答讓我很訝異。

「這個嘛。」她說：「圖表很不錯，你也很會講，但你沒有願景。」她語氣和善，因此更是令我訝異。

「什麼？妳覺得我沒有願景？」我難以置信，帶著略感受傷的語氣反問：「可是我說非洲可以在20年內讓赤貧成為歷史啊。」

恩科薩扎娜回答得很輕柔，不帶情緒或手勢：「喔，沒錯，你談到了終結赤貧，那是個開端，但是你就停在了那裡。難道你覺得非洲只會止於消除極端的赤貧，安於一般的窮困？」她把手穩穩搭在我肩上，看著我，既無怒氣亦無笑容。我看著她堅強的

意志,明白我這場演講的不足之處。「在結尾的時候,你說希望你的孫子會來非洲觀光,搭著我們計畫興建的高鐵。這算什麼願景?這還是那個老套的歐洲願景。」恩科薩扎娜直視著我的雙眼繼續說:「到時候是**我的**孫子造訪**你們的**國家,搭著**你們的**高鐵,造訪我聽過在瑞典北方充滿異國風情的冰旅館。那還要很久,我們知道。那有賴許多明智的決策和鉅額的投資。但是我的 50 年願景是,**非洲人會成為歐洲歡迎的觀光客,而不是歐洲排斥的難民。**」接著她綻出溫暖的燦笑:「可是圖表真的很棒。我們去喝杯咖啡吧。」

我在喝咖啡時反思自己的錯誤,想起 33 年前跟我第一個非洲朋友的對話。他是莫三比克的採礦工程師,當年也以相同的表情看著我。那時我在莫三比克的納卡拉行醫,奈赫雷瓦和我們全家去海邊玩。莫三比克的海岸美得不可思議,幾乎未經開發,週末時全沙灘通常只有我們。那天我看到綿延 1 公里多的沙灘上竟然有 15 到 20 個家庭,不禁說:「唉,可惜今天沙灘上的人好多。」奈赫雷瓦聞言搭上我的手臂,就像恩科薩扎娜多年後做的那樣,然後說:「漢斯,我的想法跟你相反。我看到這片海灘,感到很深的痛與悲傷。你看一看遠方的那座城市,8 萬人就住在那裡,等於有 4 萬個孩子,但在這個週末只有 40 個孩子能來海邊,1,000個裡面只有 1 個。我在東德學礦的時候,週末去羅斯托克的沙灘,滿滿都是人,上千個孩子在享受美好的時光。我希望納卡拉能像是羅斯托克。我希望每個孩子禮拜天能來海邊,而不是在爸媽的田裡工作,不是枯坐在貧民窟裡。這還需要很長一段時間,但我

是這麼希望的。」然後他鬆開我的手臂，幫忙我的孩子把游泳用具從車裡拿出來。

33年後，經過一輩子和非洲學者與機構在專業領域上的合作，我自認和他們有完全相同的遠大願景，自認是少數看見改變確有可能的歐洲人，但在講完這場今生最珍惜的演講之後，才發覺我還是困在古老僵固的殖民心態。雖然多年來一個個非洲友人和同仁教了我許多東西，我仍然沒有真正想像「他們」可以迎頭趕上「我們」。我仍然沒看到所有個人、家庭與孩子都在努力奮鬥，達成這個目標，那就是：讓自己也可以上沙灘玩。

求真習慣

為了扭轉宿命型直覺偏誤，你要切記緩慢改變也是改變。懂得察覺許多事物（包括個人、國家、宗教和文化）雖然看似沒有改變，其實只是改變得很慢，然後想到滴水可以穿石，緩慢的小改變可以日積月累成大變化。

- **留意逐漸的進步**：每年進步一點點，幾十年後就是巨大的改變。
- **更新你的知識**：有些知識轉眼過時，科技、國家、社會、文化和宗教時時在變。
- **跟爺爺聊一聊**：如果想提醒自己價值觀確已改變這件事，不妨想一想你祖父母的價值觀和你是多麼迥異。
- **蒐集文化改變的例子**：質疑今天的文化不會跟昨天相同，也不會跟明天一樣。

CHAPTER 8

單一觀點直覺偏誤

為什麼政府不該被錯當釘子?
為什麼屋上的磚塊有時比數據告訴你更多事情?

我們能相信誰?

靠媒體建立你對世界的認知,如同你想了解我這個人,方法卻是看一張我的腳的照片。是啦,腳是我的一部分,卻是很難看的一部分。我有更好看的部分,比如胳膊不算特壯,但也不賴,長相尚稱端正。這不是說我的腳照會騙人,只是這樣像瞎子摸象,一隻腳不代表我整個人。

可是如果我們不從媒體獲取資訊,又該從哪裡呢?我們能相信誰呢?相信那些窮究職業生涯鑽研世界特定面向的人?唔,你對這些人也得非常當心。

單一觀點直覺

我們覺得簡單的概念很迷人,喜歡洞悉的那一刻,喜歡感到自己確實了解某個事物。而受一個簡單概念吸引,我們也很容易就像踩到一條滑溜溜的斜坡,一路滑下去,開始相信這個概念漂亮解釋或解決了其他許多事。世界變得簡單。所有問題都有一個肇因 —— 我們該永遠反對之;所有問題都有一個解方 —— 我們該永遠支持之。一切都很簡單。然而,有一個問題,那就是我們完全誤解了世界。我把這種對單一肇因與解方的喜好稱為「單一觀點直覺」。

舉個例子,自由市場這個簡單漂亮的概念,會讓人產生一個過於簡單的概念,那就是所有問題都有一個肇因:政府干預 ——

對此我們絕對要永遠反對。至於所有問題的解方就是減少稅收、鬆綁法規,進而釋放市場的力量——對此我們絕對要永遠支持。

同理,平等這個簡單漂亮的概念,也會推導到一個簡化的概念,那就是所有問題都源自不平等——我們該永遠反對不平等。至於所有問題的解方就是重新分配資源——我們該永遠支持資源的重新分配。

這種思考省下許多時間。你不必從頭了解一個問題就能提出見解與答案,然後就能把頭腦用在其他事情上。然而,如果你想了解世界,這招可沒那麼好用。如果你永遠固守或反對某個特定概念,就會看不到那些不符這觀點的資訊。這對想看清現實的你通常不是好事。

反之,你最好時常檢驗自己偏愛的概念是否有漏洞,對自身局限抱持虛心,對不符想像或其他領域的知識抱持好奇,別只跟認同你的人談話,別只看符合認知的例子,而是接觸不同意你、反駁你的人,把不同見解當成有助理解世界的**寶貴資源**。我多次誤解世界。幫助我看見自身錯誤的,有時是現實難題,但更常是跟不同見解的人談話,設法理解他們的思路。

就算這可能讓你沒時間建立許多見解,那又怎樣?難道你想要許多錯的見解,而不是幾個對的見解?

談到為什麼人往往對世界抱持單一觀點,我發現兩個主因。明顯的那個主因關乎政治意識形態,我會在本章後面探討。另一個則關乎專業。

專家與社運人士

我愛各領域的專家,很依賴他們來了解世界——人人必然如此。比方說,當我得知所有人口專家都認為,人口最終達到 100 億至 120 億即不再成長,我就信了這個數據。當我得知歷史學家、古人口學家和考古學家一致認為,在西元 1800 年以前女性平均生 5 個以上的孩子,但只有 2 個會活下來——我也就信了這個數據。當我得知經濟學家對經濟成長的原因莫衷一是,這也是個有用資訊,告訴我務必當心:也許目前有用的數據不足,也許就是沒有一套簡單解釋。

我愛專家,但專家有其局限。首先,專家顯然只是自己那領域的專家。這對專家(而我們在某個領域都是專家)可能難以承認。我們都想覺得自己博學多聞,上知天文、下知地理,基於對特定領域的鑽研而觸類旁通,對各種領域都有更好的見解。

可是……

計算能力絕倫的人(就像科學暨懷疑論年會上的那些智多星),在填答我們的問題時,表現得跟其他人一樣糟。

高知識分子(就像頂尖科學期刊《自然》的讀者),在填答我們的問題時,表現得跟其他人一樣糟,甚至通常更糟。

特定領域的超級高手填答我們的問題時,表現得跟其他人一樣糟。

我有幸參加第六十四屆林島諾貝爾獎得主大會,對一大群生醫領域的年輕頂尖學者與諾貝爾獎得主演講,他們一個個都是自

身領域公認的佼佼者，在兒童疫苗那題卻答得比誰都差：答對率僅8％（從此我不再認為頂尖專家理應了解各個相關領域）。

無論是頭腦過人、計算能力強、受高等教育或甚至得過諾貝爾獎——這些不代表對全球有真確認知。專家只是專精於自己的領域。

有時「專家」甚至並不專精於自己的領域。許多社運人士把自己塑造為專家。我相信有學養的社運人士對改善世界至關重要，所以參加過各種社運研討會。最近我在一個女權研討會演講，非常支持他們的理想。292位年輕勇敢的女權運動人士從全球各地來到斯德哥爾摩，攜手提升女性受教育的機會。然而，在他們當中，僅8％的人知道全球30歲的女性平均只比同齡男性少上學1年。

我絕對不是在說女性受教育現況已經毫無問題。在第一級國家，尤其在少數幾個國家裡，許多女孩仍沒有上小學，談到中學與高等教育的入學機會更是問題重重。然而，事實上，在第二、第三和第四級國家（共60億人口），女孩上學的比例與男孩不相上下，甚至猶有過之。這真令人驚喜！關注女性受教權的社運人士該知道這件事，好好慶祝一下。

我也可以舉其他例子。這不是女權人士特有的問題。幾乎每個我遇過的社運人士都有意或無意間（後者更常見）放大了自己關注的議題。

真確問題 11：
1996 年，老虎、熊貓和黑犀牛都列為瀕危動物。現在這 3 種動物裡，有幾種面臨更迫切的危機？
☐ （A）2 種
☐ （B）1 種
☐ （C）0 種

真確問題11的作答結果： 正確答對的比例。
題目：1996年，老虎、熊貓和黑犀牛都列為瀕危動物。現在這3種動物裡，有幾種面臨更迫切的危機？（正解：0種。）

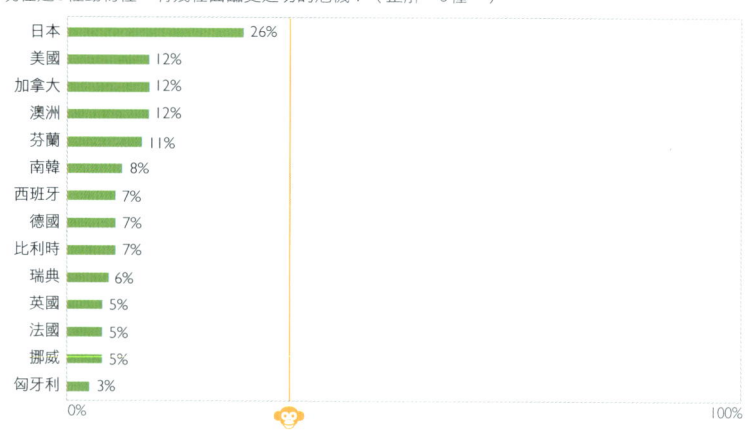

國家	比例
日本	26%
美國	12%
加拿大	12%
澳洲	12%
芬蘭	11%
南韓	8%
西班牙	7%
德國	7%
比利時	7%
瑞典	6%
英國	5%
法國	5%
挪威	5%
匈牙利	3%

Sources: Ipsos-MORI[1] & Novus[1]

　　人類在全球各地掠奪自然資源。自然棲地被毀，許多動物遭獵殺而絕種，這都顯而易見。然而，矢志保護珍貴動物與棲地的社運人士往往犯下我先前說的錯誤：一心喚起大眾的關注，卻忽略全球取得的進步。

嚴重的問題需要嚴謹的資料庫。我強烈建議你去看國際自然保護聯盟的瀕危物種紅色名錄（Red List），裡面收錄全球所有瀕危物種的當前狀態，由協力追蹤各物種數量與變化的全球專業研究人員負責更新。你猜上面怎麼說？如果今天我查瀕危物種紅色名錄或世界自然基金會的資料，我會發現雖然有些地方和亞種的數量下降，但野生老虎、熊貓和黑犀牛的總數在過去數年都增加了。斯德哥爾摩到處門上貼的熊貓貼紙沒有白費，但僅6％的瑞典大眾知道他們的支持發揮了效果。

　　包括人權、動保、女性教育、氣候意識、災害救助等議題都有進步，其他社運人士靠聲稱情況惡化來喚起關注的許多議題也在進步。這些進步通常很大程度上歸功於社運人士的努力，但如果他們不是採取單一觀點，而是更了解自己所促成的進步，更樂於讓他們想動員的民眾知道這些進步，也許能更有斬獲。聽到進展的證據，有時比不斷重申問題的嚴重性，更能讓人振奮。但聯合國兒童基金會、救助兒童會、國際特赦組織和其他人權與環保團體一再錯失機會。

槌子與釘子

　　你也許聽過這句西方諺語：「給孩子一個槌子，什麼都像是釘子。」

　　當你有**寶貴的專業**，就會想好好拿來用。有時專家會四處設法讓得來不易的知識與技能有用武之地，連其實派不上用場的地

方都想插足。數學高手老是對數字念念不忘,關注氣候變遷的社運人士到處大談太陽能,醫師在日常預防才更好的情況下仍提倡醫藥治療。

專業知識可能反倒讓專家看不清何者真正有效。所有解方都能解決某些問題,卻無法解決一切問題。最好是能從各式各樣的角度觀看世界。

數據不是唯一解方

我不愛數據。我是數據的**超級粉絲**,但不愛數據。數據有其局限。唯有當它能協助我了解數字背後的現實(比如人的生活),才值得愛。在我的研究上,我得靠數據檢驗自己的假設,但那些假設本身通常源自跟人交談、聽人說話與觀察他人。雖然我們絕對需要數據來了解世界,卻得十分小心謹慎,別貿然相信只憑一堆數據就下的結論。

莫昆比(Pascoal Mocumbi)是 1994 年到 2004 年的莫三比克總理,在 2002 年造訪斯德哥爾摩,向我表示莫三比克的經濟正一日千里。我問他怎麼知道,畢竟莫三比克的經濟數據大概不甚可靠。他是否看過人均 GDP 呢?

他回答:「我確實看了數據,但不是很準確,所以我每年習慣觀察 5 月 1 日的狂歡遊行,那是我們國內很受歡迎的傳統活動。我會看人民的腳,看他們穿什麼鞋。我知道大家都盡量讓自己在那天看起來光鮮亮麗,而且沒法跟朋友借鞋子,因為朋友也要穿出來遊行。我就是觀察。看他們是打赤腳呢,還是穿破鞋呢,還

是穿好鞋呢,跟去年相比又是如何呢。

「另外,我在國內四處跑時會觀察正在蓋的房子,如果地基長出草,就不好。如果有不斷往上堆砌的新磚頭,我就知道民眾有錢可以投資,而不光是應付日常開銷。」

明智的總理會看數據,但不會只看數據。

此外,許多最寶貴與重要的人類發展無法靠數據衡量。我們能靠疾病相關數據評估民眾受苦的程度,也能靠數據衡量物質生活條件的進步,但經濟成長的終極目標是個體自由與文化,而這些價值很難以數字衡量。許多人覺得,以數據衡量人類的進步真是太怪了,我也通常認同這個看法。數據從來無法完全道出世界的樣貌。

不靠數據無法了解世界,但單靠數據同樣無法了解世界。

醫學不是唯一解方

醫學專業人士可能一心只想著醫學,甚至特定醫療方式。

1950年代,丹麥公衛學者馬勒(Halfdan Mahler)向世界衛生組織提出一個根除結核病的方法,那就是派裝有X光機的小巴士在印度造訪各個村子。這概念很簡單:根除一種疾病,從此一勞永逸。具體做法是讓所有人統統照過X光,找出患者,治好他們。但這計畫以失敗收場,原因是村民很火大。他們明明有一大堆疑難雜症,好不容易有一車護理師與醫生來了,卻不是幫忙治骨折,不是治腹瀉,不是協助孕婦產子,卻是為了某個從未聽過的疾病叫大家照X光。

這個失敗帶來一個啟示。與其對抗這個疾病或那個疾病，還不如逐步提升整體的醫療照護水準。

　　再舉醫界的另一個例子。大藥廠的獲利近來節節下降，多數因應策略擺在開發延年益壽的革命性新藥，但我試著向他們指出，如果全球平均壽命（及大藥廠的獲利）要再大幅提高，大概不是基於藥物上的突破，而是基於商業上的突破。大藥廠目前難以進入第二和第三級國家，但那些國家有數十億人口，他們就像我們在納卡拉遇到的糖尿病患者，需要的是早已存在卻價格過高的藥物。如果藥廠更有辦法因地制宜，依不同國家與顧客調整藥價，就能靠現有藥物大賺一筆。

　　孕產婦死亡率專家要是懂槌子與釘子的道理就會明白，拯救赤貧產婦的方法不是訓練當地醫護人員如何剖腹產，不是訓練當地醫護人員如何處理嚴重血崩與感染，而是讓產婦有辦法到當地醫院。如果產婦根本到不了醫院，救護車不足，甚至連救護車能開的馬路都付之闕如，醫院再好也沒用。同理，教育專家要是懂槌子與釘子的道理就會明白，最能提升學習表現的方法通常不是用更多課本，甚至不是讓教室裡有更多老師，而是讓家家戶戶有電，學生才能在日落後讀書。

婦科醫師從不過問的事情

　　那時我在跟幾個婦科醫師交談。他們的工作是在貧窮社區裡蒐集性病的數據，各種難以啟齒的問題都問得

出口,要人把性事攤出來。我想知道,某些性病是否在特定所得族群裡更常見,所以請他們在問卷表格裡加進「收入」一欄,但他們盯著我說:「什麼?不能問收入啦,那是非常私人的問題耶。」他們從不過問的事情竟然是荷包。

幾年後,我遇到世界銀行的全球所得調查團隊,想請他們在問卷裡加進性事一欄,畢竟我還是很好奇性行為與所得等級之間的關聯,但他們的反應簡直如出一轍。儘管他們樂於問各種有關所得和黑市等問題,但問性事?免談。

人會畫下界線的地方往往很奇怪,而且只要待在他們設下的框架內,竟會覺得自己的行為合乎規範。

狂熱的意識形態擁護者

遠大的概念無與倫比,可以團結眾人,讓我們齊力打造夢想中的社會。意識形態已經替我們帶來自由民主與公共健保。

然而,狂熱的意識形態擁護者也會如同專家和社運人士,執著於自己的想法或解方,甚至造成的危害猶有過之。

任何人只要花些時間檢視古巴人與美國人的實際生活,就能明白太過死守自由市場或公平等單一觀念的荒謬後果。

古巴:最健康的窮人

1993年,我在古巴待了一段時間,研究一個高達4萬人感染的傳染病,見過古巴總統卡斯楚幾次,也見過許多受過良好教育的衛生局人員,他們一個個非常盡忠職守,在缺乏彈性的壓迫體制下盡力對抗疫情。我在共產國家(莫三比克)居住與工作過,去古巴時滿心好奇,但不抱浪漫幻想,在當地期間依然如此。

我可以講述在古巴見到的無數狗屁倒灶事,三天三夜講不完:當地私釀的酒有毒、呈螢光色,是釀在電視映像管裡,加進水、糖和嬰兒髒尿布來發酵;旅館想說反正不會有客人,所以沒半點食物,我們只好開車到一個有配給糧食的老頭家,吃他剩下的廚餘;我的古巴同仁知道,寄聖誕卡給在邁阿密的表親,小孩會被大學開除;我的研究想獲得批准,就得當面向卡斯楚解釋研究內容。好了,我不再嘮叨了,只說我去那裡的原因與發現。

1991年年底,在種菸為主的那爾德里奧省,窮苦農人先是出現色盲症狀,然後出現神經方面的問題,手腳會失去知覺。古巴的流行病學家展開研究,但需要外援。蘇聯剛垮台,無法提供援助,他們只好設法找曾替窮苦農人醫治神經性傳染病的極少數學者,結果找到了我。古巴政治局官員胡爾果在機場接我,當天卡斯楚就在武裝保鑣護衛下接見我,繞著圈上下打量,黑色運動鞋在水泥地面刮得吱吱響。

我研究了3個月,最後認為並非像謠言所說是黑市的食物遭大量下毒,也不是病菌導致新陳代謝問題,純粹是全球經濟影響

下的營養不良。先前蘇聯船隻滿載馬鈴薯而來,再滿載糖和雪茄離開,但今年貿易斷了,食物只能嚴格配給,有些人把僅存較有營養的食物優先分給小孩、孕婦和老人,自己只吃米和糖。我提出研究結果時小心翼翼,畢竟這明顯暗示政府無能替人民提供足夠的糧食,計畫經濟失敗了。過後他們向我道謝,送我離開。

隔年我受邀回哈瓦那向衛生局演講,題目是「從全球觀點看古巴的健康」。在委內瑞拉政府的相助下,古巴已經重新能餵飽人民。

在各國健康與財富的泡泡圖上,我指出古巴的特殊位置,見【圖 8-1】。古巴的兒童存活率和美國並駕齊驅,所得卻僅四分之一。我講完結論之後,衛生局長立刻跳上講台說:「我們古巴人是最健康的窮人。」現場爆起如雷掌聲,演講就此結束。

但並不是每個人從我的演講中都得出了相同的結論。當我走向茶點區,一個年輕人輕輕拉住我的手臂,悄悄把我拉離人群,跟我說他的工作是整理健康相關數據,接著頭湊得更近,嘴巴就在我耳邊,才鼓起勇氣低聲說:「你的數據是對的,可是局長的結語完全不對。」他看著我,像在考我,接著自問自答說出自己的答案:「我們不是最健康的窮人,是最窮的健康人。」

他鬆開我的手臂,笑著匆匆走掉。他說得當然沒錯。局長是從政府那種單一觀點描述事情,但事情也可以有另一個觀看角度。為什麼要安於當最健康的窮人?難道古巴人不能像其他健康的國家那樣享有財富與自由?

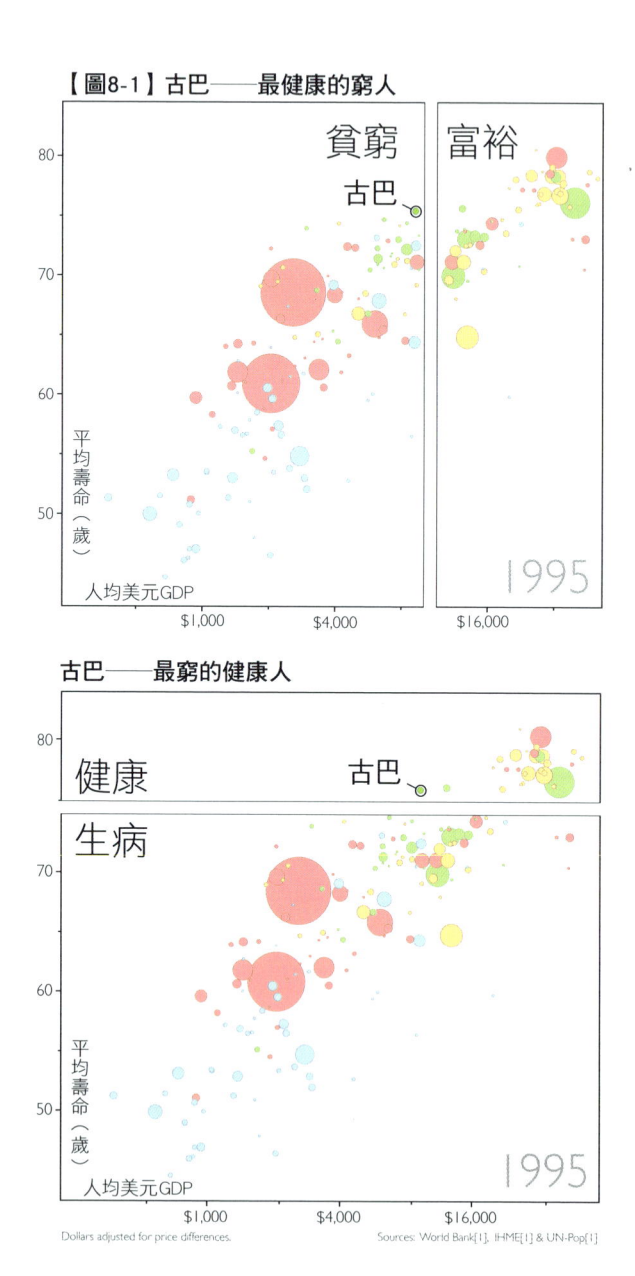

【圖8-1】古巴──最健康的窮人

貧窮 | 富裕

平均壽命（歲）

人均美元GDP

1995

古巴──最窮的健康人

健康 | 生病

平均壽命（歲）

人均美元GDP

1995

Dollars adjusted for price differences.　　　　Sources: World Bank[1], IHME[1] & UN-Pop[1]

美國:最不健康的富人

這問題讓我們把目光放到美國上。古巴因為堅守單一觀點而成了「最窮的健康人」,美國也同樣由於類似理由成了「最不健康的富人」。

意識形態擁護者會請你比較美國與古巴,叫你只能選一個。如果你比較想住在美國而非古巴,就得拒絕古巴政府會做的一切,支持古巴政府反對的東西──自由市場。我能明白的說,我絕對比較想住在美國而非古巴,但這樣思考並無幫助,太過單一觀點與容易誤導。如果真要比較,美國不該跟古巴這個第三級的共產國家相比,而是該跟第四級的資本主義國家相比。如果美國的政治人物想做出有事實依據的決策,他們不該被意識形態牽著鼻子走,而是該看數據。如果我要選一個國家居住,我也不該依據意識形態,而是看各國能帶給人民什麼。

跟其他第四級的資本主義國家相比,美國的人均醫療花費高出 3 倍(約 3,600 美元對上約 9,400 美元),平均壽命卻短了 3 年。事實上,美國的人均醫療花費在全球居冠,但平均壽命輸給 39 個國家,見【圖 8-2】。

【圖8-2】39個國家的平均壽命高於美國
但醫療花費全低於美國

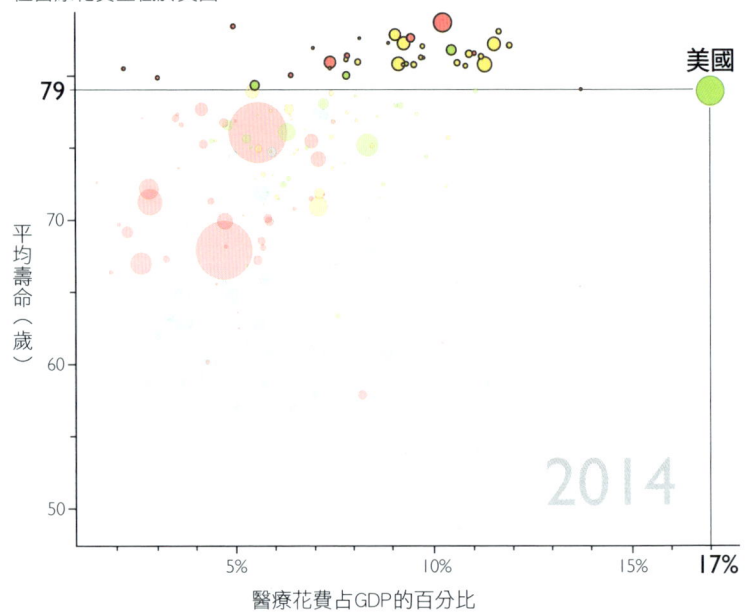

Sources: IHME[1], UN-Pop[1] & WHO[12] via World Bank[24]

　　美國民眾不該拿自己跟極端的社會主義政體相比，而是要問為什麼他們不能像資源相近的其他資本主義國家那樣，以相同的醫療花費，達到相同的健康水準。

　　話說答案並不難：美國沒有其他第四級國家視為理所當然的基本公共健保。在美國的現行制度下，有錢的保戶看太多不必要的診，占用醫療花費，而沒錢的病患連最簡單便宜的診療都付不起，過早失去性命。醫生把懸壺救命擱在一邊，卻提供並無必要的醫療服務，實在是很可惜的浪費。

最準確的來說，還是有幾個富國的平均壽命跟美國一樣低：阿曼、沙烏地阿拉伯、巴林、阿拉伯聯合大公國和科威特等波斯灣富國。然而，這些國家有著截然不同的過去，人民原本大多貧困且不識字，直到 1960 年代國家才因石油致富，醫療系統只在短短兩個世代之間才匆匆發展起來。這些國家不像美國那樣對政府的干預抱持疑慮，所以如果平均壽命在幾年後迎頭趕上，我可不會訝異。美國現在不願向西歐國家看齊，但屆時也許比較不會抗拒跟這些產油國學習。

古巴的共產制說明了囿於單一觀點有什麼危險：認為中央政府能解決人民所有問題的觀點乍看有理，但其實古怪。我能明白為什麼有些人看到古巴的貧窮、不自由和效率低落，進而認為政府永遠不得替社會做規畫。

美國的醫療保健體系同樣囿於單一觀點型直覺：認為市場能解決人民所有問題的觀點乍看有理，其實同樣古怪。我能明白為什麼有些人看到美國的不公與顢頇醫療，進而認為私人市場與競爭永遠不得染指公共財。

正如多數有關公部門和私部門的討論，答案不是只能擇一，而是視情形而定，而且要兩者並行。重點是在規範與自由之間取得平衡。

連民主都不是單一解方

這話題很爭議棘手，但我還是想提出來論述。我堅信自由民主是治理國家的最佳方式。像我這樣相信的人往往想宣稱，民主

會帶來其他美好事物，例如：和平、社會進步、健康提升與經濟成長，甚至認為民主是實現這些美好事物的必要條件。然而，我得說一件令人難以接受的事情：現有證據並不支持這論點。

許多非民主國家也在經濟與社會上取得長足進步。南韓從第一級邁向第三級的速度快過所有國家（產油國不算），但那段期間始終採軍事獨裁。在 2012 年到 2016 年經濟成長最快的前 10 名國家中，有 9 個國家在民主程度方面得分偏低。

任何人如果說「民主是經濟成長與健康提升的必要條件」，只怕會被現實反駁。**比起將民主視為實現其他目標的最佳途徑，不如應該主張將民主本身當成目標。**

任何單一指標的進步都不能保證其他方面的進步，人均 GDP 不能，兒童生存率不能（如古巴），個人自由不能（如美國），甚至連民主也不能。我們無法只靠單一指標衡量一個國家的進步。現實就是遠比這更複雜。

不靠數字不能了解世界，單靠數字同樣不能。國家少了政府就不能運作，但政府無法解決所有問題。公部門或私部門同樣不會永遠是答案。沒有任何一項「美好社會」的單一指標能帶來其他面向的進步。我們不該擇一，而是兼容並行，視情況而定。

求真習慣

為了扭轉單一觀點直覺偏誤，你要有整套工具箱，而非一把槌子。懂得察覺單一觀點可能局限自己的想像，然後記得試著從多重角度來看問題，方能獲得更準確的了解，找到實用的解方。

- **檢驗你的想法**：別只看支持自身觀點的正面佐證，而是請不同意你的人檢驗你的想法，並找出其中的漏洞。
- **專業有局限**：別對專業以外的領域撈過界：對不懂的事物要虛心。此外，別人的專業也有局限，你同樣得小心留意。
- **槌子與釘子**：如果你擅長使用某個工具，就會太常想去用它。如果你深入了解某個問題，很容易誇大那個問題或解方的重要性。切記，沒有哪個工具處處適用。如果你最愛的點子是槌子，記得找其他有螺絲起子、扳手和捲尺的同事，對其他領域的想法抱持開放態度。

- **看數據,但別「只」看數據**:不靠數字不能了解世界,單靠數字同樣不能。要看到數字背後的現實世界。
- **當心簡單的想法與解法**:歷史上不乏許多空想家,憑一個烏托邦願景替恐怖惡行辯護。你要歡迎複雜的思考,對照不同的想法,尋求折衷,視情況決定怎樣解決問題。

CHAPTER **9**

怪罪型直覺偏誤

神奇洗衣機和賺錢機器人

去揍奶奶吧

有次在卡羅林斯卡學院教課，我說到大藥廠絕少研究瘧疾，更完全沒研究非洲昏睡病或其他只危害赤貧民眾的疾病。

一個前排的學生說：「真該揍他們一拳。」

我說：「哈，今年秋天我剛好會去諾華藥廠。」（諾華是瑞士的全球大藥廠，邀我去演講。）我繼續說：「如果你能告訴我該做什麼，又該揍誰，也許我可以試試看。我該揍誰一拳？某個職員嗎？」

「不，不，不，要就要打老闆。」那學生說。

「哈，好，老闆叫華塞拉（Daniel Vasella）。嗯，我稍微認識他。秋天我碰到他的時候，真該打他一拳嗎？這樣一切就會解決了嗎？他會從此變成一個好老闆，領悟到該改變藥物研發的優先順序嗎？」

一個坐稍微後面的學生說：「不對，你該揍董事會成員。」

「喔，這也不錯，因為那天下午我大概會向董事會演講。好，早上我碰到華塞拉的時候先按捺住，等踏進董事會的會議室之後，再盡量見一個揍一個。當然囉，我沒辦法把每個董事都打倒在地……我沒有打鬥經驗，現場又有安全人員，所以我大概才揍三到四個人就會被制伏吧。不過我真的該這麼做嗎？大家覺得董事們會因此改變現有的研發政策嗎？」

「不會。」第三個學生說：「諾華是一家上市公司，決定事情的不是老闆或董事，而是股東。如果董事會改變研發方針，股

東可以換掉董事會。」

「沒錯。」我說:「是股東希望公司把錢花在研究有錢人的病,利潤才高。」

因此,問題不是出在職員、老闆或董事會。

「問題在於──」我看著當初提議我揍人的那個學生:「大藥廠的股東是何方神聖?」

「有錢人。」他聳聳肩。

「不對。這其實很有趣,因為藥廠的股價很穩定。股市漲漲跌跌,油價高高低低,但藥廠的股票還是穩穩帶來報酬。許多別種企業的股價是跟著經濟走,大家大肆消費就跟著漲,大家勒緊褲帶就跟著跌,不像癌症病患永遠需要治療。那麼這些穩定公司的股東到底是誰呢?」

聽課的學生看著我,臉上畫著大大的問號。

「是退休基金。」

鴉雀無聲。

「所以也許我不必揍誰,反正也遇不到股東,可是你們會遇到。這個禮拜六去奶奶家,揍她一拳吧。如果你想找個對象怪罪,找個對象揍一揍,禍首就是這些老人家,還有他們對穩定股票的貪婪需求。

「對了,還記得去年暑假你當背包客,奶奶給你一點額外的旅行資金嗎?也許你該還給她,她再還給諾華藥廠,請他們投資在窮人的藥上。或者如果你已經花掉了,那就揍自己一拳吧。」

怪罪型直覺

怪罪型直覺是替某件壞事找出一個簡單清楚的元凶。最近我就有過怪罪型直覺,那時我在旅館沖澡,把熱水調到最大,但沒反應,接著幾秒後滾燙的水把我燙得哇哇叫,我不禁很氣水管工,然後很氣旅館經理,接著很氣某個也許在隔壁房間開冷水的房客。但沒有人該被怪罪,沒有人故意想傷害我,沒有人怠忽職守。如果真要怪誰,大概該怪我,是我沒耐心把熱水慢慢調大。

在出狀況的時候,我們似乎很自然會認為是某個心懷不軌的人故意為之。我們愛認為壞事必有因,是某個有權有勢的惡人在搞鬼;否則世界會無從預料,令人困惑與膽寒。

出於怪罪型直覺,我們往往誇大特定個人或群體的重要性,這種尋找罪魁禍首的直覺,會干擾我們對世界建立真實、基於事實的理解:當我們的注意力全糾結在怪罪人、要揍誰一拳,就不再去探尋其他可能的解釋。這正是削弱解決問題的能力、阻礙預防問題重演的關鍵原因。因為我們沉溺在過於簡化的指控中,看不見更複雜的真相,也無法將精力聚焦在對的地方。

比方說,把空難怪到那個想睡的機師頭上,對防止未來的空難並無助益。我們該問的是:為什麼他會想睡?我們以後要怎麼制定規範,防止機師想睡?如果我們一揪出想睡的機師就不再動腦,日後只會憾事重演。為了釐清世上多數重要問題,我們不該只把矛頭對準犯錯的個人,而是要對準整個體制。

好事同樣會觸發這個直覺。「稱許」和「怪罪」一樣容易。

當好事發生,我們會很快歸功於某個人或簡單原因,雖然事情通常更為複雜。

如果你真想改變世界,就得先理解這個世界。跟從怪罪型直覺無濟於事。

怪罪遊戲

怪罪遊戲時常洩漏人的偏好。我們常會找出壞人來驗證既有信念。現在來看幾種我們愛怪罪的對象:奸商、記者與外國人。

奸商

我向來想審慎分析,卻還是常被直覺給害了。那一次也許是因為我看了太多麥克老鴨的漫畫(唐老鴨的小氣叔叔),也許是因為我像多年前那群學生般懶於思考。總之,那時聯合國兒童基金會找藥廠針對安哥拉的瘧疾藥物合約投標,請我負責審查。我一看就起疑,覺得數字很怪,滿腦子只想著自己即將揭露一椿弊案,揪出想騙聯合國兒童基金會的奸商。

聯合國兒童基金會是以10年為單位採購藥品,請各藥廠投標。時間長,採購量大,藥廠通常會開出很低的價格。然而,這次有一家瑞士盧加諾的家族小藥廠叫做瑞福製藥,開出令人難以置信的低價:甚至比成本還低。

我得過去一探究竟。我飛到蘇黎世,搭小飛機到盧加諾的小機場,原本認為會見到一個衣著寒酸隨便的藥商代表,結果卻是

由豪華轎車載到我此生住過最豪華的飯店，還打電話回家跟老婆低聲說：「是蠶絲被耶。」

隔天早上，他們載我到工廠查看。我跟經理握手，單刀直入地問：「你們從布達佩斯買原料，做成藥，放進藥盒，藥盒再裝箱，然後由貨輪運到熱那亞。你們怎麼有辦法用比原料成本還低的花費，完成整個流程？匈牙利人給了你們優惠嗎？」

「我們付給匈牙利那邊的錢跟別人一樣。」他告訴我。

「而且你們還派豪華轎車接送我。你們哪來這麼多錢？」

他露出微笑：「我向你說明。幾年前我們看到機器人會改變這個產業，於是蓋了這間工廠，發明世上最快的製藥機，其他生產也高度自動化，大藥廠的工廠跟我們比，就像是工匠的工作坊。我們向布達佩斯買原料，週一早上六點抗瘧疾的有效成分氯化奎寧由火車載到這裡，到週三下午，安哥拉的一年份瘧疾藥已經裝箱準備好上船，週四早上就到熱那亞，聯合國兒童基金會的人員檢查後簽收，當天錢就存進我們在蘇黎世的戶頭。」

「拜託，你們開的價格比買原料的成本還低耶。」

「沒錯，匈牙利人讓我們可以晚 30 天付款，但聯合國兒童基金會只要 4 天就把錢付給我們，所以我們有 26 天可以把錢放在戶頭裡生利息。」

哇，我簡直說不出話來，完全沒想過有這一招。

先前我滿心想著聯合國兒童基金會是好人，藥廠是懷著奸計的壞人，但原來我對小企業的創新力量非常無知。到頭來他們也是好人，只是有找出便宜方案的超強本事。

記者

現在知識分子與政治人物流行指責媒體未能如實報導真相。甚至我在前幾章也似乎流露這種感覺。

不過我們與其指責記者，更該問：為什麼媒體會呈現這種扭曲的世界？記者真的有意這樣做嗎？還是有別種解釋？

（我無意探討刻意製造的假新聞，那完全是另一個議題，和新聞無關。順帶一提，我不認為假新聞是導致種種扭曲世界觀的主犯：我們不是才剛誤解世界，而是一向誤解世界。）

2013 年，我們把蓋普曼德基金會無知專案的結果放在網路，BBC 和 CNN 立刻頭條報導，把我們的問卷題目放在官網上供民眾自行做答，還收到數千則試圖分析為什麼大家答得比隨機亂猜還差的留言。

其中一則留言引起我們的注意：「我敢賭沒有記者能通過。」

我們對這點子躍躍欲試，想付諸實行，但民調公司說不可能拿去考記者，媒體高層不會讓記者接受測驗。這我當然理解，沒人希望自己的權威遭到質疑，而且萬一外界知道堂堂大媒體所雇的記者答得比黑猩猩還差，未免太丟臉。

當別人對我說不可能，我更躍躍欲試。那年我會參加兩場媒體大會，決定帶著我們的答題裝置。20 分鐘的演講不夠問所有問題，但能挑幾題來問。作答結果如【圖 9-1】。我還把另一次演講上頂尖紀錄片導演的回答結果放了進來──他們來自 BBC、美國公共電視網、國家地理頻道和探索頻道等。

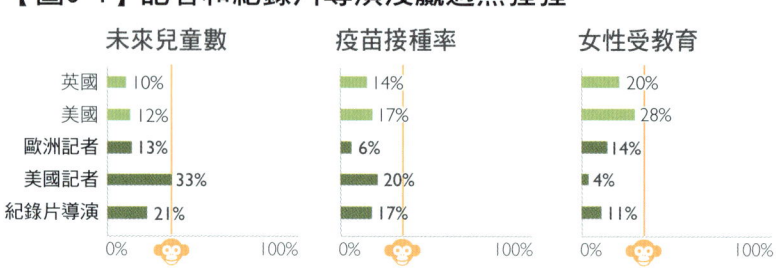

【圖9-1】記者和紀錄片導演沒贏過黑猩猩

	未來兒童數	疫苗接種率	女性受教育
英國	10%	14%	20%
美國	12%	17%	28%
歐洲記者	13%	6%	14%
美國記者	33%	20%	4%
紀錄片導演	21%	17%	11%

Sources: Ipsos-MORI[1], Novus[1] & Gapminder[27]

看來這些記者和紀錄片導演並沒有比大眾更懂，自然也就輸給了黑猩猩。

如果這代表記者和紀錄片導演的普遍狀況（而我沒理由認為別組記者就能答得更好，或換其他題目就能答好），那麼他們不是壞蛋。記者和紀錄片導演會誇張報導一個分歧的世界、「大自然在反撲」或人口爆炸危機，在陰鬱的鋼琴伴奏下以嚴肅語氣侃侃而談，但他們並不是在說謊，不是在刻意誤導我們。他們不見得包藏惡意，指責他們並無意義。多數向我們介紹世界的記者和紀錄片導演自己都被誤導了，所以別把記者妖魔化：他們跟所有人一樣對世界有著離譜的誤解。

我們的媒體也許自由，也許專業，也許追求真相，但獨立報導不代表能呈現真相：即使每則報導本身完全真實，我們仍可能因記者對報導的選擇而產生錯誤認知。媒體不是中立，也不可能中立，我們也不該期望媒體中立。

記者的作答結果慘不忍睹,對世界的理解程度跟墜機一樣慘,但責怪記者就像責怪想睡的機師一樣無濟於事。我們該做的是設法了解為什麼記者對世界抱持扭曲的認知(答案:因為他們是有著誇大直覺的人類),設法了解哪些系統性因素促使他們做偏頗與誇大的報導(部分答案:他們如果無法吸引消費者注意,就得回家吃自己)。

有了這種理解之後,我們就知道要求媒體改變報導方式,根本完全不切實際,也並不公平。我們不能期望媒體反映現實。你不該期望媒體給你一個基於現實的世界觀,就像你不會拿幾張柏林的街景照片就當做有了導航系統。

難民和走私販

2015 年,4,000 個難民乘著橡皮艇想逃到歐洲,卻淹死在地中海。大眾看到難民兒童的屍體被沖上度假海灘的畫面,既驚恐又憐憫。真是一場悲劇。我們在歐洲或其他第四級國家過著舒服的生活,此時開始想:怎麼會發生這種事?誰是罪魁禍首?

我們很快就明白禍首是殘酷又貪婪的走私販,一個個鋌而走險的家庭付每人 1,000 歐元的錢給他們,只求在橡皮艇能有個位子,卻落入死亡的圈套。既然禍首有了,我們不再想下去,改為看歐洲救生艇在洶湧大海上搭救性命的畫面,替自己尋些慰藉。

但為什麼難民不是搭舒服的客機或郵輪來歐洲,卻要先循陸路到利比亞或土耳其,再把性命寄託在顛簸不穩的橡皮艇?畢竟所有歐盟國家都簽了《日內瓦公約》,只要是來自戰火蹂躪的敘

利亞難民,就能依公約條款尋求庇護。我開始拿這個問題去問記者、朋友和從事難民接濟的人士,但是他們無論再聰明善良都答得很怪。

也許他們買不起機票?但我們知道他們每人花 1,000 歐元買橡皮艇的位子。我上網查到很多從土耳其到瑞典或從利比亞到倫敦的機票都不到 50 歐元。

也許他們到不了機場?不對。他們當中許多人已經在土耳其或黎巴嫩,要到機場很容易。原來他們買得起機票,機位也還有剩,到了機場櫃台卻被航空公司人員攔了下來,沒有辦法登機。為什麼?因為 2001 年的一條歐盟指令告訴會員國如何遏止非法移民。根據這條指令,如果航空公司或郵輪公司把任何沒有適當文件的人載到歐洲,得支付遣返此人回原本國家的所有費用。當然,這條指令也說只有非法移民適用,任何想依《日內瓦公約》到歐洲尋求庇護的難民不在此限。但這樣說並無意義,原因是航空公司櫃台人員哪有那麼神通廣大,在 45 秒內能知道某個人是不是符合《日內瓦公約》的難民?連大使館要查明都得花至少 8 個月,櫃台哪辦得到?因此,這條指令乍聽合理,其實不然。航空公司實務上只好不讓任何沒有簽證的人登機,而難民要拿到簽證又幾近不可能,因為歐洲國家在土耳其和利比亞的大使館沒有足夠的資源處理這種簽證申請。結果敘利亞難民理論上依《日內瓦公約》有權進入歐洲,但實際上無法循空路,只得走海路。

那為什麼他們要搭那麼恐怖的船呢?歐盟政策其實也是背後原因。依規定,歐盟會在船隻抵達時予以扣押,所以一艘船只能

載一趟。即使走私販心有餘也力不足，無法採用 1943 年靠幾天把 7,220 個猶太難民從丹麥載到瑞典的那種漁船。

我們這些歐洲國家的政府宣稱會信守《日內瓦公約》，難民只要是來自戰火蹂躪的國家就能尋求庇護。然而，移民政策讓這種宣稱淪為不可行的笑話，直接催生這個走私販有利可圖的市場。這不是什麼祕密，要看不見其實很難。

我們直覺上想找人怪罪，卻絕少照一照鏡子。我想聰明善良的人往往也無法得出這個令人愧疚的可怕結論：正是我們自己的移民政策導致難民在大海殞命。

外國人

還記得第 5 章的印度官員怎麼強力指出氣候變遷之罪不該怪到印度與中國嗎？這例子當時是用來說明人均的重要，但當然也反映這種找怪罪對象的做法是怎麼害我們看不到整個系統。

這件事很驚人：西方普遍認為中國、印度與其他向上晉升的國家該為氣候變遷負責，那些國家的人民該過窮日子來緩和氣候變遷。我記得在溫哥華科技大學一場有關全球趨勢的演講上，一個直率學生語帶絕望地說：「他們不能過我們這種生活，我們不能讓他們繼續這樣發展下去，否則這星球會被他們排放的廢氣給毀掉。」我經常愕然聽到西方人這樣說，彷彿他們拿著遙控器，只要按下按鍵就能決定數十億人的命運。那時我看著全場，其他同學沒有反應，默默同意她的看法。

在大氣層裡，多數人為排放的二氧化碳是在過去 50 年所累

積,來自那些現在處於第四級的國家。現在加拿大的二氧化碳人均排放量仍是中國的 2 倍,印度的 8 倍。事實上,你知道每年所燃燒的石化燃料中,有多少是出自最有錢的那 10 億人嗎?答案是超過一半。接著第二有錢的那 10 億人占剩下的一半,依此類推,最窮的 10 億人則只占 1%。

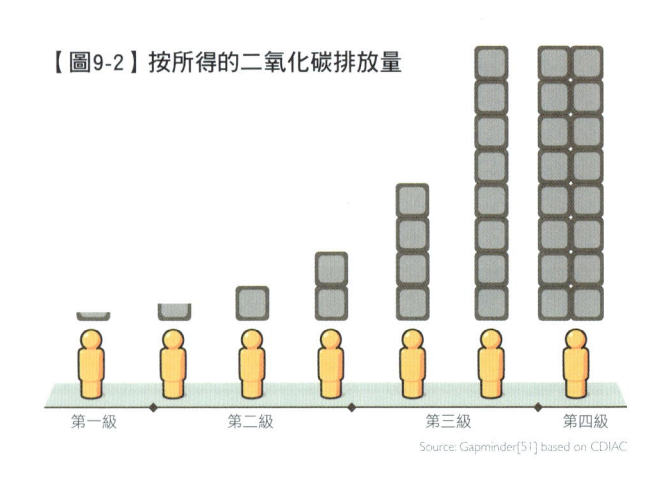

【圖9-2】按所得的二氧化碳排放量

Source: Gapminder[51] based on CDIAC

最窮的 10 億人要從第一級升到第二級得努力至少 20 年——二氧化碳排放量增加約 2%。他們還得再花數十年才能晉升到第三和第四級。

這反映我們西方人是多麼容易基於怪罪型直覺把責任從自己推給別人。我們說「他們」不能過我們這種生活,但其實真正該說的是「我們不能過我們這種生活」。

「外國」的疾病

人體最大的器官是皮膚。在現代醫學發展之前，梅毒堪稱人們想像中數一數二可怕的皮膚病，起先是冒出發癢的疳，接著會往骨頭逐漸侵蝕掉皮肉，直至白骨露出。這種造成噁心潰爛與劇烈疼痛的病，在各地有相異名稱，俄羅斯人說是波蘭病，波蘭人說是德國病，德國人說是法國病，法國人說是義大利病，義大利人回擊說是法國病。

找代罪羔羊的習慣深植於人類天性，我們很難想像瑞典人說這是瑞典病，俄國人說是俄國病。這不符人的習性。我們總是需要找人怪罪，而如果有外國人帶著這種病來到我國，我們會毫不猶豫地怪罪給那人的國家，不必再進一步調查。

呼風喚雨的領袖

基於怪罪型直覺，我們會把一個人說得比實際上更有權力或影響力，無論壞的或好的方面都一樣。政治領袖和企業執行長尤其常這樣自稱。

比方說，毛澤東無疑是個呼風喚雨的領袖，直接影響到 10 億人的命運。當我提出亞洲的低出生率，最常有人說：「一定是因為毛澤東的一胎化政策。」

但他的一胎化政策儘管惡名昭彰，其實不如一般所以為的那麼壓低出生率。早在一胎化政策實施的 10 年前，每名婦女的生子數就從 6 個驟降到 3 個。在一胎化政策實施的 30 年裡，每名婦女的生子數從未低於 1.5 個，在許多其他國家都低到這個數字，例如：烏克蘭、泰國和南韓。香港同樣沒有實施一胎化政策，每名婦女的生子數甚至還低於 1 個。這全顯示背後有其他因素（我先前列舉過），不光是強大領袖的激進命令使然。更何況，一胎化根本就不是毛澤東的政策，這是在他死後才施行的。

一般認為教宗能大幅影響全球 10 億名天主教徒的性行為，但儘管接連數任教宗明確譴責避孕措施，數據指出天主教徒為主的國家的避孕措施使用率為 60%，其餘國家則為 58%。換言之，並無不同。教宗是全球舉足輕重的道德領袖，但看來領袖就算像教宗和毛澤東在道德與政治上有強大影響力，都沒有遙控器能操控閨房事。

墮胎倒不一樣。一胎化政策確實有影響，導致不知為數多少的強制墮胎和強制結紮。現在世界各地的女性與女孩仍為宗教對墮胎的譴責深受其害。當法律禁止墮胎，墮胎不會消失，但確實變得更危險，女性死於墮胎的風險跟著升高。

琳達修女的門後

在非洲最窮困的偏鄉，許多基本的醫療照護仍是由修女在做。有些聰明認真的修女成為我最密切的同仁。

> 我在坦尚尼亞時和琳達修女共事。她非常虔誠，穿得一身黑，每天禱告 3 次。她的辦公室的門一向敞開，只在進行醫療諮詢時關上。你一走近最先就是看到門外貼著一張教宗的光亮海報。某日我們在她的辦公室裡討論到敏感話題，她起身關上門，我第一次看到門後有什麼東西：另一張大海報，上面黏著數百個小包裝的保險套。她轉身看到我的驚訝神情，露出微笑——她發現我對修女的無數刻板印象時，通常也是這樣笑。她簡短地說：「民眾要靠這個避免愛滋和寶寶。」然後繼續我們原先的討論。

更可能的英雄

我在前面說過，當壞事發生，我們該把矛頭指向系統而非個人。當好事發生，我們也該把更多功勞歸給兩個系統。與光鮮亮麗的領袖相比，這更是在無趣與乏味下默默推動人類多數成功的幕後功臣，值得我們辦場致謝遊行。現在且讓我讚揚這兩個推動全球發展的無名英雄：機構與科技。

機構

只有在少數幾個國家，由於極端破壞性的領導者與衝突，社會與經濟發展才會被迫停滯。在其他國家，即使有最無能的元

首,仍然能持續進步。這不免令人想問國家元首是否沒那麼重要。答案大概是:沒錯。打造社會的是人民,是普羅大眾。

　　早上我轉開水龍頭洗臉,熱水神奇的汩汩流下來,我有時會靜靜歌頌背後的功臣:水管工。在這狀態下,我常赫然發覺生活裡有許多機會要感謝各種人,像是公務員、護理師、老師、律師、警員、消防員、電工、會計師和櫃台人員。社會是由他們打造。各行各業默默工作,化為環環相扣的網絡,成就社會的各個組織機構。當好事順利運作,我們該為這些人喝采。

　　2014年,我前往賴比瑞亞協助對抗伊波拉疫情,以免疫情未受控制,擴散到世界各地,奪走10億條人命,超越史上任何重大疫情。那場對抗伊波拉病毒的戰役最終獲勝,功臣不是某一位英勇的領袖,甚至不是無國界醫生或聯合國兒童基金會等任何英勇的組織,而是默默付出的政府人員與當地醫護人員,他們以公衛改革運動在短短期間改變了古老的喪葬方式,冒生命危險醫治垂死的病患,辛苦找出所有接觸過病患的人並加以隔離,做好種種繁雜危險的工作。他們是推動社會運作的英雄,辛勤認分,不為人知——卻真正拯救了世界。

科技

　　工業革命挽救數十億條人命,不是靠催生英明的國家元首,而是靠製造自動洗衣機能用的化學洗衣精等等。

　　我四歲時第一次看到我媽把衣服放進洗衣機。那天對她是個大日子,她和老爸存錢數年才終於買下洗衣機。獲邀參加新洗衣

機啓用大典的祖母更是興高采烈,她一輩子是靠柴火把水燒熱再親手洗衣服,現在可以看電力代勞洗衣工作,不禁雀躍地搬了一張椅子,坐在洗衣機前面,目不轉睛地看完整個洗衣過程,簡直被催眠似的。對於她,洗衣機就是奇蹟。

對老媽和我也是奇蹟。洗衣機是一部魔法機器。有了洗衣機,老媽天天跟我說:「漢斯,我們已經把衣服放進洗衣機裡了,機器會幫忙洗衣服,所以我們可以上圖書館。」髒衣退散,書本到來。感謝工業化,感謝煉鋼廠,感謝發電廠,感謝化學工業,感謝你們讓我們有時間讀書。

如今全球 20 億人有足夠的錢買洗衣機,媽媽們有足夠的時間讀書——因為向來幾乎都是媽媽們負責洗衣服。

真確問題 12:
全球多少人口享有電力?
☐ (A) 20%
☐ (B) 50%
☐ (C) 80%

電力是基本需求。這代表大多數人(第二、第三和第四級的幾乎所有人)都有電力了。然而,4 個人裡面只有 1 個人答對這一題(所有國家的答題狀況參見書末附錄)。一如往常,最正面的選項是正解:現今全球 80% 的人口享有電力。雖然供電並不穩,停電是常事,但全球正往全面供電前進,一座又一座發電廠

落成,一戶又一戶享受著電力。

世上現在還有 50 億人用雙手洗衣服,我們要務實面對他們的需求,明白他們願不計一切去追求什麼。期望他們自願放慢經濟成長完全不切實際,他們想要洗衣機、電燈、良好的排水系統和保存食物的冰箱,在視力不好時有眼鏡,在得糖尿病時有胰島素,在放假時能像你我這樣有交通工具到各個景點。

除非你願意放棄這些,開始靠雙手洗牛仔褲和床單,否則憑什麼期望他們放棄?為了讓地球免於氣候變遷的巨大威脅,我們不該找某群人指責並叫他們負責,而是要想出務實的計畫,努力開發新科技,讓 110 億人未來能追求想過的生活,也就是現在我們在第四級國家追求的生活──只是要有賴更聰明的解方。

忍住尋找代罪羔羊

談到赤貧人口的用藥缺乏研究經費,罪魁禍首不是老闆、董事會或股東,去指責他們哪能得到什麼?

同理,別衝動地責怪媒體說謊騙你(他們多半沒有),責怪媒體給你扭曲的世界觀(他們多半有,但通常不是故意)。別責怪專家太過關注自己的興趣或專業,把事情弄錯(他們有時如此,但通常出於善意)。事實上,別為任何事責怪個人或群體,原因在於一旦我們指出壞人就不再繼續思考,況且事情幾乎都比這更複雜,幾乎都源自許多互相牽扯的原因──整個系統。如果你真的想改變世界,就得弄清世界真正的運作方式,別只想揍誰一拳。

求真習慣

為了扭轉**怪罪型直覺偏誤**，**你要忍住尋找代罪羔羊**。懂得察覺到自己在怪罪於他人，然後想到對個人的指責，往往導致看不到其他可能的解釋方式，且對防止壞事重演並無助益。

- **尋找原因，而非戰犯**：當壞事發生，別找特定的個人或群體來怪罪，而是想到這背後可能不是有誰故意為之，轉為把精力放在釐清環環相扣的各個原因或整個系統。
- **尋找體制，而非英雄**：當有人自稱促成某件好事，你要想一想是否即使沒有特定的誰做些什麼，這件事仍會發生。你要給整個體制一點掌聲。

CHAPTER 10

急迫型直覺偏誤

「再不做就沒機會了」的想法,是怎麼封掉道路與頭腦

路障與心障

「如果不會傳染,為什麼你要叫太太帶小孩離開?」納卡拉的市長從桌子後面提問,跟我隔著一段安全距離。在窗外,令人屏息的夕陽正落向納卡拉區,照亮這裡的數十萬赤貧人民,而他們全仰賴一位醫生──我。

那天我剛從北方一個叫做曼巴的窮困區域返回城裡。我在曼巴待了兩天,靠雙手診斷數百位罹患費解怪病的病患,症狀是剛發作幾分鐘即雙腿麻痺,嚴重的病例甚至會失明。市長說得沒錯,我無法百分之百確定不會傳染。昨晚我徹夜未眠,死命翻著醫學教科書,最終認為這種病先前沒人提過。我猜這是某種毒素,而非傳染病,但無從確認,所以叫太太帶孩子離開這地區。

我還想不到怎麼回答,市長又繼續說:「如果你認為會傳染,我一定得做點什麼。為了不要釀成大災難,我一定不能讓疫情蔓延到城裡。」

他預想了最壞情況,我也立刻受他感染。

他是個劍及履及的行動派,馬上站起來說:「我應不應該叫軍方設置路障,不讓北邊的巴士進城?」

「應該。」我回答說:「我想這會是個好主意。你得做點什麼才行。」

市長消失去打電話。

翌晨當朝陽照上曼巴,大約 20 位婦女和年幼孩子等著早上的巴士,準備到城裡的市場做生意賣東西,但得知巴士停駛,只

好走到海邊請漁民開船載他們進城。漁民讓他們坐進小小的漁船，沿海岸往南前進，大概為這筆生平最好賺的外快樂不可支。

然而，浪一來，漁船全翻覆了，偏偏沒人會游泳，所有婦女、幼子與漁民統統溺死。

那個下午我開著車再次前往北邊，通過路障，想繼續研究這怪病，在駛過曼巴時看到一群人把從海裡拉上岸的屍體排在路邊，連忙衝向海岸，卻為時已晚。我看到一個男子抱著斷氣的男孩，忙問他：「為什麼這些小孩和媽媽要坐那麼破的船？」

「今天早上巴士沒開。」他說。好一陣子，我仍不太清楚我幹了什麼好事。時至今日，我仍無法原諒自己。為什麼當時我要跟市長說「你得做點什麼才行」？

我不能把這起悲劇怪到漁民頭上。當市府因故把路封了，不得不到市場討生活的婦女當然會冒險搭船。

我沒辦法跟你說那天與接下來幾天我是怎麼繼續工作下去，而35年來我從未把這件事告訴任何人。

不過我確實繼續了我的工作，最後發現民眾下肢麻痺的原因：先前猜得沒錯，禍首是毒素。出乎意料的是，他們沒吃任何陌生食物。當地的主食是樹薯，但需要經過3天的加工處理才能吃，人人知道這件事，所以沒人中毒或出現過麻痺症狀。但那年全國嚴重歉收，政府用前所未有的高價購買加工樹薯，這些窮困農民突然能賺到額外的錢，看到脫貧的希望，有得賣就盡量賣，但當忙了整天賣完作物，餓著肚皮回家，竟然餓到直接吃田裡未經處理的樹薯根。1981年8月21日晚上8點，我靠這個發現從

當地醫生搖身一變為研究人員，接下來 10 年都在研究經濟、社會、毒素和食物之間的關係。

14 年後，1995 年，剛果民主共和國首都金夏沙的官員得知基奎特市爆發伊波拉疫情，也嚇得認為得做點什麼才行，於是設置了路障。

這措施再次造成意料之外的後果。原先一向替首都供應大多數加工樹薯的農業地區如今列為疫區，被擋在另一邊，首都民眾面臨糧食短缺，開始向第二大的糧食產區大量購買糧食，有什麼就買，價格一飛衝天。接著你猜怎麼了？一種會導致雙腿麻痺與失明的怪病爆發流行。

19 年後，2014 年，賴比瑞亞的北方鄉間爆發伊波拉疫情。來自富裕國家的人員缺乏經驗，大驚失色，統統想到同一個點子：設置路障！

我在衛生局遇到的官員較有經驗，懂得謹慎以對。他們主要是擔心設置路障像在拋棄另一邊的民眾，恐怕毀掉信任感，而這會造成非常嚴重的後果：對抗伊波拉疫情得靠追蹤病患接觸過的對象，所以有賴民眾願意誠實說出接觸過的每一個人。那些英雄待在殘破的貧民窟裡，向死者家屬小心詢問病患在生前可能把病傳染給了哪些人。一波一波恐懼，一則一則謠言，大家如同驚弓之鳥，經不起任何會引起恐慌的措施。要查出感染途徑不是靠強行逼問，只能靠耐心與冷靜，審慎的問明傳染情況。要是有個人羞於啟齒而隱瞞亡弟生前有數個愛人，後果可能是上千條人命白白犧牲。

萬一我們擔驚受怕，面臨時間壓力，想著最糟狀況，很容易就做出極蠢的決定。當我們急著當機立斷趕快行動，就很難妥善思考分析。

說回 1981 年的納卡拉，當時我花許多天仔細研究那種怪病，卻沒花半分鐘思考封路的後果。我感到事態緊急，心生恐懼，只全然關注傳染病的風險，無法把事情從頭到尾好好想過一遍。急著做事，卻做錯了事。

急迫型直覺

再不做就沒機會了！現在就要養成求真習慣！明天可能就太遲了！

現在你讀到了最後一種直覺。現在是你做決定的時候。這個時刻一去不復返，你這輩子從此不會像現在這樣，腦中清楚映著本書所列的每個直覺。這是絕無僅有的機會，就在今天，此時此刻，你要讀進書裡的洞見，從此改變思考方式。不然你也可以讀完這本書，闔上，跟自己說「這書好怪」，繼續過原本的生活。

現在你就得決定。現在你就得行動。你要今天就此改變思考方式嗎？還是要永遠活得無知？全部取決於你。

你大概從某個業務員或社運人士口中聽過上述這種話。他們很常用同一套技巧：「立刻行動，不然就永遠沒機會了。」這是有意觸發你的急迫型直覺。這種行動呼籲會讓你降低批判思考能力，匆促做出決定，真的馬上行動。

放輕鬆,事情幾乎從來不是這樣。絕大多數時候不是那麼迫在眉睫,不是非得擇一不可。如果你想先把書擱下,做點其他事情,完全可以,等一星期、一個月或一年後再重新拿起來讀,回想一下重點,都不嫌太遲。與其急著一次囫圇吞棗,不如沉澱反芻更好。

我們在感到危險迫近時,可能基於急迫型直覺想立刻行動。這在遠古時代一定對人類有益。如果我們認為草叢裡可能躲著一隻獅子,過度分析局勢並不明智。我們的祖先不是停下來仔細分析,而是但憑稀少資訊立刻行動。如今我們仍需要急迫型直覺,比如一輛汽車突如其來,當然必須立刻閃避。然而,在現代社會裡,我們已經消除絕大多數的立即危害,通常是面對更複雜抽象的難題,因此急迫型直覺也可能造成我們對世界的錯誤認知。具體來說,急迫型直覺會帶來壓力,放大其他直覺,讓想法難以控制,讓分析難以進行,害我們太快驟下決定,害我們還沒想好就貿然行動。

相較之下,我們面對未來遙遠的危機時似乎就沒有這類直覺,甚至相當遲鈍,所以很少人替退休生活存夠錢。

對關注未來長期發展的社運人士來說,這種對未來風險的遲鈍是一大難題。他們要怎麼喚醒我們?他們要怎麼激發我們的行動?常見策略是讓我們相信那並非不確定的遙遠風險,而是確實迫在眉睫,我們正站在歷史的關口上,有機會解決這個重大問題,現在就要付諸行動,再不做就沒機會了;換言之,他們在激發急迫型直覺。

這種策略確實能激起我們的行動，卻也造成無謂的壓力，導致糟糕的決定。此外，這還會削弱人們對他們發出行動呼籲的信任與公信力。而且持續的緊迫感，久而久之會讓我們對真正的危機感到麻木。這類社運人士把事情說得過於急迫，希望能激起民眾的行動，卻像是放羊的孩子，老是喊著狼來了。至於故事的結局，我們都記得：整群羊被咬死了。

學著控制急迫型直覺偏誤

當有人跟我說現在就務必展開行動，我會猶豫一下。在大多時候，他們只是想讓我別冷靜思考而已。

願意面對的危機

真確問題 13：
全球氣象專家認為接下來 100 年裡平均氣溫會⋯⋯
☐（A）更暖
☐（B）一樣
☐（C）更冷

「我們需要創造恐懼！」美國前副總統高爾在我們第一次談到該怎麼描述氣候變遷時開門見山地說。那是 2009 年，我們在洛杉磯 TED 演講的後台碰頭。他請我助他一臂之力，用泡泡圖呈現二氧化碳排放量持續不減的最壞狀況。

當時我對高爾在解釋與對抗氣候變遷上的成就由衷敬佩,至今依然如此。我相信你一定答對了剛才那個真確問題:在這一題上,觀眾永遠能打敗黑猩猩,大多清楚知道氣候專家對未來的劇變有何預測(芬蘭、匈牙利和挪威的答對率為 94%,加拿大和美國的答對率為 81%,日本的答對率為 76%)。這種高度關注很大一部分要歸功於高爾,跟 2015 年巴黎協議的重大里程碑也脫不了關係。他從當時到現在都是我眼中的英雄。我完全同意他的說法,我們需要針對氣候變遷迅速展開行動。那時我一想到能跟他攜手合作就很興奮。

可是我不同意他提出的那項要求。

我不喜歡恐懼。由於對戰爭的恐懼,加上對急難的驚慌,當年我把瑞典飛官想成俄羅斯飛行員,還誤以為他流了滿地的鮮血。由於對傳染病的恐懼,加上對急難的驚慌,我同意市長的封路決定,結果整船的婦女、小孩和漁民溺斃海上。恐懼加急迫會導致愚蠢又極端的決定,伴隨無法預測的副作用。氣候變遷太過重要,不能如此草率,而是得有賴全面的分析、周延的決定、妥善的行動,以及細密的衡量。

我也不喜歡誇大。誇大會削弱扎實數據的可信度:就這例子來說,數據指出氣候變遷是真的,主因是燃燒化石燃料等人類活動所產生的溫室氣體。我們與其等到一發不可收拾才付出沉重代價,不如現在立刻展開行動及早因應。民眾一旦發現說詞誇大,日後會對警告充耳不聞。

我堅持,要一併呈現最佳情況,絕對不能只秀出最糟情況的

曲線。蓋普曼德基金會是在協助民眾了解世界的基本事實，如果只談最糟狀況，甚至讓圖上的未來曲線超乎科學依據，這就有違基金會的宗旨，等於是拿我們的公信力在號召行動。後來我跟高爾又談了不少，他始終鍥而不捨，一再希望我用訴諸恐懼且超出專家預測的動態泡泡圖，最後我只好打住這個話題：「副總統先生，沒有數據就沒有泡泡圖。」

未來的某些方面比較容易預測，某些方面又比較難以預測。超過一週的天氣預報絕少準確，預測國家的經濟成長率與失業率也出奇困難，原因在於所涉及的系統很錯綜複雜。你得預測的事情有多少？變化又是多麼迅速？從現在到下週，氣溫、風速和溼度等會經歷幾十億次變化。從現在到下個月，數十億美元會轉手數十億次。

相形之下，未來數十年的人口預測就出奇準確，原因在於所涉及的系統非常簡單，基本上就是出生率和死亡率。孩子出生，長大成人，生下小孩，然後死去，每個人大概活 70 年上下。

但未來總帶有某種程度的不確定性。每當我們談到未來，就該對當中牽涉的不確定性保持坦承和透明。不該挑最誇張的預測，還把最糟狀況當成註定會發生的事實來呈現。這樣做會被大家發現的！最理想的做法是呈現中間預測，並從最佳到最糟列出各種可能狀況。真的必須對數字四捨五入時，該朝對自己不利的方向來取概數。這樣可以保護自己的聲譽，也永遠不會讓人有拒聽的理由。

堅守數據

高爾的話在我們第一次談話之後,仍縈繞我的腦海許久。

在這裡我要講得很清楚:我非常擔心氣候變遷,因為我相信這是真的——就像 2014 年的伊波拉疫情也是真的。我明白為什麼有些人會不顧數字上的諸多不確定,想藉最糟狀況喚起支持。然而,關心氣候變遷的人不該再拿誇張預測嚇唬民眾。大多數人已經知道並承認了這個問題。如果一直重複強調,就像朝開著的門猛踹,現在該做的是:別再老是講、講、講,而是把精力放在採取行動解決問題:這些行動不是出於恐懼與急迫,而是來自數據與冷靜分析。

所以,解決之道是什麼?很簡單,任何排放大量溫室氣體的人務必盡快改弦易轍,而我們知道這是指誰:第四級的人目前排放最多二氧化碳,所以我們開始行動吧。此外,針對這個嚴重問題,我們一定要有一套嚴謹數據,才能追蹤進展。

我在和高爾談過之後開始找相關數據,赫然發覺很不好找。得益於清楚的衛星影像,我們能追蹤北極冰帽的每日狀況,進而知道冰帽確實正以糟糕速度年年減少,全球的暖化清清楚楚。然而,當我想找背後原因(主要是二氧化碳排放)的數據,卻發覺出奇得少。

第四級國家的人均 GDP 成長能清楚追蹤,最新官方數據每季發布。然而,二氧化碳排放量的數據每兩年才發布一次,所以我開始敦促瑞典政府出點力。2009 年,我開始遊說政府逐季發

布溫室氣體的數據:既然我們關注這議題,為什麼沒多加測量呢?如果我們沒追蹤進展,又豈能自稱有認真看待呢?

自從 2014 年起,瑞典開始每季追蹤溫室氣體排放量(第一個也是目前唯一這麼做的國家),我為此非常驕傲。這是付諸行動去好好求真。後來南韓的統計學者甚至造訪斯德哥爾摩,想知道怎麼效法我們。

氣候變遷是一個全球危機,重要到不容忽略或否認,第四級國家的大多數人都知道這議題。然而,氣候變遷也重要到不容被誇張預測與末日恐嚇牽著鼻子走。

當別人號召你展開行動,有時你能做的最有用行動就是:改善數據。

願意面對的恐懼

不過談論氣候變遷的聲音持續變大。許多社運人士相信這是唯一重要的全球議題,也習慣性地把一切怪到氣候上,認定氣候變遷是全球所有問題唯一的源頭。

他們逮住當下最即時的驚恐擔憂,例如:敘利亞戰爭、伊斯蘭國、伊波拉疫情、愛滋病、鯊魚咬人,以及幾乎你能想到的一切,藉此加深氣候變遷這個長遠問題的急迫感。這類聲稱有時具堅實的科學根據,卻更常是未經證實的牽強假設。我了解他們的挫折。要把遠在未來的危機變得真切具體很不容易,但我無法苟同這種做法。

最教人擔憂的是:為了吸引關注,發明「氣候難民」這個

詞。就我所知，氣候變遷與移民的關聯極為薄弱。氣候難民的概念主要是刻意誇大其詞，意圖把對難民的恐懼化為對氣候變遷的恐懼，大幅提升大眾對減排二氧化碳的支持程度。

當我對關注氣候變遷的社運人士這麼說，他們通常回答：透過誇大或缺乏依據的主張來引發恐懼和緊迫感是合理的，因為這是能讓人對未來危機採取行動的唯一方法。他們說服自己認為目的比手段重要，我也同意或許短期有用，但是……

這樣一直喊狼來了，恐怕損及氣候專家與整個運動的名聲與可信度。對於重大如氣候變遷的問題，我們不能讓這發生。如果誇大氣候變遷對戰亂、貧窮或移民的影響，這些全球性問題的其他主因恐遭忽視，導致我們無法好好採取行動因應。我們不能陷入人人都聽而不聞的局面。當信任沒了，我們就輸了。

此外，當社運人士把誇大的說法掛在嘴邊，時常連自己都弄糊塗了。他們辯稱這是喚起民眾加入行列的聰明策略，後來卻忘記這只是誇大其詞，反而真的憂心忡忡，無法專注於實際可行的解方。熱切關注氣候變遷的人士務必同時抱持兩個思維：一為絕對要持續關切這議題，一為別陷進自己的危言聳聽。他們得看最糟情況，但也記得數據有不確定性。他們要點燃別人的關注，自己卻務必冷靜，才能做出良好的決定，採取明智的行動，不致危及民眾的信任。

伊波拉疫情

在第 3 章裡，我描述了 2014 年我是怎麼太晚明白西非的伊

波拉疫情有多麼危險,直到發現感染人數會倍增才恍然大悟。不過即使在最急迫恐怖的局面下,我仍決心記取過往失敗中的教訓,依數據採取行動,別出於直覺或恐懼。

在當時,世界衛生組織與美國疾病管制與預防中心官方的「疑似病例」曲線遠非確定。疑似病例是指未確認的病例,背後有各種可能:比方說,有的人一度疑似感染伊波拉病毒,結果死於某種其他原因,但依然列為疑似病例。那時對伊波拉病毒的恐懼升高,大家變得疑神疑鬼,愈來愈多人成為「疑似病例」。由於伊波拉疫情肆虐,排擠了資源,一般醫療陷入泥淖,其他致命疾病無法妥善治療,愈來愈多人死於伊波拉以外的原因,但大多也列為「疑似病例」。疑似病例的上升曲線就這樣愈來愈誇張,愈來愈無法反映確診病例的實際趨勢。

如果你無法追蹤進展,自然無從知道自己的行動是否見效,所以我一到賴比瑞亞的衛生局就問該如何知道確診病例的數目。在一天內我得知,血液樣本會送到四個不同的檢驗單位,各單位各自打成冗長雜亂的 Excel 紀錄表單,並未統整在一起。我們有數百名醫護人員從世界各地飛來出一份力,程式設計師不斷開發沒意義的伊波拉應用程式(應用程式是他們的槌子,所以他們死命想把伊波拉病毒當釘子),但沒人追蹤這些行動是確實有效或白忙一場。

經過許可後,我把四個檢測單位的紀錄表單寄回斯德哥爾摩,奧拉動手花 24 小時整理彙總,然後為了確認他看到的怪事不是弄錯,又重複了一次同樣的處理程序。結果確實不是。當問

題似乎火燒眉毛,奧拉做的第一件事不是高呼狼來了,而是整理資料。出乎所有人的意料,那些數據指出確診病例數在兩週前達到高峰,接著開始下降。疑似病例數則持續增加。從實際面看,賴比瑞亞民眾成功改變行為,消除所有非必要的肢體接觸,不握手,不擁抱。這些連同嚴格衛生措施實行於商家、公家單位、救護車、診所與埋葬地點,其他各處都開始見效。策略確實管用,但在奧拉把資料寄回給我之前,沒人知道管用。我們慶祝一番,然後人人繼續守著工作崗位,更加振奮投入,因為現在大家知道這樣有用。

我把確診病例的下降曲線圖寄給世界衛生組織,他們在下一份報告裡刊出,但美國疾病管制與預防中心堅持要依據「疑似病例」的上升曲線,讓該投入資源的單位繼續感到急迫。我知道他們完全是出於善意,但這代表資金與資源用錯地方,更嚴重的是,長遠來看,這損及外界對流行病學數據的信任。但不該怪他們。跳遠選手不得量自己跳了多遠,負責解決問題的組織也不該決定哪些數據要刊出。在第一線處理問題的人總會想要更多資金,他們不該身兼衡量進展的人,以免出現非常誤導的數字。

讓我知道伊波拉危機有多嚴重的是數據——每三週即倍增的疑似病例數。讓我知道防疫措施確實奏效的也是數據——正在下降的確診病例數。數據絕對是關鍵。由於數據在未來依然會是關鍵,當某處爆發另一場疫情,一大重點是維護數據的可信度,維護相關人員與單位的可信度。數據務必是用來道出真相,不是呼籲行動,即使出於再高貴的善意都不行。

緊急！現在就讀！

急迫感堪稱是嚴重扭曲我們世界觀的主要元凶。我知道我大概也是這樣形容其他誇大的直覺，但急迫型直覺也許確實很特殊。或者也許其他誇大的直覺都會結合急迫型直覺。腦中過度誇大的世界觀會持續帶來危機感與壓力，而這種「再不做就沒機會了」的急迫感，會造成壓力或漠然，也許是：「我們一定要採取破釜沉舟的大動作，所以別再分析了，開始行動吧。」或者是：「一點希望都沒有，我們什麼都做不了，該放棄了。」無論是前者或後者，我們都會停止思考，由直覺帶頭，做出糟糕決定。

我們「應該」擔心的五個全球危機

我不否認有些迫切的全球危機有待因應。我不是把世界刷成粉紅色的樂觀主義者，不是靠轉頭拒看問題來換取平靜。現在我最擔心五個全球危機：**全球傳染病**、**金融崩潰**、**世界大戰**、**氣候變遷**，以及**赤貧**。為什麼這些問題最令我擔心？因為發生機率很高：前三個確實發生過，後兩個是現在進行式。而且這些問題都會帶來大規模的苦難，無論這些苦難是當下直接造成的，還是歷經多年至數十年的人類進步停滯間接釀成的。如果應對這五大危機失敗了，其他方面都會觸礁。這些是要極力避免的重大危機，我們必須盡可能通力合作、循序漸進地因應。

（這份名單還有第六個候選項目，那就是**未知的危機**。它

是指某些我們尚未想到的事件,卻可能釀成可怕的苦難與毀滅。這是一個令人清醒的提醒。雖然擔憂那些我們無能為力的未知事物,實在沒意義,但我們務必對新風險抱持好奇與警覺,才有辦法妥善因應。)

全球傳染病

在一戰尾聲,西班牙流感席捲全球,奪走5,000萬條人命——比一戰死的人還多,部分原因在於世人已因4年戰事羸弱不堪。全球的平均壽命因而驟降10歲,從33歲降為23歲,你從【圖2-3】的曲線圖就能看到。如今權威的傳染病專家一致認為可怕的新型流感夢魘仍在,堪稱對全球公衛的最危險威脅,理由在於:流感的傳染途徑。流感是靠飛沫傳染,患者搭地鐵時能傳染給所有人,雖然大家並未接觸彼此,甚至並未碰觸同一個地方。流感這類飛沫傳染病有辦法迅速傳播,比伊波拉或HIV/愛滋等疾病對人類更具威脅。平心而論,人類值得花功夫保護自己免於這種高度傳染性的疾病威脅。

如今世界比過去更能對付流感,但第一級國家仍難以迅速因應疫情。我們必須確保基礎醫護服務能顧到每一個人,顧到每一地方,方能盡快發現疫情的爆發。此外,我們也需要世界衛生組織保持妥善運作,得以充分協調全球的合作。

金融崩潰

在全球化的世界,金融泡沫恐釀成大災,舉國經濟垮掉,大

量民眾失業，心生不滿的民眾只得尋求激進的解決方案。一場銀行大規模倒閉潮，有可能比 2008 年美國次級房貸風暴釀成更嚴重的災害，摧毀全球經濟。

經濟系統錯綜複雜到難以準確預測，連世上最頂尖的經濟學家都沒預測到上一次的金融危機，對經濟復甦的預測也年年失準。所以我們沒理由認為，既然沒人預測會有金融危機，它就不會發生。如果我們能有一個比較簡單的系統，或許略有可能加以了解，想出避免金融崩潰的方法。

第三次世界大戰

我這輩子都在盡力跟其他國家與文化的人們建立關係。這不只是出於好玩，也是強化全球安全網的必要工作，有助對抗人類相互報復的可怕天性，防止一種最壞的邪惡：戰爭。

我們需要奧運、全球貿易、交換學生計畫、自由的網際網路──任何讓我們跨越種族與國界的管道。少了世界和平，所有永續目標無從實現。有些國家傲然緬懷過去的侵略行動，萬一逐漸失去對全球市場的掌控，恐怕再冒出攻擊他國的念頭，全球如何避免這種危機真是一大外交挑戰。我們務必替老西方找出和平融入新世界的新方法。

氣候變遷

我們不必看最糟狀況就知道氣候變遷是一大危機。對於這星球的共用資源（如大氣），各國必須妥善遵循一套全球的標準與

規範。

這做得到:我們已經攜手避用含鉛汽油與臭氧層破壞物質,在 20 年內把用量幾乎減至 0。實際來說,這有賴國際社會的良好合作(明說好了,我是指聯合國)。此外,這也有賴各國兼顧不同等級所得人民的相異需求而仍團結一心。國際社會要是不認為第一級國家的 10 億人民該享有電力,自然無從團結,況且讓他們享有電力對總排放量的影響其實微乎其微。富裕國家目前排放了最多的二氧化碳,應當自己先設法改善,而不是浪費時間在指責他國。

赤貧

前面所說的危機都是極可能發生的,帶來的未來苦難程度也未知。但赤貧的危機是真實存在的,它造成的苦難既不是未知,也不是將來才發生,而是當下的現實,是每天都在上演的磨難。伊波拉疫情就是爆發在赤貧地區,因為當地沒有醫療單位及早因應。赤貧地區是內戰的溫床,因為年輕人亟欲得到糧食與工作,一無所有也就一無所失,因而樂於加入血腥殘暴的游擊隊組織。這是惡性循環:貧窮導致內戰,內戰加劇貧窮。由於阿富汗和中非的內戰,永續發展的計畫在當地面臨中斷。恐怖分子躲在現存的少數赤貧地區。在內戰區域,我們也更難拯救犀牛。

現在全球處於相對和平的時期,得以繁榮昌盛,赤貧人口的所占比例降至史上最低,但仍然有至少 8 億人那麼多。這與氣候變遷不同,我們不需要預測或推估未來情況,那 8 億人是明擺著

正在受苦,而解方也很清楚:和平、教育、電力、廁所、乾淨飲水、避孕用品、全面的基礎醫療照護,以及可以開始做生意的小額貸款。終結貧窮不必靠創新發明,只需要用其他地區都見效的方法,走完最後一哩路。而且我們知道行動展開得愈快,問題就愈小,原因是如果不趕快行動,赤貧的人會生下更多小孩,人數愈來愈多。盡快提供像樣生活所需的一切,讓最後這將近10億人脫貧,可謂有清楚事實依據的優先事項。

最棘手的,莫過於國家力量薄弱、暴力與混亂的武裝幫派盛行地區。這類地區需要某種維護安定的軍隊,需要荷槍實彈的警察,需要展現實權的政府,無辜民眾才得以安居樂業,學校老師才得以教育下一代,脫貧才得以實現。

我終究是可能性主義者。終結貧窮是一場漫長的馬拉松比賽,槍聲在1800年響起,而下一個世代就如最後一棒跑者,享有完成賽事的特殊機會:接下棒子,跨越終點線,高舉雙臂歡慶勝利。這個大計一定得完成,屆時我們要好好辦一場慶祝大會。

對我來說,知道某些事至關重要是一種放鬆。這五大危機是我們務必投注大量精力的地方,有賴審慎的對策,有賴獨立可靠的數據,有賴全球的攜手合作與資源投入,而且是有賴一小步再一小步的持續努力與成效評估,不是妄想一蹴可幾的激進行動。這些危機該獲得所有社運人士的一致重視,風險大到我們不能高喊狼來了。

我不是叫你別擔心,而是叫你要擔心對的事情。我不是叫你對新聞視而不見,對社運人士的疾呼置之不理,而是叫你忽視雜

音,但仍關注全球的重大危機。我不是叫你別害怕,而是叫你保持冷靜,支持那些對抗危機所需的全球合作。你要克制急迫型直覺,克制各種誇大的直覺,少為想像的問題太過擔心,但對真正的難題與解方保持關注。

求真習慣

為了扭轉急迫型直覺偏誤，你要小步前行。懂得察覺某個決定看似急迫，然後意識到情況其實絕少真是這麼緊急。

- **深呼吸**：當急迫型直覺反應出現，其他直覺也會跟進，分析能力形同關機。這時你得尋求更多時間和資訊。事情很少是現在再不做就沒機會了，也很少是非得二擇一不可。
- **堅守數據**：如果某件事顯得急迫與重要，就該經過衡量。有些數據相關但錯誤，有些數據正確但無關，你得留心分辨。只有相關且正確的數據才有用。
- **當心算命仙**：任何對未來的預測都不是鐵口直斷，而是有不確定性。如果誰不承認這一點，你得提防當心。此外，你得要求對方提供所有預測情況，不只是最壞或最好的情況，並詢問這類預測在先前的準確度。

- **當心激進行動**：你要問有什麼副作用，問這想法經過哪些檢驗。循序漸進的務實改進，再對其影響進行評估，雖然看似不夠大刀闊斧，卻通常更為有效。

CHAPTER 11

求真習慣的
實際運用

求真習慣是怎麼救了我一命？

「我們該拔腿快跑。」站在我身旁的年輕老師低聲說。

兩個想法浮現心頭。一個想法是如果這個老師跑掉了，我就無法跟面前這一群氣沖沖的人溝通，所以我緊緊抓住他的手臂。

第二個想法是先前一個明智的坦尚尼亞官員告訴我的：「萬一碰到有人拿大砍刀威脅你，絕對不要轉身逃跑，而是要穩穩站好，直視對方的雙眼，問他出了什麼問題。」

那是 1989 年，我在薩伊共和國班頓杜省的偏遠赤貧小村馬坎加。薩伊就是現在的剛果民主共和國。我是調查小組的一員，在這裡研究一種無藥可醫的下肢麻痺症，名為綁腿病（konzo），是我數年前在莫三比克首次發現的。

這項研究經過兩年規畫，包括許可證、司機、隨行口譯和實驗設備都經過周密準備，但我犯了一個嚴重錯誤，那就是沒有跟村民妥善解釋研究的內容與用意。我是想訪談所有村民，取得食物、血液和尿液的樣本，原本在村長解釋給村民聽時，我應該陪同在旁的。

那天早上，我在小屋裡靜靜細心做準備，聽到村民在外面聚集，似乎有些騷動不安，但我仍專心想啟動血液樣本機，最後終於搞定柴油發電機，讓離心機跑了一遍，機器嘈雜作響。我關掉機器，聽到外頭變得更吵，氣氛在短短幾秒間變了，於是我低著身子從矮矮的門走出去。小屋裡很昏暗，我站直身子時還看不清楚，但接著適應了光線：我面前圍著約莫 50 個憤怒不滿的村民，

有些以指頭比著我，其中兩位以壯碩的手揮舞著大砍刀。

就是在這時，那個替我翻譯的老師建議我們快跑，但我往左看，往右看，無路可逃。村民人多勢眾，要抓住我不難，然後我就得任那兩個持大砍刀的男子宰割。

「怎麼回事？」我問那個老師。

「他們說你在偷血，在騙我們。你只會把錢給村長，然後要拿那些血做某種會害我們的東西。他們說你不該偷他們的血。」

這很糟糕。我問他能否幫忙翻譯，然後我轉身面向村民：「可以聽我解釋一下嗎？如果你們希望，我可以立刻離開你們村子，不然我也可以說明為什麼我們會來這裡。」

「你說啊。」村民說。（偏遠村子的日子很無聊，所以他們大概心想：可以先聽他講，然後再殺了他。）村民把舞著大砍刀的男子往後拉：「讓他說。」

我們先前就該這樣談過。如果想進某個村子做研究，你必須一步一步來，急不得，而且要尊重村民，讓大家問出所有問題，好好逐一回答。

我開始解釋我們正在研究一種叫做綁腿病的病症，把我在莫三比克和坦尚尼亞研究這種病時拍的照片給他們看。他們看得聚精會神。「我們覺得這跟你們怎麼處理樹薯有關。」我說。

「不對，不對，不對。」他們說。

「嗯，我們想做這個研究，驗證我們的想法對不對。如果我們能找出原因，你們也許就不會再得這種病了。」

村裡許多小孩患有綁腿病。我們坐吉普車進村時注意到有些

小孩落在後頭,其他小孩則開心好奇的跟著吉普車一路跑。現在我也看到這群村民裡有幾個小孩是患者,有著綁腿病的典型走路姿勢。

村民開始竊竊私語。兩個持大砍刀的男子當中長相比較可怕的那個再度開始叫囂,瞪著充血的雙眼,前臂有一條大大的疤。

這時一個大約 50 歲的赤腳婦女從人群裡走出來,大步走向我,然後轉過身去,張開雙臂大聲說:「你們不覺得他說得對嗎?安靜!他說得對,血液的檢測很有必要。大家還記得先前很多人得麻疹死掉嗎?好多我們的孩子都死了。後來他們來為孩子打疫苗,現在都沒有小孩得那種病走掉,還記得吧?」

村民沒被說服,大聲鼓譟:「對啦,麻疹疫苗是很好,可是現在他們是要偷走我們的血耶。」

那婦女閉口片刻,然後往前朝村民靠近一步:「你們以為他們是怎麼發現麻疹疫苗的?你們以為是從他們國家的樹上長出來的嗎?還是從土裡拔出來的嗎?才不是,疫苗是靠這個醫生說的──」她看向我:「靠,研,究。」她把那老師翻譯為「研究」的字眼重複說了一遍,然後轉身指著我:「他們就是靠這樣找出治病的方法,難道你們還不懂嗎?」

我們身在班頓杜省最偏遠的村子,而這個婦女挺身而出替科學研究辯護,如同科學學院的院長。

「我有個孫子因為綁腿病,終身殘疾,醫生說治不好。如果讓他研究我們,也許有辦法阻止這種病,就像他們阻止了麻疹那樣,到時候我們就不用再眼睜睜看兒子和孫子跛腳了。我覺得他

說得對，我們馬坎加人需要這個『研究』。」她講得真是慷慨激昂，但不是用來誇大與扭曲事實，而是用來解釋事實。接著她像我在非洲看到的許多自信村婦那樣，猛的捲起左手袖子，轉身背對村民，以另一隻手指著臂彎，直視我的雙眼說：「這裡。醫生，我的血給你。」

兩個持大砍刀的男子把手放下往後退，幾個村民咕噥著走掉，其他人則排在那個婦女後面準備讓我抽血，一個個從大呼小叫轉為輕聲細語，從火冒三丈變為好奇微笑。

我一直非常感謝這個勇敢婦女的洞見。如今我們在對抗無知多年後提出求真習慣的概念，我很驚訝地發現，她的行為完美體現了這項概念。她似乎看出村民懷著的種種誇大直覺，協助他們克制，以理說服他們。「恐懼型直覺」由針、血和疾病觸發，「概括型直覺」讓他們把我歸類為掠奪非洲的歐洲人，「怪罪型直覺」讓他們決心對抗我這個來偷血的邪惡醫師，「急迫型直覺」讓他們太快驟下決定。

然而，她仍在這股壓力下挺身而出，慷慨直言。這與正規教育無關，她大概不曾離開過班頓杜省，而且我確定她不識字，絕對沒學過統計，絕對沒花過時間記誦世界的各種事實，但她具備勇氣，懂得批判思考，以清晰邏輯表達想法，面對排山倒海的壓力仍能慷慨陳詞。她的求真習慣救了我一命。如果她能在那種處境下求真，受過良好教育、識字──而且正在讀這本書──的你當然有為者亦若是。

求真習慣的實際運用

你如何把求真習慣實際運用在日常生活:在教育上、在職場上、在新聞上、在你自己的組織或社區、在公民事務?

教育

瑞典沒有火山,但地質學家會拿公家經費研究火山,連一般學生都會學火山的知識。這裡是北半球,但天文學家會研究只在南半球看得到的星星,學生在學校也會學。為什麼?因為這些是世界的一部分。

所以為什麼我們的醫生與護士不去研究各所得等級的疾病模式?為什麼我們不在學校與職訓傳授這個多變世界最新的基本事實?

我們該教孩子這個基於事實的最新架構(即四個所得等級的生活樣貌),訓練他們善用求真習慣的法則,也就是各章最後面列出的重點技巧。如此一來,他們會更懂得把國際新聞放在適當脈絡中,察覺媒體、業務員或社運人士是否利用誇張故事觸發直覺反應。這些技巧是許多學校已經在教的批判性思考,有助下一代避免掉許多無知。

- 我們該告訴孩子,世界各國處於各種不同的健康與所得等級,大多數國家位於中間。
- 我們該告訴孩子,他們自己國家的社會與經濟在全球處於哪個位置,而這又正在如何改變。

- 我們該告訴孩子，他們自己的國家如何往上提升所得等級至現在這個位置，又要如何以這個認知去體會其他國家現今的生活樣貌。
- 我們該告訴孩子，各國人民正在提升所得等級，他們生活裡的多數事情正在進步。
- 我們該告訴孩子，過去的生活到底是什麼樣子，他們才不會誤以為人類並未取得進步。
- 我們該告訴孩子，如何同時抱持兩個認知：一為世上正有壞事發生，一為許多事情正在變好。
- 我們該告訴孩子，文化與宗教上的刻板印象對了解世界並無幫助。
- 我們該告訴孩子，如何看待新聞，如何分辨誇大報導，別太過擔憂絕望。
- 我們該告訴孩子，別人會如何時常拿數字試圖騙過他們。
- 我們該告訴孩子，世界會持續改變，他們終其一生需要持續更新對世界的認知。

最重要的是，我們該教他們抱持謙虛與好奇。

在這裡，謙虛意謂著意識到各種直覺是如何讓你難以正確認識世界；意謂著務實面對自身知識的局限；意謂著樂於說出「我不知道」；意謂著在發現新的事實時願意改變既有觀點。謙虛能帶來放鬆，原因是你不必覺得非得事事都懂，不必時時需要為你的觀點辯護。

好奇意謂著對新知抱持開放態度；意謂著主動吸取新知，意謂著樂於接受不符原本世界觀的事實，並設法了解；意謂著將自己的錯誤視為激發好奇心的契機，而非難為情：「我怎麼會有錯得這麼離譜的認知？我能從這個錯誤中學到什麼？這些傢伙不是笨蛋，所以為什麼他們要採取這個解方？」保持好奇很令人興奮，你會一直發現有意思的東西。

不過這世界會一直改變，光是教育下一代無法解決成人的無知病。你在學校學到了世界觀，卻會在畢業的10或20年內過時，所以我們也得找出替成人更新知識的方法。在汽車業，當發現車子有瑕疵，車廠會召回車子，寄信跟你說：「我們將召回您的愛車，更換新的煞車。」當你在中小學與大學學到的認知過時，你也該收到類似的信：「不好意思，我們當年傳授給您的已經不正確了，請寄回您的腦袋，我們為你免費更新。」或者也許你的雇主該處理這問題：「請讀完這份資料並接受測驗，以免在世界經濟論壇之類的地方出糗。」

用美元街取代墨西哥帽

兒童在幼稚園開始學著認識其他國家和宗教。小巧可愛的世界地圖，畫著穿民俗服飾的各國人民，想讓孩子留意並尊重其他文化。這樣設計的出發點是好的，但呈現方式可能讓他們誤以為各國天差地別，其他國家的人還卡在歷史裡，過著洋溢異國風情的生活。有些墨西

> 哥人當然還是偶爾會戴大大的墨西哥帽,但最常戴這種帽子的其實是觀光客。
>
> 所以我們建議讓孩子上「美元街」的網站看看吧(www.dollarstreet.org),讓他們看見一般人的生活樣貌。如果你是老師,不妨帶班上學生在網站「旅行」,叫他們找出各個國家內部的差異之處,也找出不同國家之間的相同之處。

職場

如果你的履歷表上有一個錯字,大概不會錄取。可是如果你把 10 億人擺在錯誤的洲上,還是能得到工作,甚至得到升遷。

許多在大型跨國企業和金融機構工作的西方員工就像這樣,仍然根據過時、扭曲但根深柢固的世界觀在做事。然而,對世界的了解正變得愈來愈重要,也愈來愈可能。如今多數人得面對全球各地的消費者、製造商、服務提供者、同仁或客戶。相較之下,幾十年前世界觀也許比較不重要,我們也幾乎無從取得可靠的全球數據。不過世界在變,對世界觀的需求也在變。如今幾乎所有主題的可靠數據都唾手可得。這是相當新的發展:當年我對抗大誤解的第一個夥伴是影印機,如今各種免費數據在網路上應有盡有。對企業老闆與員工來說,無論在徵人、生產、行銷和投資上,依照基於事實的世界觀做事從來沒有這麼容易,也從來沒有這麼重要。

用數據了解全球化市場已經變成文化的一部分。然而，當一個人對世界的認知整個顛倒，片斷的數據可能造成的偏誤，跟錯誤數據或沒有數據簡直半斤八兩。每個人都以為對世界抱持還算正確的認知，等別人實際考一考他們才發覺不是這麼一回事。

就銷售和行銷來說，如果你在歐洲或美國有很大的事業，你和員工需要知道未來全球市場的成長主要是在亞洲和非洲，而不是歐美。

就徵人來說，你需要明白歐美公司的「歐美」二字不再那麼能吸引國際員工，比如 Google 和微軟都已經成為全球企業，感覺不再那麼「美國」，他們在亞洲和非洲的員工想真正成為一家全球企業的一分子，也確實是這樣，Google 執行長皮采（Sundar Pichai）和微軟執行長納德拉（Satya Nadella）甚至都是土生土長的印度人，在印度受教育。

我在歐洲的企業演講時，總是告訴他們降低品牌裡的歐洲味（「把你們商標裡的阿爾卑斯山拿掉吧」），也把總部移到其他地方（但歐洲籍員工留在當地）。

就生產來說，你得知道全球化還沒結束。數十年前，西方公司知道生產製造必須外包到第二級的所謂新興市場，產品的品質一樣，成本卻少一半。但全球化是持續進行，不是一次性的事件。數十年前，孟加拉和柬埔寨提升到第二級時，紡織業從歐洲轉移到這兩個國家。隨著孟加拉和柬埔寨日漸富裕，逐步邁向第三級，紡織業可能很快會再次轉移。在紡織業工作逐漸轉移到非洲國家時，如果這兩個國家的產業未能多元化，就得吞下苦果。

在做投資選擇時，你需要擺脫源自殖民時期（及當代媒體）對非洲的天真認知，明白迦納、奈及利亞和肯亞有著當今絕佳的投資良機。

我認為企業不久後會更關切世界觀的錯誤，超過履歷表的錯字，並設法確保員工和客戶時常更新對世界的認知。

記者、社運人士和政治人物

記者、社運人士和政治人物也是人，沒有在騙我們，而是自己也為誇大的世界觀所苦。他們跟任何人一樣，需要時常檢視與更新自己對世界的認知，培養求真的思維。

記者還可以採取進一步行動，讓報導裡的世界觀比較不扭曲。從歷史背景來看新聞事件，有助於防止過度放大或片面解讀。有些記者意識到負面新聞的不良影響，正提出新標準，促進更具建設性的新聞，目標是改變報憂不報喜的習慣，讓新聞更有意義。現在還很難斷定他們能帶來多大影響。

說到底，真實呈現世界終究不是記者的任務，也不是社運人士和政治人物的目標。他們永遠必須靠誇張說詞與吸睛故事搶我們的注意力，永遠會鎖定異常而非平常，也永遠是關注最新的改變，關注立即的改變，而不是關注緩慢變化的進展。

連最優質的媒體都無法像統計學家那樣，平實中性的呈現世界。那樣雖然正確卻太無趣了。我們不該期望媒體朝這個方向大幅前進，但反過來說，身為閱聽人的我們可以學著如何透過新聞了解世界，並明白新聞終究不算是增進世界觀的理想管道。

你的團體

世界各國的衛生官員每年都會在世界衛生大會齊聚一堂，共商衛生體制，比對不同國家的成果，然後喝喝咖啡。在某次咖啡休息時間，墨西哥衛生局局長湊在我耳邊說：「每年我有 1 天很關切墨西哥的平均數字表現，那就是今天，至於其他 364 天我只關切墨西哥國內各個不同的情況。」

在這本書裡，我從全球層面談對事實的無知。但我想從國家層面一定也有種種無知，每個社區與組織裡也各有無知。

目前我們只問了少數跟作答者當地有關的真確問題，但作答的結果跟全球問題差不多糟。比方說，我們在瑞典問：

現今 20％ 的瑞典人超過 65 歲，10 年後這個比例會是多少：
☐ （A）20％
☐ （B）30％
☐ （C）40％

正解是 20％，也就是保持不變，但只有 10％ 的瑞典人答對。這個比例對未來 10 年的規畫相當關鍵，大家卻大多答錯，實在是很嚴重的無知。我想原因是一般人在過去 20 年常聽到高齡社會的問題，那段期間高齡人口也確實在增加，於是他們假定人口會繼續直線上升。

我們很想試問更多有關當地的真確問題，試更多不同主題的真確問題。在你的城市，市民是否了解那些左右未來的當地基本人口與趨勢相關事實呢？我們還沒問過，所以不知道，但大概是：不了解。

那在你的專業領域呢？假設你從事北歐海洋生物的研究工作，你的同仁是否知道波羅的海的相關基本事實呢？假設你在林業工作，你的同仁是否知道森林火災是逐漸變多或變少？他們是否知道最近的一場大火跟先前相比災害是更大還是更小？

我們認為如果問出更多真確問題，就會發現無數這種無知，所以我們才把這個建議列為第一步。你可以用我們的這套方法，在自己所屬的團體裡找出無知，先從你們團體裡最重要的事實問起，看有多少人知道。

一般人想到要這樣問可能會感到緊張不安，怕同事或朋友不想被考，更不想被說是錯的。我的經驗恰恰相反。一般人非常喜歡被考，多半覺得這樣了解世界很能帶來啟發，樂於開始學習。只要你不是以高高在上的態度在問，就可以激發他們的好奇，讓他們想出新見解。

最後的話

我把人生花在對抗無知，花在傳播基於事實的世界觀，逐漸發覺這有時令人洩氣沮喪，但終究相當鼓舞人心。我發覺看見世界的真貌很有用處與意義，發覺設法傳播知識非常值得，還終於

開始發覺為什麼傳播知識與改變他人的世界觀是這麼困難。

可不可能有一天，所有人都擁有基於事實的世界觀呢？巨大的改變總是難以想像，但絕對有可能，我也相信有一天會實現，原因有兩個：第一，基於事實的世界觀更有助把人生走好，就像準確的導航系統更有助你在城裡找路；第二，大概更重要的是，基於事實的世界觀讓人更安心，比誇大的世界觀來得不會造成壓力與絕望，畢竟誇大的世界觀太負面也太嚇人了。

我們有了基於事實的世界觀之後，可以看到世界不如表面上那麼糟──而且可以知道我們該怎麼讓世界變得愈來愈好。

求真習慣的守則

二分化直覺偏誤
尋找多數

負面型直覺偏誤
預期壞消息被渲染

直線型直覺偏誤
線會彎折

恐懼型直覺偏誤
計算風險

失真型直覺偏誤
掌握比例

概括型直覺偏誤
質疑分類

宿命型直覺偏誤
緩慢改變也是改變

單一觀點直覺偏誤
有工具箱

怪罪型直覺偏誤
不要怪罪

急迫型直覺偏誤
小步前行

後記

　　2015 年 9 月，父親和我們倆決定合力寫一本書。2016 年 2 月 5 日，父親被診斷出無藥可治的胰臟癌，狀況很糟，只有兩、三個月能活，如果緩和醫療相當成功，則大概還能活一年。

　　父親起初晴天霹靂，接著把事情想過一遍。他還會活一陣子，可以跟他妻子阿妮塔、家人與朋友好好共度，只是每天的健康狀況難以預料，所以在一週內取消接下來一年的 67 場演講，取消電視與廣播節目的訪談，取消影片錄製的計畫。他取消得很心痛，但知道別無選擇，而且有一件事讓這個事業上的巨變反倒變得沒那麼難熬：這本書。原先這本書是繁重工作之外的又一重擔，但在他確診癌症之後，寫書帶來智識上的啟發與喜悅，成為哀傷中的樂事。

　　他有好多事情想說。接下來幾個月，我們興致勃勃地蒐集了很多資料，夠寫一本厚厚的書：有關父親的人生、我們攜手的工作，以及我們最新的想法。在人生盡頭，他仍對世界充滿好奇與熱忱。

　　我們替這本書訂出大綱，著手撰寫。多年來我們一起做了不少困難的專案，時常爭論什麼才是解釋某個事實或概念的最佳方式，但如今我們很快就發現，先前三人身體無恙時要合作是多麼

容易，而現在父親病了，想再爭鋒相對激辯不休真是難上加難。我們幾乎寫不下去。

2017年2月2日星期四的晚上，父親的健康急轉直下。救護車把他載去醫院，他帶上最後一稿許多章節的影本，上面全是他潦草的筆跡。4天後，2月7日星期二的清晨，父親過世了。在這最後幾天，他從這份稿子得到許多慰藉，躺在病床上和奧拉討論，還叫他幫忙寄電子郵件跟出版社說我們終於寫出「我們一直想寫的那種書了」。那封信說：「我們的攜手合作終於化為一本引人入勝的書，協助全球讀者了解這個世界。」

當我們公開父親的死訊，朋友、同事與全球各地喜愛他的人立刻捎來弔唁，網路上滿滿是對他的致意。親友在蓋普曼德基金會替他辦了追悼會，在烏普薩拉古堡辦了葬禮，兩場都呈現我們所認識的他：勇敢、創新、嚴謹認真，但總在街角找著馬戲表演，真是一個好朋友、好同事與好父親。現場有請馬戲團，當然也有吞劍人（他是父親的朋友，他的X光照片在這本書的最前頭），我們的兒子泰德以班迪球棍和頭盔做了自創表演（班迪球有點像冰上曲棍球，但沒那麼激烈）。我們以法蘭克‧辛納屈的名曲〈我的路〉（My Way）作結，不只因為父親向來在走他的路，也因為幾年前一件很湊巧的事。父親不太聽音樂，向來自稱大音癡，但他的小兒子馬格納斯曾有一次聽到他唱歌。那時父親口袋裡的手機意外撥給了馬格納斯，無意間留下4分鐘的語音訊息，一段他邊開車邊大聲高唱的〈我的路〉。這就是他。你看過他洋洋灑灑列下的全球危機，但儘管如此，他還是在上班途中放聲高歌，

腦中同時有兩個念頭：擔憂與歡快。

我們和父親共事了18年，替他寫講稿，替他排練TED演講，為每個細節跟他爭論好幾小時，有時甚至好幾個月。我們聽過他的所有故事好多次，以好多方式呈現。

這本書的書寫工作，在他生前的最後幾個月帶來痛苦，卻在他死後的最初幾個月莫名帶來慰藉。在我們為這個寶貴工作收尾時，父親的聲音始終縈繞腦中，我們時常感覺他並未離去，依然在房裡陪伴我們。完成這本書是讓他長伴我們的最好方式，是紀念他的最好方式。

父親會樂於替這本書大力宣傳，也能宣傳得很棒，但從確診後就知道這已不再可能，於是得由我們替他與自己完成這項任務。父親有個夢想，那就是大家能有基於事實的世界觀。這個夢想現在活在我們心中，但願也能活在你們心中。

安娜與奧拉
2018年於斯德哥爾摩

致謝

　　我對世界的許多認識不是來自研究數據，不是來自坐在電腦前讀論文（雖然我讀了很多），而是來自花時間跟其他人相處與討論這個世界。我有幸能在世界各地旅行、研究與工作，接觸或共事的人來自全球各洲，來自各大宗教，最重要的是來自各種所得等級。我從跨國企業的執行長身上學到很多，也從我在斯德哥爾摩的博士生身上學到很多，還從非洲的赤貧婦女身上學到好多，從在偏鄉奉獻的修女身上學到好多，從孟加拉的醫學生身上學到好多，從奈及利亞、坦尚尼亞、越南、伊朗和巴基斯坦的學者學到好多，從各種所得等級國家的思想領袖學到好多，從人類學家孟德蘭（Eduardo Mondlane）與梅琳達‧蓋茲學到好多。我想謝謝你們與我分享知識，讓我的生命變得這麼豐碩美好，讓我看見一個跟學校所學截然不同的世界。

　　了解世界是一回事，把這份了解寫成書是另一回事，背後團隊依然是促成一切的關鍵。謝謝蓋普曼德基金會的每一個同仁，你們認真盡力，充滿創意，替我打造各種演講利器。

　　謝謝我的出版經紀人 Max Brockman 提供寶貴建議與支持。謝謝英國霍德出版社的編輯 Drummond Moir，謝謝美國麥克米倫出版社的編輯 Will Schwalbe，你們相信這本書，在成書

過程給予冷靜與貼切的指教，讓成果能更臻出色。謝謝 Harald Hultqvist 指出我們必須找國際經紀人，謝謝我們在瑞典的編輯 Richard Herold 從最初到最後給予絕佳建議。謝謝文稿編輯 Bill Warhop 與 Bryn Clark 的付出。如果你覺得這本書還算好讀，那得歸功 Deborah Crewe，她大膽接受 3 個作者和一大堆資料，認真聽進我們的要求，然後發揮幽默與耐心，把我們怪裡怪氣的瑞典式英文化為好讀的文字，做得又快又好。更重要的是，她有辦法吸收我們幾千個片斷事實、小故事和思考工具，幫助我們融會貫通為一本大作。我們非常感謝這位超好的新朋友。

我也要謝謝孫子麥斯和泰德，謝謝孫女艾芭，你們讓我占用你們爸媽奧拉和安娜這麼多個週末和晚上。我希望等你們看了這本書，看到我們的成果，會稍微原諒我一點點。另外，也謝謝你們各自的貢獻：謝謝麥斯（12 歲），你在我的辦公室跟我討論各個研究討論了好多小時，幫忙改了幾百份我的錄音逐字稿；謝謝泰德（10 歲），你替美元街拍照片，拿我們的真確問題到班上考同學，代表我去紐約領聯合國人口獎；謝謝艾芭（8 歲），妳替這本書提出很讚的聰明點子，書裡的圖畫也是出自妳的巧手。

瑞典文有一個慣用語是「stå ut」，代表「忍受、承受、撐著、堅持住」。希望我的家人、朋友和同事知道我多麼感謝這些多年來他們「stå ut」我。我這個人，我工作的方式，常常是一下子不見人影，一下子跑進跑出，就算好不容易人在了，通常也是心不在焉或很惹人厭，工作的時候尤其討人嫌，偏偏我醒著的時候幾乎都在工作，所以我要謝謝每一位我有榮幸稱作朋友或同事的

人。要從朋友和同事裡挑出一個人來感謝很難,但我絕對要格外感謝 Hans Wigzell,他在蓋普曼德基金會草創時就勇於支持,還陪我走到最後一天,想方設法希望能延長我的生命。

最後,為了他們無盡的耐心與愛,我要深深感謝從十幾歲就與我攜手相伴至今的妻子阿妮塔,感謝我親愛的孩子安娜、奧拉、馬格納斯及他們的伴侶,感謝我的孫子女桃樂絲、史提格、拉斯、麥斯、泰德、艾芭、提基和米諾,他們每天把未來的希望帶給了我。

奧拉、安娜和我也要感謝:

Jörgen Abrahamsson, Christian Ahlstedt, Johan Aldor, Chris Anderson, Ola Awad, Julia Bachler, Carl-Johan Backman, Shaida Badiee, Moses Badio, Tim Baker, Ulrika Baker, Jean-Pierre Banea-Mayambu, Archie Baron, Aluisio Barros, Luke Bawo, Linus Bengtsson, Omar Benjelloun, Lasse Berg, Anna Bergström, Staffan Bergström, Anita Bergsveen, BGC3, the Bill and Melinda Gates Foundation, Sali Bitar, Pelle Bjerke, Stefan Blom, Anders Bolling, Staffan Bremmer, Robin Brittain-Long, Peter Byass, Arthur Câmara, Peter Carlsson, Paul Cheung, Sung-Kyu Choi, Mario Cosby, Andrea Curtis, Jörn Delvert, Kicki Delvert, Alisa Derevo, Nkosazana Dlamini-Zuma, Mohammed Dunbar, Nelson Dunbar, Daniel Ek, Anna Mia Ekström, Ziad El-Khatib, Mats Elzén, Martin Eriksson, Erling Persson Foundation, Peter Ewers, Mosoka

Fallah, Ben Fausone, Per Fernström, Guenther Fink, Steven Fisher, Luc Forsyth, Anders Frankenberg, Haishan Fu, Minou Fuglesang, Bill Gates, Melinda Gates, George Gavrilis, Anna Gedda, Ricky Gevert, Marcus Gianesco, Nils Petter Gleditsch, Google, Google Public Data team, Georg Götmark, Erik Green, Ann-Charlotte Gyllenram, Catharina Hagströmer, Sven Hagströmer, Nina Halden, Rasmus Hallberg, Esther Hamblion, Mona Hammami and the team in Abu Dhabi behind Looking Ahead, Katie Hampson, Hans Hansson, Per Heggenes, David Herdies, Dan Hillman, Mattias Högberg, Ulf Högberg, Magnus Höglund, Adam Holm, Anu Horsman, Matthias Horx, Abbe Ibrahim, IHCAR, IKEA foundation, Dikena G. Jackson, Oskar Jalkevik and his team at Transkribering.nu, Kent Janer, Jochnick Foundation, Claes Johansson, Jan-Olov Johansson, Klara Johansson, Jan Jörnmark, Åsa Karlsson, Linley Chiwona Karltun, Alan Kay, Haris Shah Khattak, Tariq Khokhar, Niclas Kjellström-Matseke, Tom Kronhöffer, Asli Kulane, Hugo Lagercrantz, Margaret Orunya Lamunu, Staffan Landin, Daniel Lapidus, Anna Rosling Larsson, Jesper Larsson, Pali Lehohla, Martin Lidholt, Victor Lidholt, Henrik Lindahl, Mattias Lindblad, Mattias Lindgren, Lars Lindkvist, Ann Lindstrand, Per Liss, Terence Lo, Håkan Lobell, Per Löfberg, Anna Mariann Lundberg, Karin Brunn Lundgren, Max Lundkvist, Rafael Luzano, Marcus Maeurer, Ewa Magnusson,

Lars Magnusson, Jacob Malmros, Niherewa Maselina, Marissa Mayer, Branko Milanovi , Zoriah Miller, Katayoon Moazzami, Sibone Mocumbi, Anders Mohlin, Janet Rae Johnson Mondlane, Louis Monier, Abela Mpobela, Paul Muret, Chris Murray, Hisham Najam, Sahar Nejat, Martha Nicholson, Anders Nordström, Lennart Nordström, Marie Nordström, Tolbert Nyenswah, Johan Nystrand, Martin Öhman, Max Orward, Gudrun Østby, Will Page, Francois Pelletier, Karl-Johan Persson, Stefan Persson, Måns Peterson, Stefan Swartling Peterson, Thiago Porto, Postcode Foundation, Arash Pournouri, Amir Rahnama, Joachim Retzlaff, Hannah Ritchie, Ingegerd Rooth, Anders Rönnlund, David Rönnlund, Quiyan Rönnlund, Thomas Rönnlund, Max Roser and The World in Data team, Magnus Rosling, Pia Rosling, Siri Aas Rustad, Love Sahlin, Xavier Sala-i-Martín, Fia-Stina Sandlund, Ian Saunders, Dmitriy Shekhovtsov and his Valor Software, Harpal Shergill, Sida, Jeroen Smits, Cosimo Spada, Katie Stanton, Bo Stenson, Karin Strand, Eric Swanson, Amirhossein Takian, Lorine Zineb Nora "Loreen" Talhaoui, Manuel Tamez, Andreas Forø Tollefsen, Edward Tufte, Thorkild Tylleskär, UNDP, Henrik Urdal, Bas van Leeuwen, the family of Johan Vesterlund, Cesar Victoria, Johan von Schreeb, Alem Walji, Jacob Wallenberg, Eva Wallstam, Rolf Widgren, John Willmoth, Agnes Wold, Fredrik Wollsén and his team, World Health Organization, World We Want

Foundation, Danzhen You, Guohua Zheng 和 Zhang Zhongxing。

感謝 Mattias Lindgren 替蓋普曼德基金會彙編大多數的歷代經濟與人口演變資料。感謝我所有的學生和博士生,你們讓我學到很多。感謝所有歡迎我把測驗題目拿到學校裡給大家作答的師生。感謝全球各地協助我們的出色顧問,感謝《維基百科》的共同創辦人威爾斯(Jimmy Wales)和志願編輯,感謝美元街的所有家庭與攝影人員。

感謝蓋普曼德基金會先前與現在的董事,謝謝他們堅定的支持:Hans Wigzell, Christer Gunnarsson, Bo Sundgren, Gun-Britt Andersson 和 Helena Nordenstedt(她還幫忙查證資料)。感謝蓋普曼德基金會的優秀團隊:Angie Skazka, Gabriela Sá, Jasper Heeffer, Klara Elzvik, Mikael Arevius 和 Olof Gränström。感謝團隊負責人 Fernanda Drumond,她在我們寫這本書期間不懈地替蓋普曼德基金會打造免費教材,也對書稿提出寶貴意見!

最後,感謝最棒的親朋好友在這段過程的包涵與協助,你們知道我在說你們。沒有你們,就不會有這本書,實在誠摯感謝。

附錄

你的國家答得怎麼樣？

2017 年,我們推出「留意認知落差測驗」,包含 13 個題目,各有 A、B 和 C 三個選項。同一年,蓋普曼德基金會和民調公司 Ipsos Mori 及 Novus 合作,請 14 個國家的 12,000 名民眾在線上接受測驗,包括澳洲、比利時、加拿大、芬蘭、法國、德國、匈牙利、日本、挪威、南韓、西班牙、瑞典、英國和美國。這 13 個真確問題有多種語言的免費公開版,請見:www.gapminder.org/test/2017。若對測驗結果有興趣,請見:www.gapminder.org/test/2017/results。

低所得國家的女孩教育

真確問題1的作答結果：正確答對的比例。
現今全世界的低所得國家裡,多少女孩會讀完小學?(正解:60%)

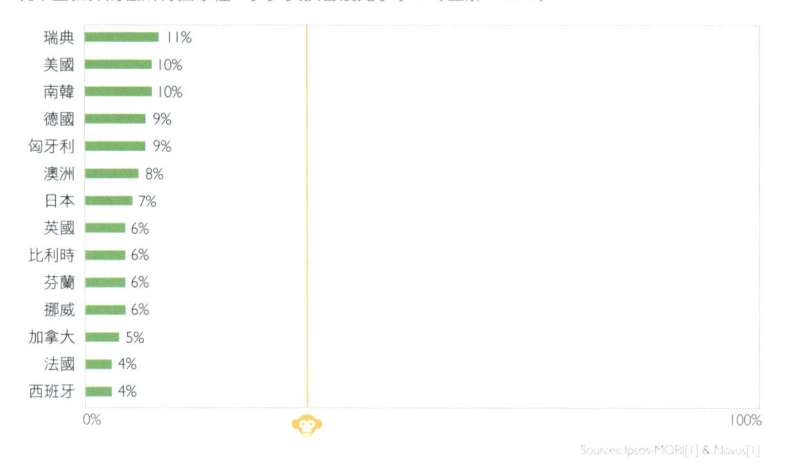

國家	比例
瑞典	11%
美國	10%
南韓	10%
德國	9%
匈牙利	9%
澳洲	8%
日本	7%
英國	6%
比利時	6%
芬蘭	6%
挪威	6%
加拿大	5%
法國	4%
西班牙	4%

Sources: Ipsos-MORI[1] & Novus[1]

　　正解是 C,現今全世界的低所得國家裡,60%的女孩會讀完小學。根據世界銀行的數據,精確比例是 63.2%,但我們把個位數捨去至 60%,避免誇大進步幅度。參見 gapm.io/q1。

多數人的所得等級

真確問題2的作答結果：正確答對的比例。
世界上的多數人是生活在哪裡？（正解：中所得國家）

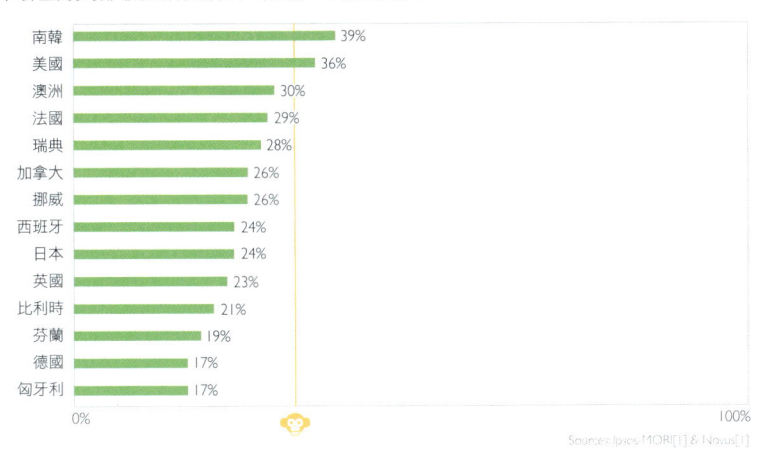

國家	比例
南韓	39%
美國	36%
澳洲	30%
法國	29%
瑞典	28%
加拿大	26%
挪威	26%
西班牙	24%
日本	24%
英國	23%
比利時	21%
芬蘭	19%
德國	17%
匈牙利	17%

Sources: Ipsos MORI[1] & Novus[1]

正解是 B，世界上的多數人是生活在中所得國家。世界銀行依美元計算的國民總收入把各國分組，低所得國家占全球人口的9％，中所得國家占76％，高所得國家占16％。參見 gapm.io/q2。

赤貧

真確問題3的作答結果： 正確答對的比例。

在過去20年，全球赤貧人口占總人口的比例是……？（正解：幾乎減半）

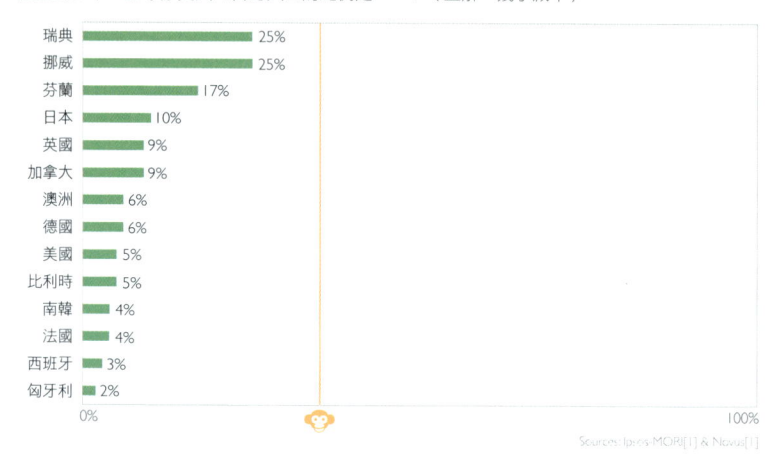

國家	比例
瑞典	25%
挪威	25%
芬蘭	17%
日本	10%
英國	9%
加拿大	9%
澳洲	6%
德國	6%
美國	5%
比利時	5%
南韓	4%
法國	4%
西班牙	3%
匈牙利	2%

Sources: Ipsos MORI[1] & Novus[1]

正解是 C。根據世界銀行的統計，日收入低於 1.9 美元的人占全球總人口的比例呈現下降，從 1993 年的 34％降到 2013 年的 10.7％。雖然「日收入 1.9 美元」看似精確，還用到小數點，但這些數據其實很不確定。赤貧難以估算：最窮的多半是勉強餬口的農人或貧民窟的居民，但他們的生活條件時常改變，也很少留下金錢交易紀錄。不過雖然實際數字不確定，但大趨勢一清二楚，畢竟歷年的估算誤差大致相當。我們可以相信赤貧人口占比至少下降了一半，甚至可能下降到三分之一。參見 gapm.io/q3。

平均壽命

真確問題4的作答結果：正確答對的比例。
現今全球的平均壽命是多少？（正解：70歲）〔包含問卷填答與演講調查〕

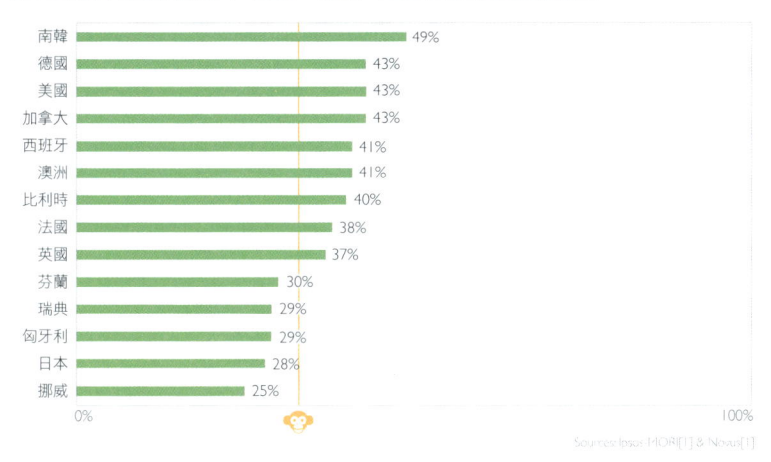

國家	比例
南韓	49%
德國	43%
美國	43%
加拿大	43%
西班牙	41%
澳洲	41%
比利時	40%
法國	38%
英國	37%
芬蘭	30%
瑞典	29%
匈牙利	29%
日本	28%
挪威	25%

Sources: Ipsos-MORI[1] & Novus[1]

正解是 C。根據健康指標與評估研究所，2016 年全球的平均壽命是 72.48 歲。聯合國人口司的估計數字稍低一點，為 71.9 歲。我們捨去個位數至 70 歲，以免誇大進步幅度。參見 gapm.io/q4。

未來的兒童數

真確問題5的作答結果：正確答對的比例。

現今全球有20億個兒童，年齡介於0到15歲之間。根據聯合國的估算，到了2100年全球會有多少個兒童？（正解：20億）*

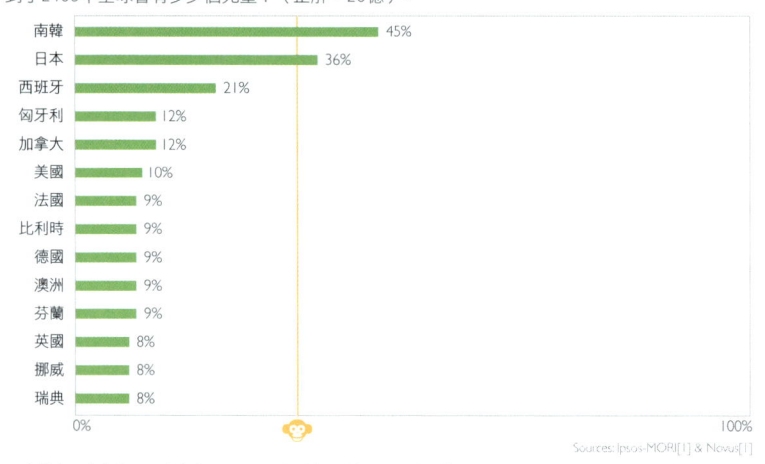

國家	比例
南韓	45%
日本	36%
西班牙	21%
匈牙利	12%
加拿大	12%
美國	10%
法國	9%
比利時	9%
德國	9%
澳洲	9%
芬蘭	9%
英國	8%
挪威	8%
瑞典	8%

Sources: Ipsos-MORI[1] & Novus[1]

* 南韓和日本在這一題確實贏了黑猩猩，但我們目前還不知道為什麼。原因可能是這兩個國家的年齡結構不佳，比其他地方更常探討出生率的下降。我們還得努力深入了解。

　　正解是 C。過去 10 年間，聯合國人口司都預測 2100 年的兒童人口不會比現在多。參見 gapm.io/q5。

更多人口

真確問題6的作答結果：正確答對的比例。

根據聯合國的估算,到了2100年全球會再增加40億人,而主要原因是甚麼?
(正解:成年人口增加)

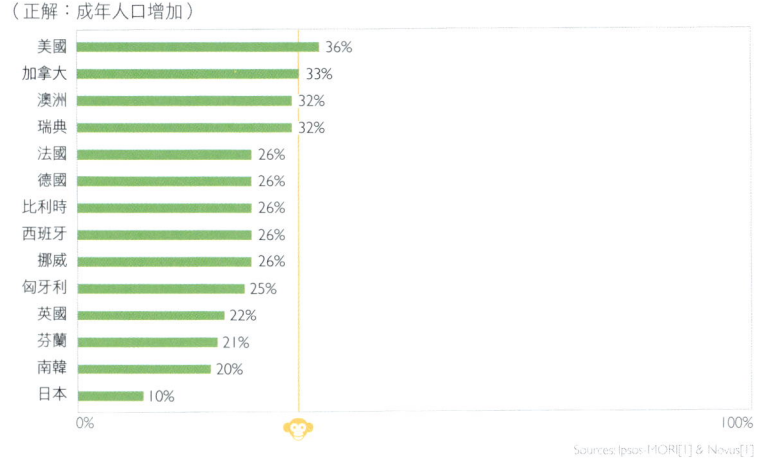

國家	比例
美國	36%
加拿大	33%
澳洲	32%
瑞典	32%
法國	26%
德國	26%
比利時	26%
西班牙	26%
挪威	26%
匈牙利	25%
英國	22%
芬蘭	21%
南韓	20%
日本	10%

Sources: Ipsos-MORI[1] & Novus[1]

　　正解是 B。根據聯合國人口司的預測,在增加的人口裡,1%是來自多出 3,700 萬個兒童(0 到 14 歲),69%是來自多出 25 億個成人(15 到 74 歲),30%是來自多出 11 億個老人(75 歲以上)。參見 gapm.io/q6。

天災

真確問題7的作答結果：正確答對的比例。
過去100年間，全球死於天災的人數是如何變化？（正解：幾乎減半）

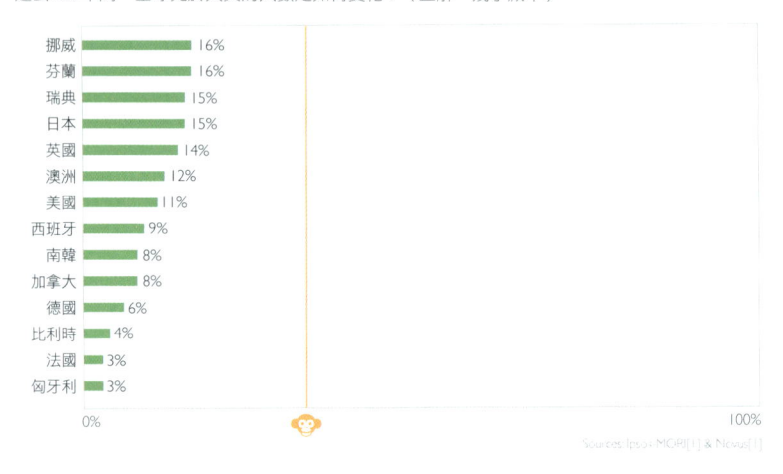

國家	比例
挪威	16%
芬蘭	16%
瑞典	15%
日本	15%
英國	14%
澳洲	12%
美國	11%
西班牙	9%
南韓	8%
加拿大	8%
德國	6%
比利時	4%
法國	3%
匈牙利	3%

Sources: Ipsos-MORI[1] & Novus[1]

正解是 C。根據國際災害資料庫，在過去 100 年間，全球死於天災的人數減少 75％。天災不是每年固定發生，所以我們比較每 10 年的平均。在過去 10 年（2007 年到 2016 年），每年平均 80,386 個人死於天災，100 年前（1907 年到 1916 年）的平均則是 325,742 個人，所以現在僅為 100 年前的 25％。參見 gapm.io/q7。

人們住在哪裡

真確問題8的作答結果：正確答對的比例。
現今全球約有70億人，下列哪張圖正確呈現人口分布的狀況？（正解：參見地圖）

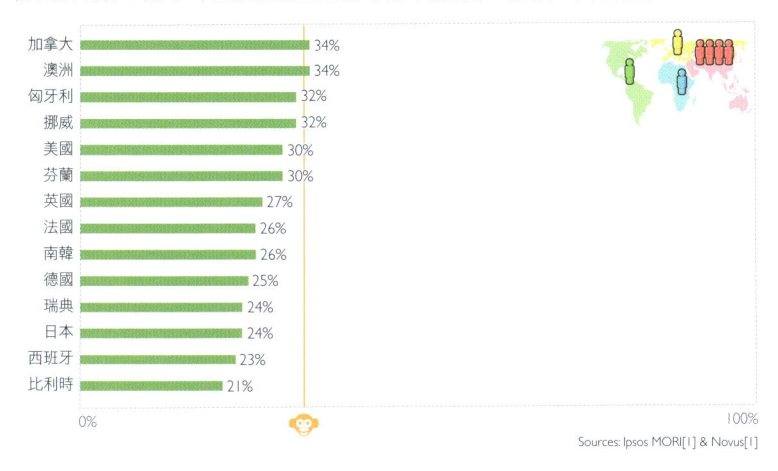

國家	比例
加拿大	34%
澳洲	34%
匈牙利	32%
挪威	32%
美國	30%
芬蘭	30%
英國	27%
法國	26%
南韓	26%
德國	25%
瑞典	24%
日本	24%
西班牙	23%
比利時	21%

Sources: Ipsos MORI[1] & Novus[1]

正解是 A。根據聯合國人口司，2017 年全球總人口為 75 億 5,000 萬人。這通常會四捨五入取概數為 80 億人，但我們是按不同地區分別計算，所以總人口變成 70 億人。我們把全球分為四個區域，依聯合國人口司的各國人口統計加以計算：美洲為 10 億人，歐洲為 8 億 4,000 萬人，非洲為 13 億人，亞洲為 44 億人。參見 gapm.io/q8。

疫苗接種

真確問題9的作答結果：正確答對的比例。
現今全球多少1歲兒童有接種疫苗？（正解：80％）

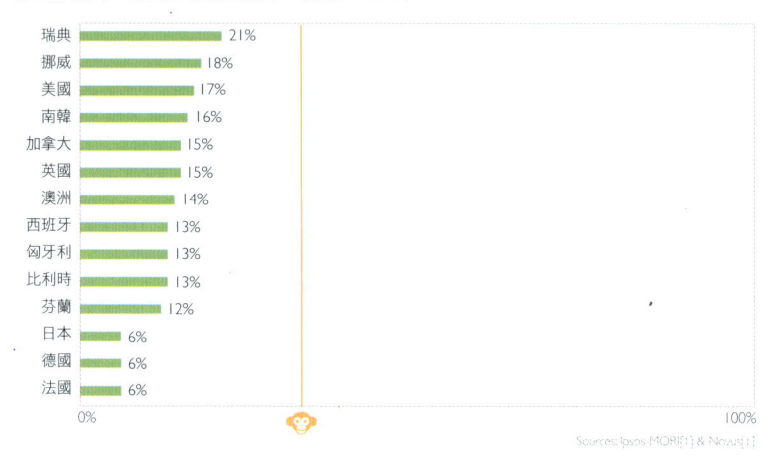

國家	比例
瑞典	21%
挪威	18%
美國	17%
南韓	16%
加拿大	15%
英國	15%
澳洲	14%
西班牙	13%
匈牙利	13%
比利時	13%
芬蘭	12%
日本	6%
德國	6%
法國	6%

Sources: Ipsos-MORI[1] & Novus[1]

正解是 C。根據世界衛生組織，現今全球高達 88％的 1 歲兒童有接種疫苗，但我們把個位數捨去至 80％，以免誇大進步幅度。參見 gapm.io/q9。

女性受教

真確問題10的作答結果：正確答對的比例。
全球30歲的男性平均接受過10年的學校教育,而同齡的女性平均接受過幾年學校教育?
(正解:9年)

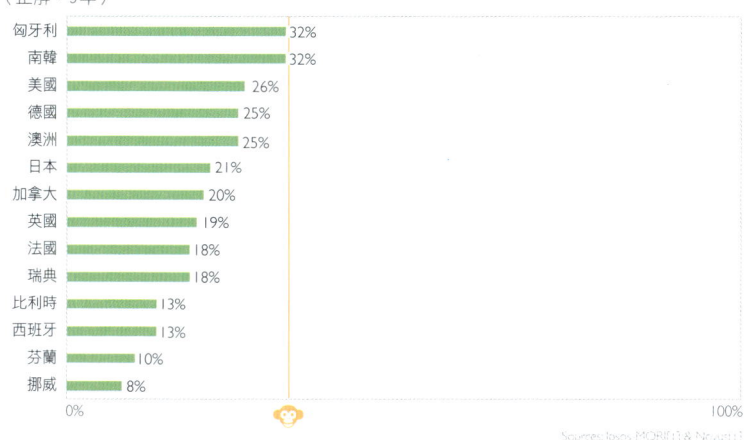

國家	比例
匈牙利	32%
南韓	32%
美國	26%
德國	25%
澳洲	25%
日本	21%
加拿大	20%
英國	19%
法國	18%
瑞典	18%
比利時	13%
西班牙	13%
芬蘭	10%
挪威	8%

正解是 A。根據健康指標與評估研究所對 188 國的估計數字,全球 25 到 34 歲的女性平均接受過 9.09 年的學校教育,男性接受過 10.21 年的學校教育。根據巴羅與李資料庫(Barro and Lee)在 2010 年對 146 國的估計數字,25 到 29 歲的女性平均接受過 8.79 年的學校教育,男性接受過 9.32 年的學校教育。參見 gapm.io/q10。

瀕危動物

真確問題11的作答結果：正確答對的比例。
1996年，老虎、熊貓和黑犀牛都列為瀕危動物。現在這3種動物裡，有幾種面臨更迫切的危機？（正解：0種）

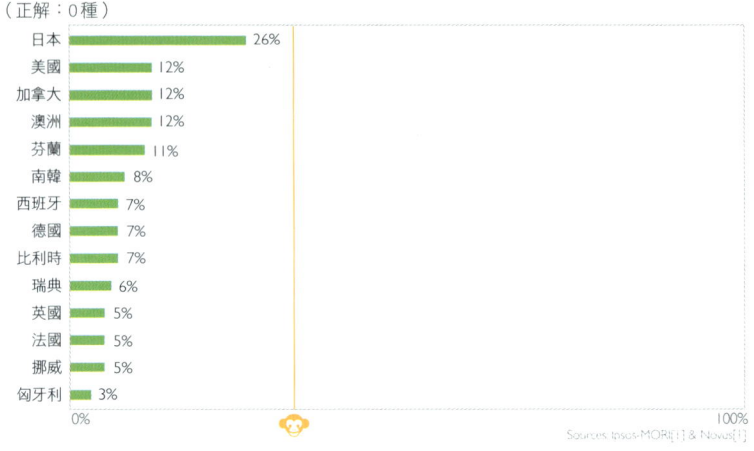

國家	比例
日本	26%
美國	12%
加拿大	12%
澳洲	12%
芬蘭	11%
南韓	8%
西班牙	7%
德國	7%
比利時	7%
瑞典	6%
英國	5%
法國	5%
挪威	5%
匈牙利	3%

Sources: Ipsos-MORI[1] & Novus[1]

　　正解是 C。在國際自然保護聯盟的瀕危物種紅色名錄上，如今這 3 種動物跟 1996 年相比都沒有面臨更迫切的危機。根據瀕危物種紅色名錄，老虎在 1996 年是歸類為「瀕危」，現在依然如此，但根據世界自然基金會和學者普雷特（John Platt）的統計，野生老虎的數量在經過一世紀的減少之後，如今已經開始增加。根據瀕危物種紅色名錄，熊貓在 1996 年是歸類為「瀕危」，但從 2015 年開始，由於野生熊貓的數量增加，歸類改為較不危險的「易危」。根據瀕危物種紅色名錄，黑犀牛在 1996 年是歸類為「極危」，現在依然如此，但國際犀牛基金會表示野生黑犀牛的數量正在緩慢增加。參見 gapm.io/q11。

電力

真確問題12的作答結果：正確答對的比例。

全球多少人口享有電力？（正解：80%）

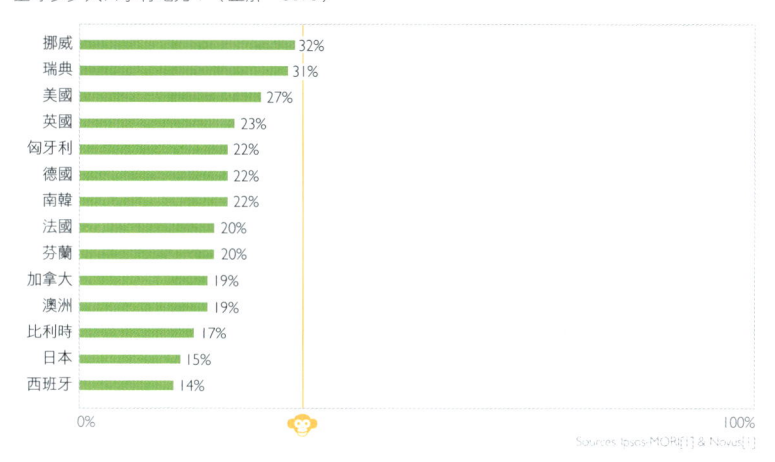

國家	比例
挪威	32%
瑞典	31%
美國	27%
英國	23%
匈牙利	22%
德國	22%
南韓	22%
法國	20%
芬蘭	20%
加拿大	19%
澳洲	19%
比利時	17%
日本	15%
西班牙	14%

Sources: Ipsos-MORI[1] & Novus[1]

　　正解是C。根據全球追蹤框架報告（Global Tracking Framework），全球大多數人口（85.3%）享有電力。我們把個位數捨去至80%，避免誇大進步幅度。全球追蹤框架報告引用的不同資料來源對何謂「有電」定義不一，在某些最極端的例子裡，連每週60%時間沒電的家庭也歸類為「有電」，所以我們的問題是說「或多或少」享有電力。參見gapm.io/q12。

氣候

真確問題13的作答結果：正確答對的比例。

全球氣象專家認為接下來一百年裡平均氣溫會……（正解：更暖）

國家	比例
匈牙利	94%
挪威	94%
芬蘭	94%
西班牙	92%
法國	89%
南韓	88%
德國	88%
比利時	87%
英國	87%
瑞典	82%
美國	81%
加拿大	81%
澳洲	78%
日本	76%

Sources: Ipsos-MORI[1] & Novus[1]

　　正解是 A。「氣象專家」是指政府間氣候變化專門委員會（Intergovernmental Panel on Climate Change）第五次氣候評估報告的274位作者。這份在2014年由該委員會出版的報告說：「在所有評估排放量情況下，21世紀的地表溫度皆呈上升。」參見 gapm.io/q13。

前 12 題的答對題數

只有10%的人答得比黑猩猩好

前12題各個答對題數的所占比例（14個國家的12,000人）。

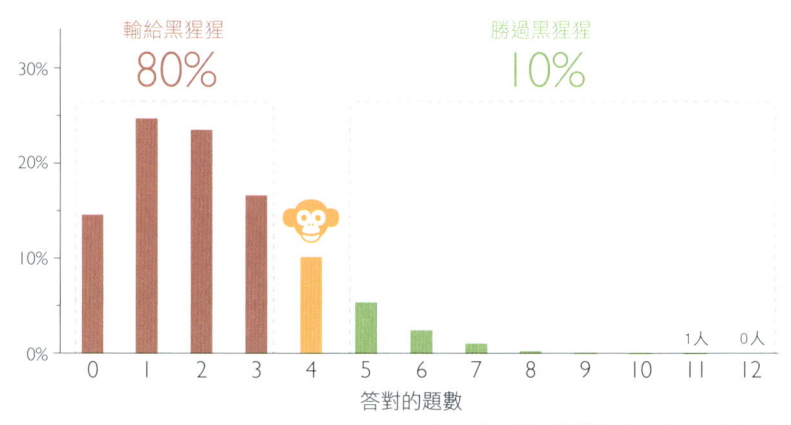

輸給黑猩猩 80%

勝過黑猩猩 10%

x軸：答對的題數（0–12）

11：1人　12：0人

Sources: Novus[1], Ipsos MORI[1] and more info at gapm.io/rtest17

本書的數據。在整本書中,如果哪項經濟指標還沒有2017年的數據,我們主要會參考國際貨幣基金組織全球經濟展望報告的預測,當作2017年的數據(見參考資料中的IMF[1])。如果人口資料還沒有數據,我們會以聯合國人口司的2017年世界人口前景展望報告為依據(見參考資料中的UN-Pop[1])。參見gapm.io/eext。

2017年版全球健康圖。你打開這本書時會看到一張彩色的圖:全球健康圖。每個泡泡代表一個國家,泡泡大小反映國家人口數,泡泡顏色代表所在的地理區域(紅色是亞洲和大洋洲;黃色是歐洲;藍色是非洲;綠色是美洲);X軸是收入(購買力平價人均GDP,依2011年不變價與通膨調整,以美元計價),Y軸是平均壽命。人口數據來自聯合國人口司,GDP數據來自世界銀行,平均壽命數據來自美國華盛頓大學健康指標與評估研究所(Institute for Health Metrics and Evaluation),全由蓋普曼德基金會依前述方法加上2017年的數據。這張圖與更多來源資料可自由下載,請見:www .gapminder.org/whc。

十大直覺偏誤和認知心理學。我們關於人性十大直覺偏誤的想法,深受許多傑出認知學家的研究所影響,有些著作完全改變我們看待人類心智的想法,以及如何教育基於事實的世界觀:**丹‧艾瑞利**(Dan Ariely)的《誰說人是理性的!》、《不理性的力量》、《誰說人是誠實的!》;**湯瑪斯‧吉洛維奇**(Thomas

Gilovich）的《康乃爾最經典的思考邏輯課》；**強納森・哥德夏**（Jonathan Gottschall）的《故事如何改變你的大腦？》；**強納森・海德特**（Jonathan Haidt）的《象與騎象人》、《好人總是自以為是》；**丹尼爾・康納曼**（Daniel Kahneman）的《快思慢想》；**沃爾特・米歇爾**（Walter Mischel）的《忍耐力》；**史蒂芬・平克**（Steven Pinker）的 *How the Mind Works* (1997)、*Stuff of Thought* (2007)、*The Blank State* (2002)、*The Better Angels of Our Nature* (2011)；**卡蘿・塔芙瑞斯、艾略特・亞隆森**（Carol Tavris and Elliot Aronson）的《錯不在我？》；**丹・賈德納、菲利普・泰特洛克**（Philip E. Tetlock and Dan Gardner）的《超級預測》。

參考資料

※ 全書資料來源的完整清單請見：gapm.io/ffbn。

Abouchakra, Rabih, Ibrahim Al Mannaee, and Mona Hammami Hijazi. *Looking Ahead: The 50 Trends That Matter*. Chart, page 274. Bloomington, IN: Xlibris, 2016.

Allansson, Marie, Erik Melander, and Lotta Themnér. "Organized violence, 1989–2016." *Journal of Peace Research* 54, no. 4 (2017).

Amnesty. Amnesty International. *Death Penalty: Data counting abolitionists for all crimes*. 2007–2016. Accessed November 3, 2017. gapm.io/xamndp17.

Ariely, Dan. *The Honest Truth About Dishonesty: How We Lie to Everyone, Especially Ourselves*. New York: Harper, 2012.

———. *Predictably Irrational: The Hidden Forces That Shape Our Decisions*. New York: Harper, 2008.

———. *The Upside of Irrationality: The Unexpected Benefits of Defying Logic at Work and at Home*. New York: Harper, 2010.

ATAA (Air Transport Association of America). *The Annual Reports of the U.S. Scheduled Airline Industry*, 1940–1991. Earlier editions were called *Little Known Facts about the Scheduled Air Transport Industry and Air Transport Facts and Figures*. http://airlines.org.

Banerjee, Abhijit Vinayak, and Esther Duflo. *Poor Economics: A Radical Rethinking of the Way to Fight Global Poverty*. New York: PublicAffairs, 2011.

Barro-Lee. Educational Attainment Dataset v2.1. Updated February 4, 2016. See Barro and Lee (2013). Accessed November 7, 2017. http://www.barrolee.com. gapm.io/xbl17.

Barro, Robert J., and Jong-Wha Lee. "A New Data Set of Educational Attainment in the World, 1950–2010." *Journal of Development Economics* 104 (2013): 184–98.

BBC. Producer Farhana Haider. "How the Danish Jews Escaped the Holocaust." Witness, *BBC, Magazine, October 14, 2015*. gapm.io/xbbcesc17.

Berners-Lee, Tim. "The next web." TED video, 16:23. Filmed February 2009 in Long Beach, CA. https://www.ted.com/talks/tim_berners_lee_on_the_next_web. gapm.io/x-tim-b-l-ted.

Betts, Alexander, and Paul Collier. Refuge: *Rethinking Refugee Policy in a Changing World*. New York: Oxford University Press, 2017.

Biraben, Jean-Noel. "An Essay Concerning Mankind's Evolution." *Population*. Selected Papers. Table 2. December 1980. As cited in US Census Bureau. gapm.io/xuscbbir.

BJS (Bureau of Justice Statistics). Rand, M.R., et al. "*Alcohol and Crime: Data from 2002 to 2008*".

Washington, DC: Bureau of Justice Statistics, Office of Justice Programs, US Department of Justice, 2010. Page last revised on July 28, 2010. Accessed December 21, 2017. https://www.bjs.gov/content/acf/ac_conclusion.cfm.

Bongaarts, John, and Rodolfo A. Bulatao. "Beyond Six Billion: Forecasting the World's Population." National Research Council. Panel on Population Projections. Committee on Population, Commission on Behavioral and Social Sciences and Education. Washington, D.C. 2000. National Academy Press. https://www.nap.edu/read/9828/chapter/4#38.

Bourguignon, François, and Christian Morrisson. "Inequality Among World Citizens: 1820–1992." *American Economic Review* 92, no. 4 (September 2002): 727–44.

Bryant, John. "Theories of Fertility Decline and the Evidence from Development Indicators." *Population and Development Review* 33, no. 1 (March 2007): 101–27.

BTS[1]. (US Bureau of Transportation Statistics). US Air Carrier Safety Data. Total Fatalities. National Transportation Statistics. Table 2-9. Accessed November 24, 2017. gapm.io/xbtsafat.

BTS[2]. Revenue Passenger-Miles (The Number of Passengers and the Distance Flown in Thousands (000)). T-100 Segment data. Accessed November 4, 2017. gapm.io/xbtspass.

Caldwell, J. C. "Three Fertility Compromises and Two Transitions." *Population Research and Policy Review* 27, no. 4 (2008): 427–46. gapm.io/xcaltfrt.

Carson, Rachel. Silent Spring. Boston: Houghton Mifflin, 1962.

CAS. Database Counter. American Chemical Society, 2017. Accessed December 3, 2017. gapm.io/xcas17.

CDC[1]. (Centers for Disease Control and Prevention). Taubenberger, Jeffery K., and David M. Morens. "1918 Influenza: The Mother of All Pandemics." *Emerging Infectious Diseases* 12, no. 1 (January 2006): 15–22. gapm.io/xcdcsflu17.

CDC[2]. "Organochlorine Pesticides Overview" Dichlorodiphenyltrichloroethane (DDT). National Biomonitoring Program.

CDC[3]. "Ebola Outbreak in West Africa—Reported Cases Graphs." Centers for Disease Control and Prevention, 2014. gapm.io/xcdceb17.

CDC[4]. Toxicological Profile for DDT, DDE and DDD. https://www.atsdr.cdc.gov/toxprofiles/tp.asp?id=81&tid=20.

CDIAC. *"Global, Regional, and National Fossil-Fuel CO2 Emissions."* Boden, T.A., G. Marland, and R.J. Andres. 2017. Carbon Dioxide Information Analysis Center, Oak Ridge National Laboratory, U.S. Department of Energy, Oak Ridge, Tenn., U.S.A. DOI: 10.3334/CDIAC/00001_V2017. gapm.io/xcdiac.

CETAD (Centro de Estudos Tributários e Aduaneiros). "Distribuição da Renda por Centis Ano MARÇO 2017." Ministério da Fazenda, Brazil, 2017. gapm.io/xbra17.

Cialdini, Robert B. *Influence: How and Why People Agree to Things*. Boston, MA: Allyn and Bacon, 2001.

College Board. SAT Total Group Profile Report, 2016. gapm.io/xsat17.

Collier, Paul. *The Bottom Billion: Why the Poorest Countries Are Failing and What Can Be Done*

About It. New York: Oxford University Press, 2007.

——— . *Exodus: How Migration Is Changing Our World.* New York: Oxford University Press, 2013.

——— . *The Plundered Planet: Why We Must—and How We Can—Manage Nature for Global Prosperity.* New York: Oxford University Press, 2010.

——— . *Wars, Guns and Votes: Democracy in Dangerous Places.* New York: Random House, 2011.

Correlates of War Project. COW Data set v4.0. Based on Sarkees, Meredith Reid, and Frank Wayman (2010). Data set updated 2011. Accessed Dec 3, 2017. http://www.correlatesofwar.org/data-sets/COW-war.

Countdown to 2030. *Reproductive, Maternal, Newborn, Child, and Adolescent Health and Nutrition.* Data produced by Aluisio Barros and Cesar Victora, Federal University of Pelotas, Brazil, 2017. http://countdown2030.org/.

Crosby, Alfred W. *America's Forgotten Pandemic.* Cambridge, UK: Cambridge University Press, 1989.

Cummins, Denise. "Why the Gender Difference on SAT Math Doesn't Matter." *Good Thinking* blog, *Psychology Today*. March 17, 2014.

Davies, D.P. (1985). "Cot Death in Hong Kong: a Rare Problem?" Lancet 1985 Dec 14;2(8468):1346-9. https://www.ncbi.nlm.nih.gov/pubmed/2866397.

DeFries, Ruth. *The Big Ratchet: How Humanity Thrives in the Face of Natural Crisis*. New York: Basic Books, 2014.

Diamond, Jared. *The World Until Yesterday: What Can We Learn from Traditional Societies?* London: Viking, 2012.

Dobbs, Richard, James Manyika, and Jonathan Woetzel. *No Ordinary Disruption: The Four Global Forces Breaking All the Trends.* New York: PublicAffairs, 2016.

Dollar Street. Free photos under Creative Commons License CC BY 4.0. By Gapminder, Anna Rosling Rönnlund. 2017. www.dollar-street.org.

Ehrlich, Paul R., and Anne Ehrlich. *The Population Bomb.* New York: Ballantine, 1968.

EIA (U.S. Energy Information Administration). "Annual passenger travel tends to increase with income." Today in Energy May 11, 2016. https://www.eia.gov/todayinenergy/detail.php?id=26192#

Ellenberg, Jordan. *How Not to Be Wrong: The Power of Mathematical Thinking.* New York: Penguin, 2014.

Elsevier. Reller, Tom. "Elsevier Publishing—A Look at the Numbers, and More." Posted March 22, 2016. Accessed November 26, 2017. https://www.elsevier.com/connect/elsevier-publishing-a-look-at-the-numbers-and-more.

EM-DAT. Centre for Research on the Epidemiology of Disasters (CRED). The International Disaster Database. Debarati Guha-Sapir, Université catholique de Louvain. Accessed November 5, 2017. www.emdat.be.

ENIGH (Encuesta Nacional de Ingresos y Gastos de los Hogares). Nueva serie, Tabulados básicos, 2017. Table 2.3, 2016. gapm.io/xenigh17

EPA (US Environmental Protection Agency). Environment Program, Pesticide Information. gapm.io/xepa17.

EU Council[1]. Council Directive 2002/90/EC of 28 November 2002 "defining the facilitation of unauthorised entry, transit and residence." November, 2002. gapm.io/xeuc90.

EU Council[2]. Council Directive 2001/51/EC of 28 June 2001 "supplementing the provisions of Article 26 of the Convention implementing the Schengen Agreement of 14 June 1985." June, 2001. gapm.io/xeuc51.

FAO[1] (Food and Agriculture Organization of the United Nations). "Food Insecurity in the World 2006." 2006. gapm.io/faoh2006.

FAO[2]. *The State of World Fisheries and Aquaculture 2016: Contributing to Food Security and Nutrition for All.* Rome: FAO, 2016. Accessed November 29, 2017. http://www.fao.org/3/a-i5555e.pdf. gapm.io/xfaofi.

FAO[3]. "Statistics—Food Security Indicators." Last modified October 31, 2017. Accessed November 29, 2017. gapm.io/xfaofsec.

FAO[4]. FAOSTAT World Total, Yield: Cereals, Total, 1961–2014. Last modified May 17, 2017. Accessed November 29, 2017. gapm.io/xcer.

FAO[5]. "State of the World's Land and Water Resources for Food and Agriculture." SOLAW, FAO, Maps, 2011. gapm.io/xfaowl17.

FBI (Federal Bureau of Investigation). Uniform Crime Reporting Statistics. *Crime in the United States.* All reported violent crimes and property crimes combined. Accessed October 12, 2017. gapm.io/xfbiu17.

Foresight. *Migration and Global Environmental Change. Final Project Report.* London: Government Office for Science, 2011. gapm.io/xcli17.

FRD. Ofcansky, Thomas P., Laverle Bennette Berry, and Library of Congress Federal Research Division. *Ethiopia: A Country Study.* Washington, DC: Federal Research Division, Library of Congress, 1993. gapm.io/xfdi.

Friedman, Thomas L. *The World Is Flat: A Brief History of the Twenty-first Century.* New York: Farrar, Straus & Giroux, 2005.

Gallup[1]. McCarthy, Justin. "More Americans Say Crime Is Rising in U.S." Gallup News, October 22, 2015. Accessed December 1, 2017. http://news.gallup.com/poll/186308/americans-say-crime-rising.aspx.

Gallup[2]. Brewer, Geoffrey. "Snakes Top List of Americans' Fears." Gallup News, March 19, 2001. Accessed December 17, 2017. http://news.gallup.com/poll/1891/snakes-top-list-americans-fears.aspx.

Gallup[3]. Newport, Frank. "In U.S., Percentage Saying Vaccines Are Vital Dips Slightly." Gallup News, March 6, 2015. gapm.io/xgalvac17.

Gallup[4]. "Concern About Being Victim of Terrorism." U.S. polls, 1995–2017. Gallup News, December 2017. gapm.io/xgal17.

Gallup[5]. McCarthy, Justin. "U.S. Support for Gay Marriage Edges to New High." Gallup News,

May 3–7, 2017. gapm.io/xgalga.

Gapminder[1]. Regions, dividing the world into four regions with equal areas. gapm.io/ireg.

Gapminder[2]. GDP per capita—v25. Mainly Maddison data extended by Mattias Lindgren and modified by Ola Rosling to align with World Bank GDP per capita constant PPP 2011, with IMF forecasts from WEO 2017. gapm.io/dgdppc.

Gapminder[3]. Four income levels—v1. gapm.io/elev.

Gapminder[4]. Life expectancy—v9, based on IHME-GBD 2016, UN Population and Mortality. org. Main work by Mattias Lindgren. gapm.io/ilex.

Gapminder[5]. Protected nature—v1, based on World Database on Protected Areas (WDPA), UK-IUCN, UNEP-WCMC. gapm.io/natprot.

Gapminder[6]. Child mortality rate—v10, based on UN-IGME. Downloaded November 10, 2017, gapm.io/itfr.

Gapminder[7]. Total fertility rate—v12. gapm.io/dtfr.

Gapminder[8]. Income mountains—v3. Accessed November 2, 2017. gapm.io/incm.

Gapminder[9]. Extreme poverty rate—v1, rough guestimation of extreme poverty rates of all countries for the period 1800 to 2040, based on the Gapminder Income Mountains dataset. gapm.io/depov.

Gapminder[10]. Household per capita income—v1. gapm.io/ihhinc.

Gapminder[11]. "Don't Panic—End Poverty." BBC documentary featuring Hans Rosling. Directed by Dan Hillman. Wingspan Productions, September 2015.

Gapminder[12]. Legal slavery data—v1. gapm.io/islav.

Gapminder[13]. HIV, newly infected—v2. Historic prevalence estimates before 1990 by Linus Bengtsson and Ziad El-Khatib. gapm.io/dhivnew.

Gapminder[14]. Death penalty abolishment—v1. gapm.io/ideat.

Gapminder[15]. Countries ban leaded gasoline—v1. gapm.io/ibanlead.

Gapminder[16]. Air plane fatalities—v1. Indicator Population—v5—all countries—1800–2100, based on IATA, ICAO[3], BTS[1,2] & ATAA. gapm.io/dpland.

Gapminder[17]. Population—v5—all countries—1800–2100, based on World Population Prospects: 2017 Revision, UN Population Division and mainly Maddison[2] before 1950. gapm.io/dpop.

Gapminder[18]. Undernourishment—v1. gapm.io/dundern.

Gapminder[19]. Feature films—v1. gapm.io/dcultf.

Gapminder[20]. Women's suffrage—v1, based primarily on Wikipedia[4]. gapm.io/dwomsuff.

Gapminder[21]. Literacy rate—v1, based on UNESCO[2] and van Zanden. gapm.io/dliterae.

Gapminder[22]. Internet users—v1. gapm.io/dintus.

Gapminder[23]. Children with some vaccination—v1, based on WHO[1]. gapm.io/dsvacc.

Gapminder[24]. Playable guitars per capita (very rough estimates)—v1. gapm.io/dguitars.

Gapminder[25]. Maternal mortality—v2. gapm.io/dmamo.

Gapminder[26]. "Factpods on Ebola." 1–15. gapm.io/fpebo.

Gapminder[27]. Poll results from events. gapm.io/rrs.

Gapminder[28]. How good are the UN population forecasts? gapm.io/mmpopfut.
Gapminder[29]. The Inevitable Fill-Up. gapm.io/mmfu.
Gapminder[30]. Family size by income level. gapm.io/efinc.
Gapminder[31]. Protected Nature—v1. gapm.io/protnat.
Gapminder[32]. Hans Rosling. "Swine flu alert! News/Death ratio: 8176." Video. May 8, 2009. gapm.io/sftbn.
Gapminder[33]. Average age at first marriage. gapm.io/fmarr.
Gapminder[34]. World Health Chart. www.gapminder.org/whc.
Gapminder[35]. Differences within Africa. gapm.io/eafrdif.
Gapminder[36]. Monitored species. gapm.io/tnwlm.
Gapminder[37]. Food production. gapm.io/tfood.
Gapminder[38]. War deaths. gapm.io/twar.
Gapminder[39]. Textile. gapm.io/ttextile.
Gapminder[40]. Protected nature. gapm.io/protnat.
Gapminder[41]. "Why Boat Refugees Don't Fly!" gapm.io/p16.
Gapminder[42]. Child labour. gapm.io/dchlab.
Gapminder[43]. Gapminder Factfulness Poster, v3.1. Free Teaching Material, Creative Commons License CC BY 4.0. 2017. gapm.io/fposter.
Gapminder[44]. Length of schooling. gapm.io/dsclex.
Gapminder[45]. Recreation spending by income level. gapm.io/tcrecr.
Gapminder[46]. Caries. gapm.io/dcaries.
Gapminder[47]. Fertility rates by income quintile. gapm.io/dtfrq.
Gapminder[48]. Road accidents. gapm.io/droada.
Gapminder[49]. Child drownings by income level. gapm.io/ddrown.
Gapminder[50]. Travel distance. gapm.io/ttravel.
Gapminder[51]. CO2 emissions. gapm.io/tco2.
Gapminder[52]. Natural disasters. gapm.io/tndis.
Gapminder[53]. Fertility rate and income by religion. gapm.io/dtfrr.
GDL[1]. (Global Data Lab). Area data initiated by Jeroen Smits. https://globaldatalab.org/areadata.
GDL[2]. IWI International Wealth Index. https://globaldatalab.org/iwi.
Gilbert et al. (2005). "Infant sleeping position and the sudden infant death syndrome: systematic review of observational studies and historical review of recommendations from 1940 to 2002" Ruth Gilbert, Georgia Salanti, Melissa Harden, Sarah See. International Journal of Epidemiology, Volume 34, Issue 4, 1 August 2005, Pages 874–87. https://doi.org/10.1093/ije/dyi088.
Gilovich, Thomas. *How We Know What Isn't So.* New York: Macmillan, 1991.
Gleditsch, Nils Petter. *Mot en mer fredelig verden?* [Norwegian: Towards a more peaceful world?]. Oslo: Pax, 2016. Figure 1.4. gapm.io/xnpgfred.
Gleditsch, Nils Petter, and Bethany Lacina. "Monitoring trends in global combat: A new dataset of

battle deaths." *European Journal of Population* 21, nos. 2–3 (2005): 145–66. gapm.io/xbat.

Goldberger, Leo. *The Rescue of the Danish Jews: Moral Courage Under Stress.* New York: New York University Press, 1987.

Good Judgment Project. www.gjopen.com.

Gottschall, Jonathan. *The Storytelling Animal: How Stories Make Us Human.* Boston and New York: Houghton Mifflin Harcourt, 2012.

Gribble, Gordon W. "Food chemistry and chemophobia." Food Security 5, no. 1 (February 2013). gapm.io/xfosec.

GSMA. *The Mobile Economy* 2017. GSM Association, 2017. gapm.io/xgsmame.

GTD. Global Terrorism Database 2017. Accessed December 2, 2017. gapm.io/xgtdb17.

GTF. "The Global Tracking Framework measures the population with access to electricity in both rural and urban areas from 1990–2014." The World Bank & the International Energy Agency. Global Tracking Framework. Accessed November 29, 2017. http://gtf.esmap.org/results.

Gurven, Michael, and Hillard Kaplan. "Longevity Among Hunter-Gatherers: A Cross-Cultural Examination." *Population and Development Review* 33, no. 2 (2007): 321–65. gapm.io/xhun.

Haidt, Jonathan. *The Happiness Hypothesis: Finding Modern Truth in Ancient Wisdom.* New York: Basic Books, 2006.

———. *The Righteous Mind: Why Good People Are Divided by Politics and Religion.* New York: Pantheon, 2012.

Hausmann, Ricardo. "How Should We Prevent the Next Financial Crisis?" The Growth Lab, Harvard University, 2015. gapm.io/xecc.

Hausmann, Ricardo, Cesar A. Hidalgo, et al. *Atlas of Economic Complexity: Mapping Paths to Prosperity*, 2nd ed. Cambridge, MA: MIT Press, 2013. Accessed November 10, 2017. gapm.io/xatl17.

Hellebrandt, Tomas, and Paulo Mauro. *The Future of Worldwide Income Distribution*. Peterson Institute for International Economics Working Paper 15-7, April 2015. Accessed November 3, 2017. gapm.io/xpiie17.

HMD (Human Mortality Database). University of California, Berkeley and Max Planck Institute for Demographic Research. Downloaded September 2012. Available at www.mortality.org or www.humanmortality.de.

Högberg, Ulf, and Erik Bergström. "Läkarråd ökade risken för plötslig spädbarnsdöd" ["Physicians' advice increased the risk of sudden infant death syndrome"]. *Läkartidningen* 94, no. 48 (1997). gapm.io/xuhsids.

IATA (International Air Transport Association). "Accident Overview." Table. Fact Sheet Safety. December 2017. gapm.io/xiatas.

ICAO[1] (International Civil Aviation Organization). Convention on International Civil Aviation. Chicago, December 7, 1944. gapm.io/xchicc.

ICAO[2]. Aircraft Accident and Incident Investigation. Convention on International Civil Aviation, Annex 13. International Standards and Recommended Practices, 1955. gapm.io/xchi13.

ICAO[3]. Global Key Figures. Revenue Passenger-Kilometres. Air Transport Monitor. 2017. https://www.icao.int/sustainability/Pages/Air-Traffic-Monitor.aspx.

Ichiseki, Hajime. "Features of disaster-related deaths after the Great East Japan Earthquake." *Lancet* 381, no. 9862 (January 19, 2013): 204. gapm. io/xjap.

ICP (International Comparison Program). "Purchasing Power Parity $ 2011." gapm.io/x-icpp.

IHME[1] (Institute for Health Metrics and Evaluation). Data Life Expectancy. Global Burden of Disease Study 2016. Institute for Health Metrics and Evaluation, University of Washington, Seattle, September 2017. Accessed October 7, 2017. gapm.io/xihlex.

IHME[2]. "Global Educational Attainment 1970–2015." Accessed May 10, 2017. gapm.io/xihedu.

IHME[3]. "Road injuries as a percentage of all disability." GBD Compare. gapm.io/x-ihaj.

IHME[4]. "Drowning as a percentage of all death ages 5–14, by four development levels." GBD Compare. http://ihmeuw.org/49kq.

IHME[5]. "Drowning, share of all child deaths in ages 5–14, comparing Sweden with average for all highly developed countries." GBD Compare. http://ihmeuw.org/49ks.

IHME[6]. "Local Burden of Disease—Under-5 Mortality." Accessed November 29, 2017. gapm.io/xih5mr.

IHME[7]. "Measles." GBD Compare. 2016. gapm.io/xihels.

IHME[8]. "All causes of death" GBD Compare. 2016. http://ihmeuw.org/49p3.

IHME[9]. "Transport injuries." GBD Compare. 2016. http://ihmeuw.org/49pa.

IHME[10]. "Interpersonal violence." GBD Compare. 2016. http://ihmeuw.org/49pc.

IHME[11]. Data for deaths under age 5 in 2016, attributable to risk factor unsafe water source, from IHME GBD 2016. Accessed December 12, 2017. http://ihmeuw.org/49xs.

ILMC (International Lead Management Center). Lead in Gasoline Phase-Out Report Card, 1990s. International Lead Zinc Research Organization (ILZRO), supported by the International Lead Association (ILA). Accessed October 12, 2017. http://www.ilmc.org/rptcard.pdf.

ILO[1] (International Labour Organization). C029 - Forced Labour Convention, 1930 (No. 29). Accessed December 2, 2017. gapm.io/xiloflc.

ILO[2]. C105 - Abolition of Forced Labour Convention, 1957 (No. 105). Accessed December 2, 2017. gapm.io/xilola.

ILO[3]. Country baselines: Turkmenistan. gapm.io/xiloturkm.

ILO[4]. Country baselines: Uzbekistan. gapm.io/xilouzb.

ILO[5]. Country baselines: North Korea. gapm.io/xilonkorea.

ILO[6]. C182 Worst Forms of Child Labour Convention, 1999 (No. 182). gapm.io/xilo182.

ILO[7]. IPEC. "Global child labour trends 2008 to 2012." Yacouba Diallo, Alex Etienne, and Farhad Mehran. International Programme on the Elimination of Child Labour (IPEC). Geneva: ILO, 2013. gapm.io/xiloi.

ILO[8]. IPEC. Children in employment, child labour and hazardous work, 5–17 years age group, 2000–2012. Page 3, Table 1. International Labour Office; ILO International Programme on the Elimination of Child Labour (IPEC). gapm.io/xiloipe.

ILO[9]. "Programme on the Elimination of Child Labour, World (1950–1995)." International Labour Organization Programme on Estimates and Projections on the Elimination of Child Labour (ILO-EPEAP). Kaushik Basu, 1999. Via OurWorldInData.org/child-labor.

ILO[10]. Living Standard Measurement Survey. LABORSTA Labour Statistics Database. International Labour Organization. gapm.io/xilohhs.

IMDb (Internet Movie Database). Search results for feature films filtered by year. gapm.io/ximdbf.

IMF[1] (International Monetary Fund). GDP per capita, constant prices with forecasts to 2022. World Economic Outlook 2017, October edition. Accessed November 2, 2017. gapm.io/ximfw.

IMF[2]. Archive. World Economic Outlook Database, previous years. gapm.io/ximfwp.

India Census 2011. "State of Literacy." Office of the Registrar General & Census Commissioner, India. 2011. gapm.io/xindc.

International Rhino Foundation. "Between 5,042–5,455 individuals in the wild—Population slowly increasing." Black Rhino. November 5, 2017. https://rhinos.org/state-of-the-rhino/

IPCC[1] (Intergovernmental Panel on Climate Change). Fifth Assessment Report (AR5) Authors and Review Editors. May 27, 2014. gapm.io/xipcca.

IPCC[2]. Fifth Assessment Report (AR5)—Climate Change 2014: Climate Change 2014 Synthesis Report, page 10: "Surface temperature is projected to rise over the 21st century under all assessed emission scenarios." Accessed April 10, 2017. gapm.io/xipcc.

Ipsos MORI[1]. Online polls for Gapminder in 12 countries, August 2017. gapm.io/gt17re.

Ipsos MORI[2]. "Perils of Perception 2015." Ipsos MORI, December 2, 2015. gapm.io/xip15.

Ipsos MORI[3]. "Perils of Perception 2016," Ipsos MORI, December 14, 2016. gapm.io/xip16.

IPUMS (Integrated Public Use Microdata Series International). Version 6.3. gapm.io/xipums.

ISC (Internet System Consortium). "Internet host count history." gapm.io/xitho.

ISRC. "International Standard Recording Code." Managed by International ISRC Agency. http://isrc.ifpi.org/en/faq.

ITOPF (International Tanker Owners Pollution Federation). "Oil tanker spill statistics 2016." Page 4. Published February 2017. Accessed September 20, 2017. http://www.itopf.com/fileadmin/data/Photos/Publications/Oil_Spill_Stats_2016_low.pdf.

ITRPV. "International Technology Roadmap for Photovoltaic." Workshop at Intersolar Europe, Munich, June 1, 2017. Graph on slide 6. gapm.io/xitrpv.

ITU[1] (International Telecommunication Union). "Mobile cellular subscriptions." World Telecommunication/ICT Development Report and Database. gapm.io/xitumob.

ITU[2]. "ICT Facts and Figures 2017." Individuals using the Internet. Accessed November 27, 2017. gapm.io/xituintern.

IUCN[1] (International Union for Conservation of Nature). Protected Area (Definition 2008). gapm.io/xprarde.

IUCN[2]. Categories of protected areas. gapm.io/x-protareacat.

IUCN[3]. Green, Michael John Beverley, ed. *IUCN Directory of South Asian Protected Areas.* IUCN, 1990.

IUCN Red List[1]. Goodrich, J., et al., "Panthera tigris (Tiger)." *IUCN Red List of Threatened Species* 2015: e.T15955A50659951. Accessed December 7, 2017. gapm.io/xiucnr1.

IUCN Red List[2]. Swaisgood, R., D. Wang, and F. Wei. "Ailuropoda melanoleuca (Giant Panda)" (errata version published in 2016). *IUCN Red List of Threatened Species 2016:* e.T712A121745669. Accessed December 7, 2017. http://dx.doi.org/10.2305/IUCN.UK.2016-2.RLTS.T712A45033386.en.

IUCN Red List[3]. Emslie, R. "Diceros bicornis (Black Rhinoceros, Hook-lipped Rhinoceros)." *IUCN Red List of Threatened Species 2012:* e.T6557A16980917. Accessed December 7, 2017. http://dx.doi.org/10.2305/IUCN.UK.2012.RLTS.T6557A16980917.en.

IUCN Red List[4]. IUCN. "Table 1: Numbers of threatened species by major groups of organisms (1996–2017)." Last modified September 14, 2017. gapm.io/xiucnr4.

Jacobson, Jodi L. "Environmental Refugees: A Yardstick of Habitability." Worldwatch Paper 86. Washington, DC: Worldwatch Institute, 1988.

Jinha, A. E. "Article 50 million: an estimate of the number of scholarly articles in existence." *Learned Publishing* 23, no. 10 (2010): 258–63. DOI: 10.1087/20100308. gapm.io/xjinha.

Johnson, N. P., and J. Mueller. "Updating the accounts: global mortality of the 1918–1920 'Spanish' influenza pandemic." *Bulletin of the History of Medicine* 76, no. 1 (Spring 2002): 105–15.

Kahneman, Daniel. *Thinking, Fast and Slow.* New York: Farrar, Straus & Giroux, 2011.

Keilman, Nico. "Data quality and accuracy of United Nations population projections, 1950–95." *Population Studies* 55, no. 2 (2001): 149–64. Posted December 9, 2010. gapm.io/xpaccur.

Klein Goldewijk, Kees. "Total SO2 Emissions." Utrecht University. Based on Paddy (http://cdiac.ornl.gov). May 18, 2013. gapm.io/x-so2em.

Klepac, Petra, et al. "Towards the endgame and beyond: complexities and challenges for the elimination of infectious diseases." Figure 1. *Philosophical Transactions of the Royal Society B,* June 24, 2013. DOI: 10.1098/rstb.2012.0137. http://rstb.royalsocietypublishing.org/content/368/1623/20120137.

Lafond, F., et al. "How well do experience curves predict technological progress? A method for making distributional forecasts." Navigant Research. 2017. https://arxiv.org/pdf/1703.05979.pdf.

Larson, Heidi J., et al. "The State of Vaccine Confidence 2016: Global Insights Through a 67-Country Survey." *EBioMedicine* 12 (October 2016): 295–301. Posted September 13, 2016. DOI: 10.1016/j.ebiom.2016.08.042. gapm.io/xvacnf.

Lindgren, Mattias. "Gapminder's long historic time series." published from 2006 to 2016. gapm.io/histdata.

Livi-Bacci, Massimo. *A Concise History of World Population.* 2nd. ed. Page 22. Maiden, MA: Blackwell, 1989.

Lozano, Rafael, Krycia Cowling, Emmanuela Gakidou, and Christopher J. L. Murray. "Increased educational attainment and its effect on child mortality in 175 countries between 1970 and 2009: a systematic analysis." Lancet 376, no. 9745 (September 2010): 959–74. DOI: 10.1016/

S0140-6736(10)61257-3. gapm.io/xedux.

Maddison[1]. Maddison project maintaining data from Angus Maddison. GDP per capita estimates, via CLIO Infra. Updated by Jutta Bolt and Jan Luiten van Zanden, et al. Accessed December 3, 2017. https://www.clio-infra.eu/Indicators/GDPperCapita.html.

Maddison[2]. Maddison project via CLIO Infra. Filipa Ribeiro da Silva's version revised by Jonathan Fink-Jensen, updated April 29, 2015. https://www.clio-infra.eu/Indicators/TotalPopulation.html.

Magnus & Pia. Mino's parents.

McEvedy, Colin, and Richard Jones. *Atlas of World Population History.* New York: Facts on File, 1978. As cited in US Census Bureau. gapm.io/x-pophist.

Mischel, Walter. *The Marshmallow Test: Mastering Self-Control.* New York: Little, Brown, 2014.

Music Trades. "The Annual Census of the Music Industries." 2016. http://www.musictrades.com/census.html.

Myrskylä, M., H. P. Kohler, and F. Billari. "Advances in Development Reverse Fertility Declines." *Nature* 460, No. 6 (2009): 741–43. DOI: 10.1038/nature08230.

National Biomonitoring Program. Centers for Disease Control and Prevention Organochlorine Pesticides Overview. gapm.io/xpes.

National Police Agency of Japan. *Damage Situation and Police Countermeasures Associated with 2011 Tohoku District Off the Pacific Ocean Earthquake September 8, 2017.* Emergency Disaster Countermeasures Headquarters. gapm.io/xjapan.

NCI[1] (National Cancer Institute). "Trends in relative survival rates for all childhood cancers, age 20, all races, both sexes SEER (9 areas), 1975–94." Figure 10, p. 9, in L. A. G. Ries, M. A. Smith, et al., eds., "Cancer Incidence and Survival Among Children and Adolescents: United States SEER Program 1975–1995." National Cancer Institute, SEER Program. NIH. Pub. No. 99-4649. Bethesda, MD: 1999. gapm.io/xccs17.

NCI[2]. Childhood cancer rates calculated using the Incidence SEER18 Research Database, November 2016 submission (Katrina/Rita Population Adjustment). https://www.cancer.gov/types/childhood-cancers/child-adolescent-cancers-fact-sheet#r4.

NHTSA (National Highway Traffic Safety Administration). "Alcohol-Impaired Driving from the Traffic Safety Facts, 2016 Data." Table 1. October 2017. gapm.io/xalc.

Nobel Prize in Physiology or Medicine 1948. Paul Herman Müller. gapm.io/xnob.

Novus[1]. Polls for Gapminder in Finland and Norway, April–October 2017. gapm.io/pnovus17a.

Novus[2]. Polls for Gapminder in Sweden, Norway, USA and UK, 2013 to 2017. gapm.io/polls17b.

Novus[3]. Polls for Gapminder in Sweden, April 2017; in USA, November 2013 and September 2016 by GfK Group using KnowledgePanel; in the UK, by NatCen. gapm.io/pollnov17bnovus-17b.

Nuclear Notebook. Kristensen, Hans M., and Robert S. Norris. "The Bulletin of the Atomic Scientists' Nuclear Notebook." Federation of American Scientists. https://thebulletin.org/nuclear-notebook-multimedia.

ODI (Overseas Development Institute). Greenhill, Romilly, Paddy Carter, Chris Hoy, and Marcus Manuel. "Financing the future: how international public finance should fund a global social compact to eradicate poverty." ODI, 2015. gapm.io/xodi.

OEC. Simoes, Alexander J. G., and César A. Hidalgo. "The Economic Complexity Observatory: An Analytical Tool for Understanding the Dynamics of Economic Development." Workshops at the Twenty-Fifth AAAI Conference on Artificial Intelligence, 2011. Trade in hs92 category 920.2. String Instruments. gapm.io/xoec17. The Economic Complexity Observatory. https://atlas.media.mit.edu/en/.

OECD[1] (Organisation for Economic Co-operation and Development). "Why Is Health Spending in the United States So High?" Chart 4: Health spending per capita by category of care, US and selected OECD countries, 2009. Health at a Glance 2011: OECD Indicators. gapm.io/x-ushealth.

OECD[2]. Air and GHG emissions: Carbon dioxide (CO2), Tonnes/capita, 2000–2014. gapm.io/xoecdco2.

OECD[3]. "Indicators of Immigrant Integration 2015". OECD and European Union, July 2, 2015. gapm.io/xoecdimintegr.

OHDB (Oral Health Database). WHO Collaborating Centre for Education, Training and Research at the Faculty of Odontology, Malmö, Sweden, supported by the WHO Global Oral Health Programme for Oral Health Surveillance and Niigata University, Japan. https://www.mah.se/CAPP/.

Oppenheim Mason, Karen. "Explaining Fertility Transitions." Demography, Vol. 34, No. 4, 1997, pp. 443-54. gapm.io/xferttra.

Ostrom, Elinor. *Governing the Commons.* Cambridge, UK: Cambridge University Press, 1990.

OurWorldInData[1]. Roser, Max, and Esteban Ortiz-Ospina. "Declining global poverty: share of people living in extreme poverty, 1820–2015, Global Extreme Poverty." Published online at OurWorldInData.org. Accessed November 20, 2017. https://ourworldindata.org/extreme-poverty.

OurWorldInData[2]. Roser, Max, and Esteban Ortiz-Ospina. "When did literacy start growing in Europe?" Published online at OurWorldInData.org. Accessed November 20, 2017. https://ourworldindata.org/literacy.

OurWorldInData[3]. Roser, Max, and Esteban Ortiz-Ospina. "Child Labor." 2017. Published online at OurWorldInData.org. Accessed November 20, 2017. https://ourworldindata.org/child-labor.

OurWorldInData[4]. Roser, Max. "Share of World Population Living in Democracies." 2017. Published online at OurWorldInData.org. Accessed November 26, 2017. https://ourworldindata.org/democracy.

OurWorldInData[5]. Roser, Max. "Ethnographic and Archaeological Evidence on Violent Deaths." Published online at OurWorldInData.org. Accessed November 26, 2017. https://ourworldindata.org/ethnographic-and-archaeological-evidence-on-violent-deaths.

OurWorldInData[6]. Roser, Max, and Mohamed Nagdy. "Nuclear weapons test." 2017. Published online at OurWorldInData.org. Accessed November 14, 2017. https://ourworldindata.org/nuclear-weapons.

OurWorldInData[7]. Number of parties in multilateral environmental agreements based on UNCTAD United Nations Treaty Collection. Published online at OurWorldInData.org. https://ourworldindata.org/grapher/number-of-parties-env-agreements.

OurWorldInData[8]. Tzvetkova, Sandra. "Not All Deaths Are Equal: How Many Deaths Make a Natural Disaster Newsworthy?" Published online at OurWorldInData.org. Accessed July 19, 2017. https://ourworldindata.org/how-many-deaths-make-a-natural-disaster-newsworthy.

OurWorldInData[9]. Ritchie, Hannah and Max Roser. "Energy Production & Changing Energy Sources", Based on Lafond et al. (2017). Published online at OurWorldInData.org. Accessed December 19, 2017. https:// ourworldindata.org/energy-production-and-changing-energy-sources/.

OurWorldInData[10]. Roser, Max. "Fertility Rate." Published online at OurWorldInData.org. https://ourworldindata.org/fertility-rate.

Paine, R. R., and J. L. Boldsen. "Linking age-at-death distributions and ancient population dynamics: a case study." 2002. *In Paleodemography: Age distributions from skeletal samples,* ed. R. D. Hoppa and J. W. Vaupel, 169–80. Cambridge, UK: Cambridge University Press.

Paulos, John Allen. *Innumeracy: Mathematical Illiteracy and its Consequences.* New York: Penguin, 1988.

PDNA. Government of Nepal National Planning Commission. *Nepal Earthquake 2015: Post Disaster Needs Assessment,* vol. A. Kathmandu: Government of Nepal, 2015. gapm.io/xnep.

Perry, Mark J. "SAT test results confirm pattern that's persisted for 50 years—high school boys are better at math than girls." *AEIdeas* blog, American Enterprise Institute, September 27, 2016. gapm.io/xsat.

Pew[1]. "Japanese Wary of Nuclear Energy." Pew Research Center, Global Attitudes and Trends, June 5, 2012. gapm.io/xpewnuc.

Pew[2]. "Religious Composition by Country, 2010–2050." Pew Research Center, Religion & Public Life, April 2, 2015 (table). gapm.io/xpewrel1.

Pew[3]. "The Future of World Religions: Population Growth Projections, 2010–2050." Pew Research Center, Religion & Public Life, April 2, 2015. gapm.io/xpewrel2.

Pinker, Steven. *The Better Angels of Our Nature: The Decline of Violence in History and Its Causes.* London: Penguin, 2011.

——. *The Blank Slate: The Modern Denial of Human Nature.* New York: Penguin, 2002.

——. *How the Mind Works.* New York: W.W. Norton, 1997.

——. *The Stuff of Thought.* New York: Viking, 2007.

Platt, John R. "Big News: Wild Tiger Populations Are Increasing for the First Time in a Century." *Scientific American,* April 10, 2016.

PovcalNet "An Online Analysis Tool for Global Poverty Monitoring." Founded by Martin Ravallion, at the World Bank. Accessed November 30, 2017. http://iresearch.worldbank.org/PovcalNet.

PRIO. "The Battle Deaths Dataset version 3.1." Updated in 2006; 1946–2008. See Gleditsch and Lacina (2005), Accessed November 12, 2017. gapm.io/xpriod.

Quétel, Claude. *History of Syphilis*. Trans. Judith Braddock and Brian Pike. Cambridge, UK: Polity Press, 1990. gapm.io/xsyph.

Raupach M. R., et al. "Sharing a quota on cumulative carbon emissions." *Nature Climate Change* 4 (2014): 873–79. DOI: 10.1038/nclimate2384. gapm.io/xcar.

Rosling, Hans. "The best stats you've ever seen." TED video, 19:50. Filmed February 2006 in Monterey, CA. https://www.ted.com/talks/hans_rosling_shows_the_best_stats_you_ve_ever_seen. gapm.io/xtedros.

———. "Hans Rosling at World Bank: Open Data." World Bank video, 41:54. Filmed May 22, 2010, in Washington, DC. https://www.youtube.com/watch?v=5OWhcrjxP-E. gapm.io/xwbros.

———. "The Magic Washing Machine." TEDWomen video, 9:15. Filmed December 2010 in Washington, DC. https://www.ted.com/talks/hans_rosling_and_the_magic_washing_machine. gapm.io/tedrosWa.

Rosling, Hans, Yngve Hofvander, and Ulla-Britt Lithell. "Children's Death and Population Growth." *Lancet* 339 (February 8, 1992): 377–78.

Royal Society of London. *Philosophical Transactions of the Royal Society of London*. 155 vols. London, 1665–1865. gapm.io/xroys1665.

Sarkees, Meredith Reid, and Frank Wayman. Resort to War: 1816–2007. Washington DC: CQ Press, 2010. gapm.io/xcow17.

SCB (Statistiska Centralbyrån). System of Environmental and Economic Accounts. gapm.io/xscb2.

Schultz, T. Paul. "Why Governments Should Invest More to Educate Girls." *World Development* 30, no. 2 (2002): 207–25.

SDL. "Slavery in Domestic Legislation", a database by Jean Allain and Dr. Marie Lynch at Queen's University, Belfast. http://www.qub.ac.uk/slavery/.

Senge, Peter M. The Fifth Discipline: *The Art & Practice of the Learning Organization*. New York: Doubleday, 1990.

Shengmin, Yu, et al. "Study on the Concept of Per Capita Cumulative Emissions and Allocation Options." *Advances in Climate Change Research* 2, no. 2 (June 25, 2011): 79–85. gapm.io/xcli11.

SIPRI (Stockholm International Peace Research Institute). Trends in world nuclear forces, 2017. Kile, Shannon N. and Hans M. Kristensen. SIPRI, July 2017. gapm.io/xsipri17.

Smil, Vaclav. *Energy Transitions: Global and National Perspectives*. 2nd ed. Santa Barbara, CA: Praeger, 2016. gapm.io/xsmilen.

———. *Global Catastrophes and Trends: The Next Fifty Years*. Cambridge: MIT Press, 2008. gapm.io/xsmilcat.

Spotify. Web API. https://developer.spotify.com/web-api/.

Stockholm Declaration. Fifth Global Meeting of the International Dialogue on Peacebuilding and Statebuilding, 2016. https://www.pbsbdialogue.org/en.

Sundberg, Ralph and Erik Melander. "Introducing the UCDP Georeferenced Event Dataset", Journal of Peace Research, vol. 50, no. 4, (2013): 523-32.

Sundin, Jan, Christer Hogstedt, Jakob Lindberg, and Henrik Moberg. *Svenska folkets hälsa i historiskt perspektiv.* Barnhälsans historia, page 122. Solna, Sweden: Statens folkhälsoinstitut, 2005. gapm.io/xsfhi5.

Tanigawa, Koichi, et al. "Loss of life after evacuation: lessons learned from the Fukushima accident." *Lancet* 379, no. 9819 (March 10, 2012): 889–91. gapm.io/xfuk.

Tavris, Carol, and Elliot Aronson. *Mistakes Were Made (But Not by Me): Why We Justify Foolish Beliefs, Bad Decisions, and Hurtful Acts.* New York: Harcourt, 2007.

Tetlock, P.E., and D. Gardner. *Superforecasting: The Art and Science of Prediction.* New York: Crown, 2015.

The Economist[1]. "The tragedy of the high seas." *Economist*, February 22, 2014. gapm.io/xeconsea.

The Economist[2]. "Democracy Index from the Economist Intelligence Unit." Accessed December 2, 2017. gapm.io/xecodemi.

Tylleskär, Thorkild. "Konzo—The Walk of the Chameleon." Video, a group work in global nutrition, featuring Dr. Jean-Pierre Banea-Mayambu (head of Pronanut), Dr. Desire Tshala-Katumbay (from the neurology clinic at the Centre Neuropsychopathologique, CNPP, Kinshasa), and students in nutrition at Uppsala University, Sweden, 1995. gapm.io/xvkonzo.

UCDP[1] (Uppsala Conflict Data Program). Battle-Related Deaths Dataset, 1989 to 2016, dyadic, version 17.1. See Allansson et al. (2017). http://ucdp.uu.se/downloads.

UCDP[2]. Uppsala Conflict Data Program, Georeferenced Event Dataset (GED) Global version 17.1 (2016), See Sundberg et al (2013). Department of Peace and Conflict Research, Uppsala University, http://ucdp.uu.se/downloads.

UN Comtrade. https://comtrade.un.org/.

UN Statistics Division. "Developing regions". Accessed December 20, 2017. gapm.io/xunsdef.

UN-IGME (United Nations Inter-agency Group for Child Mortality Estimation). "Child Mortality Estimates." Last modified October 19, 2017. http://www.childmortality.org.

UN-Pop[1] (UN Population Division). Population, medium fertility variant. World Population Prospects 2017. United Nations, Department of Economic and Social Affairs, Population Division. https://esa.un.org/unpd/wpp.

UN-Pop[2]. Annual age composition of world population, medium fertility variant. World Population Prospects 2017. UN Population Division. https://esa.un.org/unpd/wpp.

UN-Pop[3]. Indicators: Life expectancy and total fertility rate (medium fertility variant). World Population Prospects 2017. UN Population Division. Accessed September 2, 2017. https://esa.un.org/unpd/wpp.

UN-Pop[4]. Annual population by age—Female, medium fertility variant. World Population Prospects 2017. UN Population Division. Accessed November 7, 2017. gapm.io/xpopage.

UN-Pop[5]. World Population Probabilistic Projections. Accessed November 29, 2017. gapm.io/xpopproj.

UN-Pop[6]. "The impact of population momentum on future population growth." *Population Facts* no. 2017/4 (October, 2017): 1–2. gapm.io/xpopfut.

UN-Pop[7]. Andreev, K., V. Kantorová, and J. Bongaarts. "Demographic components of future population growth." Technical paper no. 2013/3. United Nations DESA Population Division, 2013. gapm.io/xpopfut2.

UN-Pop[8]. Deaths (both sexes combined), medium fertility variant. World Population Prospects 2017. UN Population Division. Accessed December 2, 2017. gapm.io/xpopdeath.

UN-Pop[9]. World Contraceptive Use 2017. World Population Prospects 2017. UN Population Division, March 2017. Accessed December 2, 2017. gapm.io/xcontr.

UNAIDS. "AIDSinfo." Accessed October 4, 2017. http://aidsinfo.unaids.org.

UNDESA (United Nations Department of Economic and Social Affairs). "Electricity and education: The benefits, barriers, and recommendations for achieving the electrification of primary and secondary schools." December 2014. gapm.io/xdessel.

UNEP[1] (United Nations Environment Programme). *Towards a Pollution-Free Planet.* Nairobi: United Nations Environment Programme, 2017. gapm.io/xpolfr17.

UNEP[2]. Regional Lead Matrix documents published between 1990 and 2012. gapm.io/xuneplmats.

UNEP[3]. "Leaded Petrol Phase-out: Global Status as at March 2017." Accessed November 29, 2017. gapm.io/xunepppo.

UNEP[4]. Ozone data access center: ODS consumption in ODP tonnes. Data updated November 13, 2017. Accessed November 24, 2017. gapm.io/xods17.

UNEP[5]. The World Database on Protected Areas (WDPA). UNEP, IUCN, and UNEP-WCMC. https://protectedplanet.net.

UNEP[6]. Protected Planet Report 2016. UNEP-WCMC and IUCN, Cambridge, UK, and Gland, Switzerland, 2016. Accessed December 17, 2017. gapm.io/xprotp16.

UNESCO[1] (United Nations Educational, Scientific and Cultural Organization). "Education: Completion rate for primary education (household survey data)." Accessed November 5, 2017. gapm.io/xcomplr.

UNESCO[2]. "Education: Literacy rate." Last modified July 2017. Accessed November 5, 2017. gapm.io/xuislit.

UNESCO[3]. "Education: Out-of-school rate for children of primary school age, female." Accessed November 26, 2017. gapm.io/xuisoutsf.

UNESCO[4]. "Rate of out-of-school children." Accessed November 29, 2017. gapm.io/xoos.

UNESCO[5]. "Reducing global poverty through universal primary and secondary education." June 2017. gapm.io/xprimsecpov.

UNFPA (United Nations Population Fund). "Sexual & reproductive health." Last updated November 16, 2017. http://www.unfpa.org/sexual-reproductive-health.

UNHCR (United Nations High Commissioner for Refugees). "Convention and protocol relating to the status of refugees." UN Refugee Agency, Geneva. gapm.io/xunhcr.

UNICEF-MICS. Multiple Indicator Cluster Surveys. Funded by the United Nations Children's

Fund. Accessed November 29, 2017. http://mics.unicef.org.
UNICEF[1]. *The State of the World's Children 1995.* Oxford, UK: Oxford University Press, 1995. gapm.io/xstchi.
UNICEF[2]. "Narrowing the Gaps—The Power of Investing in the Poorest Children." July 2017. gapm.io/xunicef2.
UNICEF[3]. "Diarrhoea remains a leading killer of young children, despite the availability of a simple treatment solution." Accessed September 11, 2017. gapm.io/xunicef3.
UNICEF[4]. "The State of the World's Children 2013—Children with Disabilities." 2013. gapm.io/x-unicef4.
UNICEF[5]. "Vaccine Procurement Services". https://www.unicef.org/supply/index_54052.html.
UNISDR (United Nations Office for Disaster Risk Reduction). "Heat wave in Europe in 2003: new data shows Italy as the most affected country." UNISDR, 2003. gapm.io/x-unicefC5.
US Census Bureau. Current Population Survey, 2017 Annual Social and Economic Supplement. Table: "FINC01_01. Selected Characteristics of Families by Total Money Income in: 2016," monetary income, all races, all families. gapm.io/xuscb17.
US-CPS. US Census Bureau. Current Population Survey 2016: Family Income in 2016. gapm.io/xuscps17
USAID-DHS[1]. Demographic and Health Surveys (DHS), funded by USAID. https://dhsprogram.com.
USAID-DHS[2]. Bietsch, Kristin, and Charles F. Westoff. *Religion and Reproductive Behavior in Sub-Saharan Africa.* DHS Analytical Studies No. 48. Rockville, MD: ICF International, 2015. gapm.io/xdhsarel.
van Zanden[1]. van Zanden, Jan Luiten, Joerg Baten, Peter Foldvari, and Bas van Leeuwen. "World Income Inequality: The Changing Shape of Global Inequality 1820–2000." Utrecht University, 2014. http://www.basvanleeuwen.net/bestanden/WorldIncomeInequality.pdf.
van Zanden[2]. van Zanden, Jan Luiten, and Eltjo Buringh. "Rise of the West: Manuscripts and Printed Books in Europe: A long-term perspective from the sixth through eighteenth centuries." *Journal of Economic History* 69, no. 2 (February 2009): 409–45. gapm.io/xriwe.
van Zanden[3], van Zanden, Jan Luiten, et al., eds. *How Was Life? Global Well-Being Since 1820.* Paris: OECD Publishing, 2014. gapm.io/x-zanoecd.
WEF (World Economic Forum). "Davos 2015—Sustainable Development: Demystifying the Facts." WEF video, 15:42. Filmed Davos, Switzerland, January 2015. Link to 5 minutes 18 seconds into the presentation, when Hans show the audience results: https://youtu.be/3pVlaEbpJ7k?t=5m18s.
White[1]. White, Matthew. *The Great Big Book of Horrible Things.* New York: W.W. Norton, 2011.
White[2]. White, Matthew. Estimates of death tolls in World War II. Necrometrics. http://necrometrics.com/20c5m.htm#Second.
WHO[1] (World Health Organization). "Global Health Observatory data repository: Immunization." Accessed November 2, 2017. gapm.io/xwhoim.

WHO[2]. Safe abortion: Technical & policy guidance for health systems. gapm.io/xabor.
WHO[3]. WHO Ebola Response Team. "Ebola Virus Disease in West Africa—The First 9 Months of the Epidemic and Forward Projections." *New England Journal of Medicine* 371 (October 6, 2014): 1481–95. gapm.io/xeboresp.
WHO[4]. "Causes of child mortality." Global Health Observatory (GHO) data. Accessed September 12, 2017. gapm.io/xeboresp2.
WHO[5]. "1986–2016: Chernobyl at 30." April 25, 2016. gapm.io/xwhoc30.
WHO[6]. "The use of DDT in malaria vector control: WHO position statement." Global Malaria Programme, World Health Organization, 2011. gapm.io/xwhoddt1.
WHO[7]. "DDT in Indoor Residual Spraying: Human Health Aspects—Environmental Health Criteria 241." World Health Organization, 2011. gapm.io/xwhoddt2.
WHO[8]. "WHO Global Health Workforce Statistics." World Health Organization, 2016. gapm.io/xwhowf.
WHO[9]. Situation updates—Pandemic. gapm.io/xwhopand.
WHO[10]. Global Health Observatory (GHO) data. Tuberculosis (TB). http://www.who.int/gho/tb/.
WHO[11]. "What is multidrug-resistant tuberculosis (MDR-TB) and how do we control it?" gapm.io/xmdrtb.
WHO[12]. "Global Health Expenditure Database." Last updated December 5, 2017. http://apps.who.int/nha/database.
WHO[13]. Ebola situation reports. gapm.io/xebolawho.
WHO[14]. Antimicrobial resistance. gapm.io/xantimicres.
WHO[15]. Neglected tropical diseases. gapm.io/xnegtrop.
WHO[16]. "Evaluation of the international drinking water supply and sanitation decade, 1981-1990." World Health Organization, November 21, 1991. Executive board, eighty-ninth session. Page 4. gapm.io/xwhow90.
WHO[17]. Emergencies preparedness, response. Situation updates—Pandemic (H1N1) 2009. http://www.who.int/csr/disease/swineflu/updates/en/index.html.
WHO[18]. Global Health Observatory (GHO) data. Tuberculosis (TB). http://www.who.int/gho/tb/.
WHO/UNICEF. "Ending Preventable Child Deaths from Pneumonia and Diarrhoea by 2025." World Health Organization/The United Nations Children's Fund (UNICEF), 2013. gapm.io/xpneuDiarr.
WHO/UNICEF JMP (Joint Monitoring Programme). "Drinking water, sanitation and hygiene levels," 2015. https://washdata.org/data.
Wikipedia[1]. "Timeline of abolition of slavery and serfdom." https://en.wikipedia.org/wiki/Timeline_of_abolition_of_slavery_and_serfdom.
Wikipedia[2]. "Capital punishment by country: Abolition chronology." https://en.wikipedia.org/wiki/Capital_punishment_by_country#Abolition_chronology.

Wikipedia[3]. "Feature film: History." https://en.wikipedia.org/wiki/Feature_film#History.
Wikipedia[4]. "Women's suffrage." https://en.wikipedia.org/wiki/Women%27s_suffrage.
Wikipedia[5]. "Sound recording and reproduction: Phonoautograph." https://en.wikipedia.org/wiki/Sound_recording_and_reproduction#Phonautograph.
Wikipedia[6]. "World War II casualties." https://en.wikipedia.org/wiki/World_War_II_casualties.
Wikipedia[7]. "List of terrorist incidents: 1970–present." https://en.wikipedia.org/wiki/List_of_terrorist_incidents#1970-present.
Wikipedia[8]. "Cobratoxin: Multiple sclerosis." https://en.wikipedia.org/wiki/Cobratoxin#cite_note-pmid21999367-8.
Wikipedia[9]. "Charles Waterton." https://en.wikipedia.org/wiki/Charles_Waterton.
Wikipedia[10]. "Recovery position." https://en.wikipedia.org/wiki/Recovery_position.
World Bank[1]. "Indicator GDP per capita, PPP (constant 2011 international $)." International Comparison Program database. Downloaded October 22, 2017. gapm.io/xwb171.
World Bank[2]. "World Bank Country and Lending Groups." Accessed November 6, 2017. gapm.io/xwb172.
World Bank[3]. "Primary completion rate, female (% of relevant age group)." Accessed November 5, 2017. gapm.io/xwb173.
World Bank[4]. "Population of Country Income Groups in 2015—Population, total." Accessed November 7, 2017. gapm.io/xwb174.
World Bank[5]. "Poverty headcount ratio at $1.90 a day (2011 PPP) (% of population)." Development Research Group. Downloaded October 30, 2017. gapm.io/xwb175.
World Bank[6]. "Indicator Access to electricity (% of population)." Sustainable Energy for All (SEforALL) Global Tracking Framework. International Energy Agency and the Energy Sector Management Assistance Program, 2017. gapm.io/xwb176.
World Bank[7]. "Life expectancy at birth, total (years)." United Nations Statistical Division. Population and Vital Statistics Reports (various years). Accessed November 8, 2017. gapm.io/xwb177.
World Bank[8]. "Improved water source (% of population with access)." WHO/UNICEF Joint Monitoring Programme (JMP) for Water Supply and Sanitation. Accessed November 8, 2017. gapm.io/xwb178.
World Bank[9]. "Immunization, measles (% of population with access)." Accessed November 8, 2017. gapm.io/xwb179.
World Bank[10]. "Prevalence of undernourishment (% of population)." Food and Agriculture Organisation. Accessed November 8, 2017. gapm.io/xwb1710.
World Bank[11]. "Out-of-pocket health expenditure (% of total expenditure on health)." Global Health Expenditure database, 2017. gapm.io/xwb1711.
World Bank[12]. Narayan, Deepa, Raj Patel, et al. *Voices of the Poor: Can Anyone Hear Us?* New York: Oxford University Press, 2000. gapm.io/xwb1712.
World Bank[13]. "International tourism: number of departures." Yearbook of Tourism Statistics,

Compendium of Tourism Statistics and Data Files, World Tourism Organization, 2017. gapm.io/xwb1713.
- World Bank[14]. "Beyond Open Data: A New Challenge from Hans Rosling." World Bank Video, 1:49:01. Filmed June 8, 2015. gapm.io/xwb1714.
- World Bank[15]. Khokhar, Tariq. "Should we continue to use the term 'developing world'?" *The Data* blog, World Bank, November 16, 2015. gapm.io/xwb1715.
- World Bank[16]. "Income share held by highest 10%." Development Research Group, 2017. gapm.io/xwb1716.
- World Bank[17]. Jolliffe, Dean, and Espen Beer Prydz. "Estimating International Poverty Lines from Comparable National Thresholds." World Bank Group, 2016. gapm.io/xwb1717.
- World Bank[18]. "Mobile cellular subscriptions." International Telecommunication Union, World Telecommunication/ICT Development Report and Database. Downloaded November 26, 2017. gapm.io/xwb1718.
- World Bank[19]. "Individuals using the Internet (% of population)." International Telecommunication Union, World Telecommunication/ICT Development Report and Database. Downloaded November 27, 2017. gapm.io/xwb1719.
- World Bank[20]. Global Consumption Database. http://datatopics.worldbank.org/consumption.
- World Bank[21]. "School enrollment, primary and secondary (gross), gender parity index (GPI)." United Nations Educational, Scientific, and Cultural Organization (UNESCO) Institute for Statistics, 2017. gapm.io/xwb1721.
- World Bank[22]. "Global Consumption Database." World Bank Group, 2017. gapm.io/xwb1722.
- World Bank[23]. "Physicians (per 1,000 people)." Selected countries and economies: Sweden and Mozambique. World Health Organization, Global Health Workforce Statistics, OECD, 2017. gapm.io/xwb1723.
- World Bank[24]. "Health expenditure per capita, PPP (constant 2011 international $)." World Health Organization Global Health Expenditure Database, 2017. gapm.io/xwb1724.
- World Bank[25]. Newhouse, David, Pablo Suarez-Becerra, and Martin C. Evans. "New Estimates of Extreme Poverty for Children—Poverty and Shared Prosperity Report 2016: Taking On Equality." Policy Research Working Paper no. 7845. World Bank, Washington, DC, 2016.
- World Bank[26]. World Bank Group, Poverty and Equality Global Practice Group, October 2016. gapm.io/xwb1726.
- World Bank[27]. World Bank Open Data Platform. https://data.worldbank.org.
- WorldPop. Case Studies—Poverty. gapm.io/xworpopcs.
- WWF. Tiger—Facts. 2017. Accessed November 5, 2017. gapm.io/xwwftiger.
- YouGov[1]. November–December 2015. Poll results: gapm.io/xyougov15.
- YouGov[2]. Poll about fears. 2014. gapm.io/xyougov15.
- Zakaria, Fareed. *The Future of Freedom: Illiberal Democracy at Home and Abroad.* New York: W.W. Norton, 2003.
- ———. *The Post-American World.* New York: W.W. Norton, 2008.

人文思潮 183

真確【暢銷500萬冊全彩紀念版】：
扭轉十大直覺偏誤，發現事情比你想的美好

作　　　者	漢斯・羅斯林（Hans Rosling）、奧拉・羅斯林（Ola Rosling）、安娜・羅朗德（Anna Rosling Rönnlund）
譯　　　者	林力敏
發　行　人	簡志忠
出　版　者	先覺出版股份有限公司
地　　　址	臺北市南京東路四段50號6樓之1
電　　　話	（02）2579-6600・2579-8800・2570-3939
傳　　　真	（02）2579-0338・2577-3220・2570-3636
副　社　長	陳秋月
副總編輯	李宛蓁
責任編輯	林淑鈴
校　　　對	李宛蓁・林淑鈴・簡瑜
美術編輯	林韋伶
行銷企畫	陳禹伶・黃惟儂
印務統籌	劉鳳剛・高榮祥
監　　　印	高榮祥
排　　　版	陳采淇
經　銷　商	叩應股份有限公司
郵撥帳號	18707239
法律顧問	圓神出版事業機構法律顧問蕭雄淋律師
印　　　刷	國碩有限公司

2025年6月　初版
2025年7月　2刷

FACTFULNESS by Hans Rosling with Ola Rosling and Anna Rosling Ronnlund
Copyright © 2018 by Factfulness AB.
Published by arrangement with Brockman, Inc.
Complex Chinese edition copyright © 2025, by Prophet Press,
an imprint of Eurasian Publishing Group
ALL RIGHTS RESERVED

定價450元　　ISBN 978-986-134-538-3　　版權所有・翻印必究

◎本書如有缺頁、破損、裝訂錯誤，請寄回本公司調換　　Printed in Taiwan

只要思考自己對實在知道多少,立刻就會明白兩件事:我們有很多事不知道,還有很多事仍然不確定。

——《三禧思維:亂世解決問題、活得更好的科學思考工具!》

◆ **很喜歡這本書,很想要分享**
　　圓神書活網線上提供團購優惠,
　　或洽讀者服務部 02-2579-6600。

◆ **美好生活的提案家,期待為您服務**
　　圓神書活網 www.Booklife.com.tw
　　非會員歡迎體驗優惠,會員獨享累計福利!

國家圖書館出版品預行編目資料

真確【暢銷500萬冊全彩紀念版】:扭轉十大直覺偏誤,發現事情比你想的美好 / 漢斯・羅斯林(Hans Rosling)、奧拉・羅斯林(Ola Rosling)、安娜・羅朗德(Anna Rosling Rönnlund) 著;林力敏 譯
-- 初版 . -- 臺北市:先覺出版股份有限公司,2025.6
336 面;14.8 × 20.8 公分(人文思潮:183)
譯自:Factfulness: Ten Reasons We're Wrong About the World--and Why Things Are Better Than You Think
ISBN　978-986-134-538-3(精裝)

1.CST:社會心理學　2.CST:偏見　3.CST:思考

541.7　　　　　　　　　　　　　　　　　　114004883

四個所得等級的日常生活

	第一級	第二級	第三級	第四級
飲用水				
交通工具				
煮飯器具				
食物				
睡眠場域				

第一級　$2　第二級　$8　第三級　$32　第四級　日所得

每個人像代表10億人

Sources: Gapminder[3] & Dollar Street